山地と人間

専修大学文学部
環境地理学科 編

専修大学出版局

はじめに

日本は山国と呼ばれる。国土の大半を山地が占め、海岸沿いや盆地のわずかな平地に多くの人々が住む。だからこそ、平地のどこであっても山地を仰ぎ見ることができ、平地から容易に山地に出向くことができる。一方でまた、山地は人の住む場であり、活動の舞台でもあった。そして、山地で得られた資源に、平地に住む人間は長らく依存してきたし、現代においては、山地が平地の人々のレクリエーションの場、住む場ともなっている。その意味で、日本人にとって山地は身近な存在である。

山地がすぐ傍らにあるとはいえ、山地という自然環境はどのような特色を有しているのだろうか、そして、そうした山地を人間がどのように利用してきたのだろうか。山地の地形や植生、人口や生業といった個々の事象に特化した著作はあったとしても、これらの事象を相互に関連付けて、その全体像を総合的に提示しようとした著作は存外ないのではなかろうか。本書は、地理学の立場から、日本における山地の自然の有り様とそこにおける人間活動の特色を示すことが狙いである。

本書は、専修大学文学部環境地理学科における、それぞれ専門を異にする9名の教員による9章からなる。そもそも周囲よりも高い峻立した山地がどのように形成されたのか、地形学を専門とする苅谷が提示する。こうした山地とその周辺では独特の気候が形成されるが、その特徴を気候学の赤坂が明らかにする。そして、山地の地形と気候のもとで、山地特有の動植物の生息の有り方がある。平地とはどのように異なる生き物が暮らしているのか、生態地理学の高岡が示してくれる。さらに、山地は我々の生活に多様な恵みを与えてくれるとともに、災いもまたもたらしてきた。山国日本が相対せざるをえない山地がもたらす災害について、災害を専門とする熊木が解説する。

山地の自然環境の特色を捉えた上で、こうした山地を人間はどのように見て、どのように利用してきたのか提示する。歴史地理学を専門とする三河は、古代と中世における荘園図をひもとき、当時において山地がどのように描かれていたのか示す。そして人々によって、山地がどう占められ、利用されてきたのか、その変遷を、村落地理学の立場から松尾が明らかにしてくれる。居住の場でもあった山地も、平地における経済発展に伴って、人口が平地へと流出するようになる。人口地理学の江崎が、山地に居住する人口数の変化を示す。山地からの人口流出が続く一方で、平地から山地へと観光・レクリエーション目的で訪れる人々が増えてきた。山地に何を求めて人々は訪れてきたのか、地誌学の山本によって概観される。現代においては、このように一時的に山地に訪れるだけではなく、山地に定住しようとする人々も現れている。どのような人々がどのような理由で都市から山地へと居住しようとしてきたのか、都市地理学の久木元が提示する。

本書は、専修大学文学部環境地理学科のスタッフが示す「山地と人間」の有り様である。翻って、地理学を構成する個々の分野が全体として、どのように山地とそこにおける人間の活動を俯瞰し、描き出すことができるのか、示してもいる。本書を手に取られた方には、単に山地に関しての理解を深めていただくだけではなく、地理学という分野における山地の見方・捉え方と、その有効性、さらには面白さに触れていただければと願うものである。

筆者一同

目次

はじめに　3

第1章　山の地形はどのように作られるか　苅谷 愛彦　11
1　山はなぜ高くなるのか　12
2　火山の発達　15
3　山を低める準備＝風化　18
4　山を低める働き＝侵食・運搬・物質移動　22
5　地形の変化がもたらす恵み　30

第2章　山地とその周辺にはなぜ特有の気候が形成されるのか　赤坂 郁美　35
1　山地と気温　36
2　山地と降水、雪　40
3　山地の雲と観天望気　46

4　山地と風　47
5　大規模火山噴火と気候変化　52

第3章　山の生き物はどこでどのように暮らしているか――動植物からみた山の自然　高岡貞夫　61
1　標高が変われば森も変わる　62
2　低い山の植生　63
3　雪国の植生の風景　65
4　山で出会う動物　68
5　植物、動物、そして人とのあいだで　72

第4章　山はどのような災いをもたらしてきたか――山地の災害　熊木洋太　83
1　山地の災害　84
2　山地がなぜ災害発生の場になるのか　86
3　日本と世界の山地の災害　90
4　斜面崩壊・地すべり発生の危険箇所　92
5　土石流・水害の危険箇所　96
6　災害に備える　97

7　実際の災害の例　99
8　これからの自然災害とその対策　103

第5章　山はどのように荘園図に描かれたのか――古代・中世の荘園図にみる山の表現　三河　雅弘　109
1　荘園図の表現要素　110
2　古代の荘園図における方格線と山の表現　111
3　中世の荘園図における山の表現の特質　123

第6章　山はどのように占められ、利用されてきたのか――林野制度・資源利用・山地住民の歴史　松尾　容孝　139
1　はじめに　141
2　林野制度　141
3　山地住民と村落　145
4　近世・近代期の資源利用と集落景観　150
5　林野制度と資源利用の観点からの展望――むすびに代えて　164

第7章　山に住む人の数はどのように変わってきたか――山村の人口変化　江崎　雄治　167

1　はじめに　168
2　使用するデータと集計方法　169
3　全国の町村が位置する標高帯　171
4　標高の差による人口変化の違い　176
5　戦前・戦後における山村の人口増加　183
6　おわりに　186

第8章　人はなぜ山に登ろうとするのか　山本 充　191
1　聖なる山を登る　192
2　スポーツとしての登山のはじまり　198
3　山地への新たな誘い　206
4　だれもが山へ――より遠く・より高く　217

第9章　人はなぜ山に移り住もうとするのか――山への移住の魅力と課題　久木元 美琴　233
1　いま、山に住むということ　234
2　戦後日本の地域政策と近年の「田園回帰」の傾向　234
3　「山に住むこと」の過去と現在　240

4　「田園回帰」する人にとっての農山村の魅力　247
5　「山暮らし」の課題と希望　254
おわりに　261

▲コラム

斜面崩壊とワサビのいい関係　34
熱帯高地の気候――フィリピン・バギオの例　58
世界の中でみた日本の高山植生景観　80
災害と土地利用　106
直線境界と山　137
フィールドワークの思い出　166
なぜ高度経済成長期に大規模な人口流出が起き、その後おさまったのか　189
より高く・より快適に――アルプスにおける索道　230
山村における循環型経済の一端――住民有志による「ぐるぐるマーケット」　258

第1章

山の地形はどのように作られるか

苅谷 愛彦

東京発・九州行きの早春のフライト。冠雪の南アルプスは海に浮かぶ島々のようだ。

1　山はなぜ高くなるのか

締めつけられる日本列島

山の良さや尊さは高さだけで決まるものではない。とはいえ、世界のどこに行っても高い山は遠くから目に付き、特に雪や氷河をまとった高い峰々の連なりは、日本であろうと外国であろうと格好よくて神々しい。仕事柄、私は低い山も高い山も歩くが、趣味で行くなら眺めのよい高い山を選ぶことが多い。

山は、なぜ高いのか？　なぜ高くなるのか？　――この根本的な問いに答えるには、プレートと、その動きについての理解が欠かせない。地球科学で扱うプレートとは、地球の表面を覆う厚さ１００キロメートルほどの岩石の板をさす。岩石圏を意味するリソスフェア（lithosphere）ともよばれる。岩石は硬く、強い力を急に加えると破壊する性質がある一方、地下深い温度の高い領域では、岩石は徐々に力を加えればしなやかに変形して元に戻らない性質を持ちあわせる。

プレートは地球内部のマントル対流で上昇したマグマを材料として中央海嶺で生産され、海溝やトラフで地球内部に沈み込んでゆく。プレートの数や境界の位置については諸説あるが、地球は十数

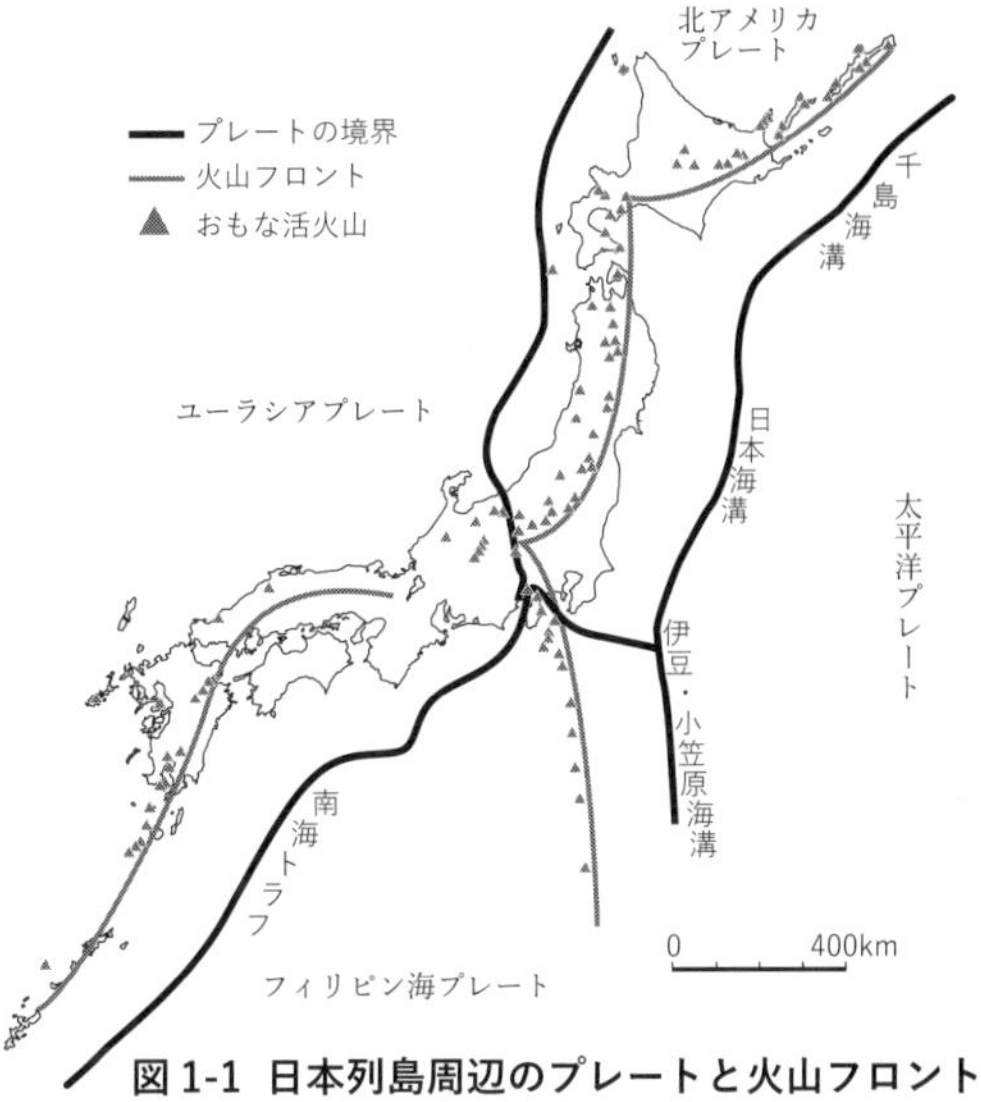

図1-1　日本列島周辺のプレートと火山フロント

枚のプレートに覆われるとする点では一致する。つまり、プレートには生産の場としての広がる境界と、沈み込みが生じる場としての狭まる境界がある。また異なるプレート同士が水平にずれる境界もある。プレートはこれらの境界を介し、年間数センチメートルほどの速さで移動する。

日本列島の周辺には、ユーラシア・北アメリカ・太平洋・フィリピン海という4枚のプレートが存在する（**図1-1**）。重い海洋プレートである太平洋プレートとフィリピン海プレートが、相対的に軽い大陸プレートであるユーラシアプレートと北アメリカプレートの下に沈み込んでいる。上で述べたように、プレートが沈み込む境界には日本海溝や南海トラフなど深い溝状の海底地形が生じる。また太平洋プレートやフィリピン海プレートの沈み込みによって、日本列島の陸上を載せるユーラシアプレートと北アメリカプレートは、東—西方向ないし北西—南東方向に強く締めつけられている。

隆起する山・沈降する盆地

プレート運動を受け、プレート上部の地殻を作る岩石が徐々に締めつけられて圧縮変形すると、はじめに波状の褶曲《しゅうきょく》が生じ、やがて逆断層へと発達する。逆断層は一方の岩盤が、ズレの境界（断層面）を挟んでもう一方の岩盤にのし上げるタイプの地殻変動である。**図1-2**は岩石の変形に伴う褶曲・断層構造の発達モデルで、A1〜A3は褶曲から逆断層に至るさまを示す（Huzita et al., 1973、太田、1985）。時間の経過とともに岩石（岩盤）が上へ隆起し、山脈状の高まりが作られる。一方、高まりに挟まれた相対的な低所（盆地）も生じる。日本列島には長く伸びる山地や山脈と、その麓に存在する盆地や平野のセットが各地に発達する。このような対照的な地形の発達はこのモデルで説明できる。

赤石山地（南アルプス）と甲府盆地、養老山地と濃尾平野、六甲山地と大阪平野、越後山脈と新潟平野などのペアがその例で、いずれも山地と盆地・平野の間に逆断層が発達する。それらは活断層として過去数10万年間に何度も活動し、それによって山地や山脈は隆起し、盆地や平野は沈降してきた。このような地形の形成は今後も続くとみられる。なお、赤石山地の場合、隆起の速さは現在毎年約4ミリメートルと見積もられている。

逆断層の他に、岩盤に圧縮がかかる状況では岩盤が左右（水平）にずれる動きも生じる。これを横ずれ断層といい、ずれの方向により右ずれと左ずれに分けられる。これを示したのがBのモデルである。日本列島では逆断層とともに、中部地方や近畿地方のように横ずれ断層が発達する地域もある。また岩石が引っ張られる場合、断層面を境に片側の岩石が他方に対してずり落ちる正断層も生じる（Cのモデル）。ただし、日本では九州北部の別府―島原地溝帯などに限られる。

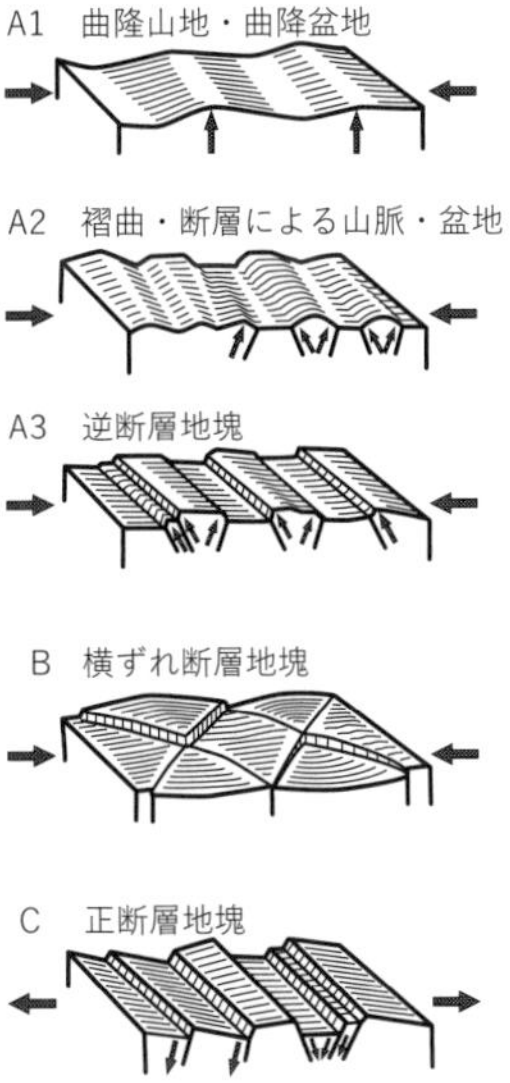

図 1-2　地殻変動による山地・山脈と盆地・平野の形成モデル
(Huzita et al., 1973 などによる)

2　火山の発達

プレート沈み込み帯と火山フロント

前の節では、プレート運動による逆断層や横ずれ断層の形成メカニズムと、それによる山地―盆地の形成モデルを説明した。いずれも、日本列島の山地や盆地には非火山性の地殻変動で形成されてきたものが多いことを示している。一方、マグマの噴出に関係した火山性の山地もある。

火山を作る岩石が火山岩であり、その材料はマグマに他ならない。日本列島の火山の形成に寄与するマグマは、太平洋プレートとフィリピン海プレートの沈み込みに関係する。海洋性のプレートは水を多量に含んでおり、これが沈み込みによりマントルまでもたらされると、マントルを作る岩石の融点が下がってマグマが生じる。マグマはプレートが一定の深さに達すると発生し始め、高温（1000℃前後）で軽いマグマはほぼ垂直に上昇するため、マグマ生成地点の真上の地表に火山が連続的に現れる。それは、海溝やトラフの軸から200〜300キロメートル陸側で、この出現位置を火山フロント（前線）という（**図1-1**）。火山フロントは海溝やトラフの軸とほぼ平行な形で、東日本と西日本にそれぞれ存在する。火山フロントと重なる北方領土や北海道地方、東北地方、九州地方には大型火山がいくつも形成され、それらに繋がる他の大小の火山が見られる。

マグマの性質が決める噴火のタイプと火山地形

地殻を上昇したマグマは火山の地下数キロメートルに存在するマグマだまりに貯留され、さらに地表に達して噴火に至る。次に述べるように、噴火には様々なタイプがあり、その違いは主にマグマの流動性で決まる。マグマの流動性は温度に依存するが、温度の条件が同じならマグマに含まれる二酸化ケイ素（ケイ酸：SiO_2）の量に影響される。一般に、温度が高く二酸化ケイ素の少ない玄武岩質マグマは流動性が高く、その逆であるデイサイト質マグマや流紋岩質マグマは流動性が低い（他に安山岩質マグマもある）。マグマの流動性は、溶岩の広がりや形に影響を及ぼす。流動性の高い玄

写真1-1　乗鞍岳と焼岳

武岩質マグマは、一般に穏やかな噴火を起こす。ハワイ島のマウナロア山や伊豆大島がそれで、低平な火山体を作りやすい。噴火のタイプはハワイ式とよばれる。ただし、マウナロアを載せるハワイ島の火山は海抜が軒なみ4000メートル前後あり、周囲の太平洋の水深が4000メートル以上あるので、山体自体はとてつもなく高い。富士山も最近10万年間の噴火は玄武岩質マグマの噴出を主としているが、それにもかかわらず円錐状の高い峰をなしているのは、単位時間あたりのマグマの噴出量が大きいためと考えられる。

流動性の低いデイサイト質や流紋岩質のマグマは、一般に激しい噴火を起こす。溶岩は流れにくく、ドーム状の突き出た頂き（溶岩ドーム）を作ることが多い。これらはブルカノ式やプリニー式とよばれる噴火のタイプに属し、雲仙（普賢）岳や焼岳などが好例である（**写真1-1**）。爆発の程度が著しいと、マグマが激しく粉砕して火山ガスとともに火口から流れ出し、火砕流を生じる。

さらに、マグマが大量に噴出した場合は地下に空洞が生じ、それが陥没してカルデラが形成される。カルデラは直径2キロメートルを超える火山性の陥凹地をさすが、直径が十キロメートル以上にもなる大型カルデラでは中心に中央火口丘とよばれる溶岩ドームや湖、周囲には外輪山を残すことも多く、風光明媚な風景を作り出す。国立公園になっている屈斜路・十和田・箱根・阿蘇などはその典型である。

3　山を低める準備＝風化

朽ちる岩石——風化とは

箱根火山の周りには、石丁場とよばれる江戸時代の採石場跡がいくつもある。慶長8（1603）年の江戸開府以降に始まった江戸城改修にあたり、安山岩質の溶岩を石垣用に加工していたという。火山に限らず、山を作る岩石は硬くて頑丈なイメージがあるが、長い時間をかけて様々な風化作用が働くと次第にもろくなってゆく。もろい岩石は氷河や水による侵食、斜面崩壊による破砕と移動を受けやすくなり、山は低くなってゆく。また岩石の風化生成物は植物の成長に欠かせない土壌の母材にもなる。山の地形や自然の成り立ちを考えるとき、岩石の風化を見過ごすことはできない。

物理的風化

自然地理学の一分野である地形学では、「岩石が位置を変えず、その場で変化・変質すること」を風化といい、物理的風化と化学的風化に大別される（松倉、２０２１）。野外では、２種類の風化は同時に進行しているが、ここでは物理的風化から見ていこう。

標高の高い場所や高緯度地域にある寒い山なら、まず思い浮かぶのは凍結風化（凍結破砕）である。水は凍る時に約９パーセント体積が増すため、割れ目に入った水が凍結することで岩石は強い力を受け、やがて破砕してしまう。また岩石内の隙間を埋める水分が微小なレンズ状に析出し、岩石を破砕する現象も注目されている。日本の山、特に森林限界を越えた高山帯では秋や春を中心に、凍結風化を促す凍結融解作用が活発に生じている。

熱帯の高山などでは、岩石の表面は日中の強烈な日ざしで熱くなるが、夜には放射冷却で冷やされる。造岩鉱物の熱膨張率は鉱物ごとに異なり、極端な温度変化を何度も受けることで鉱物粒子の結合が緩んでバラバラになりやすくなる。これを日射風化や熱風化という。山火事による岩石の急な温度上昇も熱風化にあたる。

乾燥気候下にある高山や極地、海岸近くの山では岩石の表面に白っぽい粉が生じることがある。これは岩石にしみ込んだ水や海水に含まれる塩類が結晶化したもので、結晶の成長で生じる力が岩石をもろくする。これを塩類風化とよび、代表的な塩類に石膏（$CaSO_4 \cdot 2H_2O$）がある。蜂の巣状のタフォニは、塩類風化で作られる特徴的な地形である。さらに分厚い氷河・氷床が融けたり、上に載る別の岩石が侵食で除去されたりすると、岩石にかかっていた応力が解放され（除荷）、シーティング節理とよばれるタマネギ状の割れ目が生じることがある（**写真１-２**）。また詳しいことはわかってい

写真 1-2 オベリスクの異名をもつ赤石山地・地蔵ヶ岳の岩塔

ないが、雷撃による岩石の破壊も山で起こりやすい特殊な物理的風化の例といえよう。

化学的風化

物理的風化に対し、主に岩石と水の化学反応で生じるのが化学的風化である。この反応は水や岩石それぞれの性質（温度や溶解度、造岩鉱物など）や、反応時間などの要因で異なる過程をたどり、酸化・水和・加水分解・溶解などからなる。

鉱物中の鉄が酸化すると赤さび色の水酸化鉄（酸化水酸化鉄：FeO(OH)）となり、岩石の表面に薄い変色帯である風化被膜を形成する。雪どけ水が豊富な残雪凹地やカール（圏谷）の底では、雪どけの早い周囲の斜面より酸化が速く進むと考えられる。また炭酸カルシウム（$CaCO_3$）からなる方解石は石灰岩として産出し、炭酸ガス（二酸化炭素：CO_2）を含んだ水に溶けやすい。この反応が溶解で、

写真 1-3 アイスアルプスのチズゴケ

酸化とともに代表的な化学的風化である。なお、水に対する炭酸ガスの溶解度は水温が低いほど大きいため、寒冷な山でも石灰岩の溶解は進み、カルスト地形が作られる。また近年では酸性雨が世界各地で観測されるようになった。酸性雨も岩石の化学的風化に影響を及ぼすと考えられるが、日本の山での詳しい研究はほとんどなされていない。

生物風化

バクテリアや細菌、地衣類、藻類、菌糸類がひきおこす物理的・化学的風化も知られており、まとめて生物風化に分類される。例えば、高山に多いチズゴケ（*Rhizocarpon geographicum*）に覆われた岩石の表面は、覆われていない表面に比べてざらついており、色もくすんでいる。これも生物風化によると考えられる（**写真１-３**）。しかし日本では山の生物風化にかんする研究が少なく、未知の点が多い。

4　山を低める働き＝侵食・運搬・物質移動

侵食とは

槍・穂高連峰には涸沢や大キレットなど、高校地理の教科書にも載る見事なカールが存在する（**写真1-4**）。カールは上向きに回転しながら流れる氷、すなわち氷河の内部に取り込まれた岩屑が下の岩盤を削りとったり、氷が岩盤を剥したりして作られる氷河地形である。また水も、風も、岩石を削りとる。これらの作用が侵食であり、未風化の岩石にくらべ風化した岩石ほど侵食を受けやすい。そして、氷や水、風の侵食ごとに特徴的な侵食地形が作られる。

侵食で生じた岩屑は氷や風、水の流れによって運搬され、やがて堆積する。堆積の際にも特徴的な堆積地形が形成される。このように、侵食―運搬―堆積という一連の過程は、地形の成り立ちを考えるうえで重要である。なお、水の場合は、岩石の溶解による化学的な侵食や運搬も引き起こす。

氷河の侵食や運搬

日々、読者の皆さんも家計の収入・支出のバランスに気を遣っておられるはずである。黒字になれば貯蓄に回せるが、赤字が続けば資金はいつか底をつく。氷河も収入と支出のバランスで成り立っている。これは次のようなことである。ある場所に1年間に降る雪の量が、1年間に融ける量を上回れ

写真 1-4　槍・穂高連峰のカール群

ば雪は余剰（黒字）となる。そして余剰の雪が次々と蓄積すると自重でつぶれて氷に変化し、重力に従って流動し、低所へ流れ出す。これが氷河なのである。ただし、山岳氷河では一般に下流ほど気温が高いため氷の融解量は増え、氷河は消える。収支が釣り合っている場所を氷河均衡線（雪線）といい、一般にこれより標高が高い側は収支が黒字となる涵養域、低い側は赤字となる消耗域に分類される。

白く輝く氷河はピュアで美しいものと思うかもしれないが、氷河はその内部や表面に多量の岩屑を保持しており、とてもきれいとは言えない。岩屑は氷河のまわりの岩壁からの落石や、氷河の下での剥ぎ取りによって取り込まれたものである。氷河の中の岩屑は研磨剤の役割を果たし、氷河の下や側面の岩盤を侵食する。また氷河の融け水も様々な大きさの岩屑を含み、水が流れる際に岩盤を侵食する。

氷河の侵食を受けた岩盤にはカールや氷食谷（U字谷）

が作られる（**写真1-4**）。一方、侵食で生じた岩屑は氷河の流動で運搬されるが、消耗域に入ると岩屑は氷河から解放され、氷河のまわりや末端に積み上がって堤防状の地形＝モレーン（堆石堤）を作る（**写真1-5**）。

河川の侵食や運搬

黒部川は、黒部湖を境に上廊下《かみのろうか》と下廊下《しものろうか》に分けられる。「廊下」とは、岩盤が剥き出しになった深いV字谷を意味する。とくに下流側の下廊下では狭い峡谷が黒部川扇状地の扇頂付近まで発達し、特別名勝・特別天然記念物に指定されている区間もある。一方、飛騨山脈（北アルプス）南部の上高地を流れる梓川は、大正池から横尾まで約12キロメートルにわたり砂礫に覆われた緩やかな広河原を展開させる（**写真1-6**）。上高地ほど長くないとしても、火山活動や斜面崩壊で天然ダムが形成された河川では、その上流側に幅広い砂礫の河床が現れることは珍しくない。

このように山地の河川には岩盤が露出するタイプと、砂礫に覆われたタイプがある。岩盤からなる河床では、洪水時に水が運搬する砂礫による侵食が起こる。逆に、水だけが流れる平時は、岩盤の侵食はほとんど起きていない。一方、砂礫に覆われた河床では、狭い範囲で砂礫が洗掘（侵食）されたり洗掘地点が再び砂礫で埋められたりする地形変化が起こるが、それらは局所的・短期的な侵食やその後の堆積と見なされる。もう少し広域的・長期的に視野を拡大すると、上流からの土砂の流入が減れば砂礫の河床は侵食傾向に転じて低下し、その逆なら河床の上昇が起こる。なお、化学的風化と同

写真1-5 スイスアルプスのモレーン

写真1-6 上高地梓川の広河原

様、岩石の溶食による化学的侵食もあることは上に述べたとおりである。

侵食を受けた岩盤や砂礫のうち、細粒な砂やシルトは水中を浮遊して運ばれる。また河床やそのすぐ上を礫が転動（回転）・滑動（滑り）・跳躍（ジャンプ）するタイプの運搬もあり、まとめて掃流とよばれる。これらが河川による物理的な運搬であるが、風化や侵食と同様に、溶解した成分による化学的な運搬もある。

河川の掃流力は水深・勾配・水の密度・重力加速度の積で決まるため、河床の幅が広がったり勾配が減少したりすれば掃流力が低下し、物質の堆積が起こる。山地の河川では上に述べた斜面崩壊や火山活動による天然ダムの形成、断層運動などによる局地的な盆地の形成などのために河床勾配が低下し、砂礫の河床が現れることがある。また、その川の上流地域で氷河の形成や大規模な山火事、斜面崩壊、火山活動が生じると流入する土砂が増え、堆積が起こることがある。

風の侵食

日本は偏西風帯にあってジェット気流が越えてゆくため、飛騨山脈や赤石山脈の主稜線に近い高度にある3000メートル程度の上空では、1年を通じて平均毎秒10メートルを超える風が吹いている。また夏や秋には台風も襲来する。この結果、日本の高山では風による侵食（風食）地形がみられることがある。登山道沿いに露出した土壌や岩屑の粒子が吹き飛ばされ、ひさし状に窪んだ地形（ノッチ）が作られやすい。とくに通行量が多い登山道では、登山靴による侵食も相まってノッチの成

写真 1-7 丹沢山地の登山道で観察されたノッチ

長は速い（**写真1-7**）。例えば、木曽駒ヶ岳山頂付近では1994年5月〜1996年10月の約1年半で、最大5・8センチメートルのノッチの後退が観察された（福井・小泉、2001）。ただし、ノッチは風食だけでなく、秋や春の霜柱の成長と倒壊、強雨時の雨粒の撃ちつけも寄与していると考えられる。

なだれの侵食

越後山脈や飯豊山地など日本海側の多雪山地では、ほぼ毎年同じ場所でなだれが発生する。とくに、地表より上の積雪全体が滑る全層なだれの破壊力は強大で、これが反復する斜面では高い樹木を欠く板状・雨樋状の岩盤が露出する。この、なだれの滑り台をアバランチ・シュートという。また多雪山地では、斜面を幾筋もひっかいたような筋状地形も知られている。いずれも、なだれや雪どけ水に関係するとされるが、侵食のメカニズムや速さについて十分解明されたわけではない。ユネスコ・エコパーク登録地域の福島県只見町では、これらの雪に関係した地形が随所で観察できる。

この他、上に述べた残雪凹地も多雪山地によく発達する斜面上の浅い窪みで、主に雪どけ水の様々な風化や侵食、運搬によって斜面が低下して作られると考えられている。

斜面物質移動（マスムーブメント）

風化した岩石や砂礫が運搬されるには、運び屋（媒体）、すなわち氷河や水、風が必要である。一方、運び屋がいなくとも岩石や砂礫が斜面を移動して別の位置にとどまることがある。これには重力が関わっている。地形学では、「斜面を構成する岩石などの物質が重力のために塊の状態で斜面下方へ移動する現象」を斜面物質移動（マスムーブメント）という（大八木、２００４）。硬い岩石も長期にわたり重力で塑性変形することが知られており（岩盤重力変形）、変形が進むと岩石が破壊され斜面崩壊に至ると考えられている（**写真1-8**）。

斜面物質移動のわかりやすい例は、斜面崩壊（山崩れ・土砂崩れ）や地すべりである。高い岩壁が倒れたり、岩壁の破片が自由落下したりする落石もこの仲間に入る。崩壊物質が十分に水や雪を含むと、水や雪と岩屑が渾然一体となって斜面や谷を移動することがあり、土石流（山津波）と呼ばれる。YouTube には国土交通省が各地の山で発生した土石流をアップロードしているので、その破壊力や速さを動画でごらんいただきたい。

写真 1-8 赤石山脈南部で観察された岩石の重力変形

ソリフラクション

秋から春にかけて、冷え込みの厳しい森林限界以高の斜面では水分を含んだ砂礫が凍結融解をくりかえす。この時、凍結した砂礫は斜面に対して垂直に持ち上がる（凍上）が、融解すると重力のため鉛直方向に沈下する（**図1-3**）。その結果、1回（1サイクル）の凍結融解作用だけで砂礫は最初の位置から斜面の下の方へ少し移動し（フロストクリープ）、その移動量は斜面の傾斜に比例する。ただし沈下の際、砂礫の粘着力のため、移動した砂礫は斜面上側へわずかに後退することがある。さらに、融けた水を含んだ砂礫自体が緩く変形し、斜面に沿って重力で下へ移動する（ジェリフラクション）。以上のプロセス全体をソリフラクションとよび、これが繰り返される高山や極地の砂礫斜面における地形形成に対して重要な役割を果たす。その早さは砂礫の粒径や斜面の傾斜、水分条件によって差が大きいが、飛

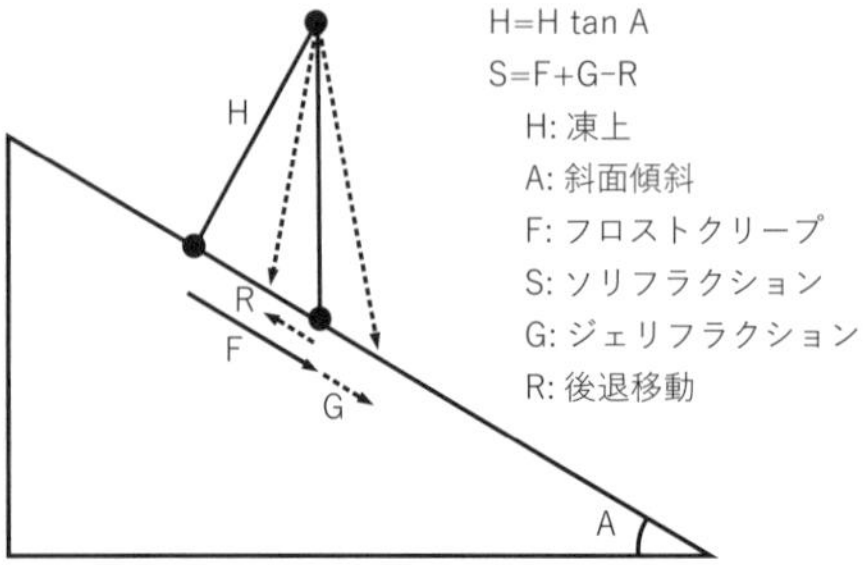

図 1-3 ソリフラクションの成分

騨山脈では年間数センチメートルから1メートル程度に達する。

ソリフラクションで生じる特徴的な地形に、ソリフラクション・ローブや構造土がある。ローブとは耳たぶの意味で、構造土の一種である階状土とともに、斜面を広く覆う耳たぶ状や鱗状の微地形を発達させる。これらの地形は風が吹き抜けて積雪がほとんどない白馬岳や双六岳の稜線でよく見られる。

5　地形の変化がもたらす恵み

山のハイウェイ

中学・数学で習う、面と面の交線を思い出していただきたい。面と面が交われば線が描かれるというもので、1つの断層面が地表面と交わる部分も1本の線で表せる。これを断層線といい、平面をなす断層面が鉛直ならば地表の断層線は直線になる。実際の断層面は多少とも傾き、地表面も複雑な形をなすため完全に直線な断層線は少ないが、一般に断層線に沿って直線的な谷が発達しやすい。活断層は過去数十万年間に繰り返し活動し、将来も活動する可能性を持

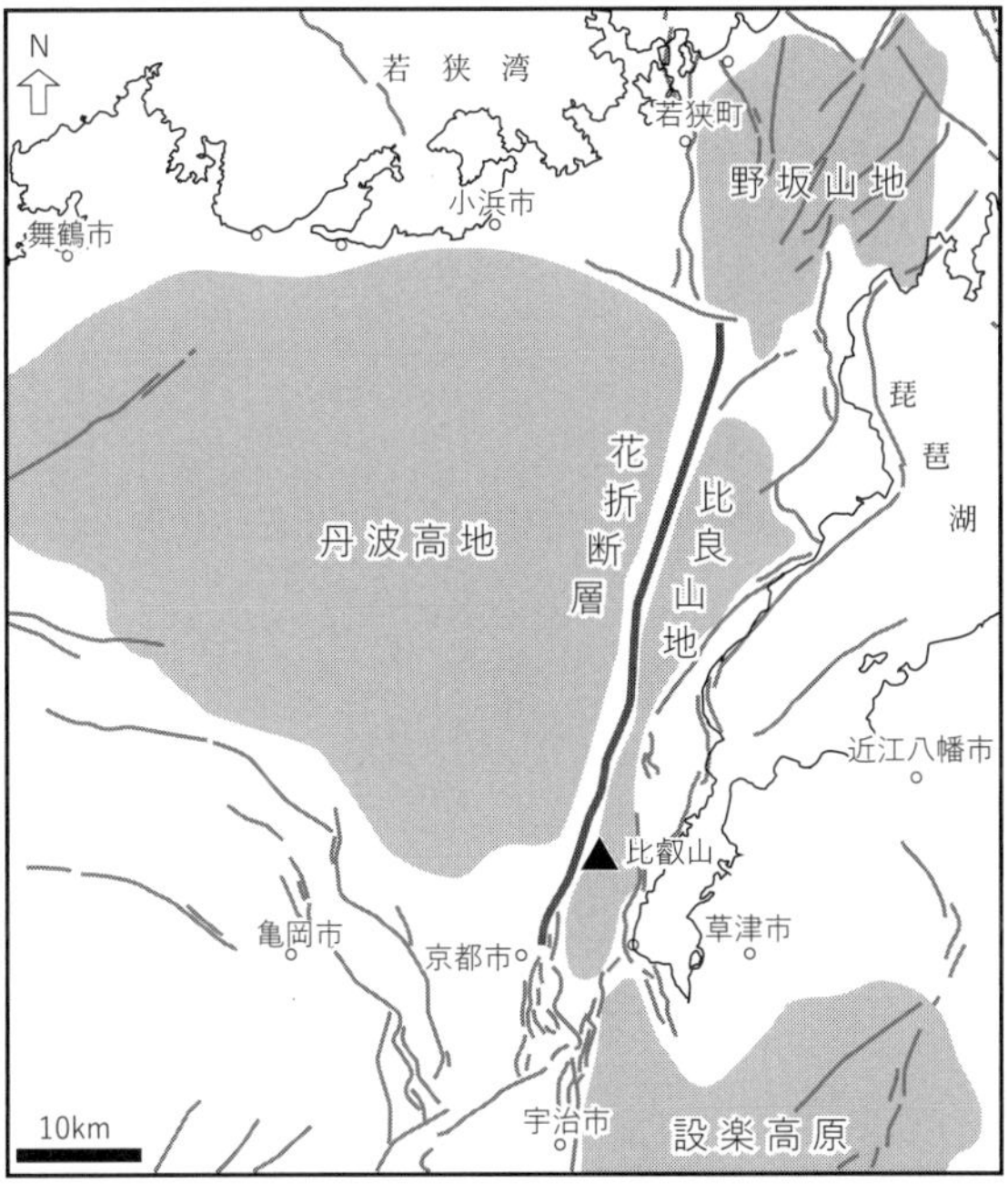

図1-4　花折断層と周辺の活断層

つ断層をさすが、活断層か否かを問わず断層面付近の岩盤は断層運動で破砕を受けており侵食されやすい。そのため断層沿いに直線谷が生じるのである。

断層性の直線谷は天然の直線道として昔から利用されている。比叡山で知られる比良山地の西麓では、京都の街から北北東に延びる活断層＝花折断層が直線谷を作る（**図1-4**）。この谷を貫く花折街道は小浜や若狭で採れた日本海の魚を都へ運ぶハイウェイとして江戸時代には活発に利用されており、「鯖街道」の愛称もある。

また四国山地の北麓を東西に貫く徳島自動車道と松山自動車道は、中央構造線活断層帯の池田断層や重信断層が作った直線的な山麓に沿って建設されている。こうした天然の直線谷や山麓線を利用して敷かれた鉄道や道路、送電線は日本全国に多数ある。

深層崩壊がつくる美しい風景

山体の斜面が広く、地下深くまで崩壊し、１００万立方メートルを超える土砂が一気に移動する現象を山体崩壊や深層崩壊とよぶ（千木良、２０１３）。このような大規模な斜面物質移動は地形を大きく変え、大量の土砂を流し込むため、谷の埋積や二次的な土砂移動が長期にわたって続く。もちろん、崩壊土砂が人家やインフラを呑み込めば甚大な自然災害に直結する（第4章参照）。

他方、大規模な土砂移動はダイナミックな風景の成り立ちにも役立つ。磐梯山は、１８８８年（明治21年）７月、水蒸気爆発のため山体の北側が大きく崩壊した。15億立方メートルもの崩壊物質が流れ下り、山麓の川を堰き止めた。これによって現れた新しい湖が裏磐梯の小野川湖や桧原湖などで、崩壊土砂の窪地に水が溜まったものが五色沼や銅沼《あかぬま》である。巨大な山体崩壊で生じた湖沼や複雑な地形は、スキー場や別荘地などのリゾート地として開発されており、磐梯山以外にも渡島駒ヶ岳や浅間山、富士山、神山（箱根）などの活火山によく見られる。

斜面崩壊とスノーゲレンデ

山の斜面崩壊地の利用例として、スキーやスノーボードのゲレンデもなじみ深い。例えば、樹氷の森で知られる蔵王火山の西面（山形県側）は何筋もの溶岩流と斜面崩壊地、深い侵食谷の組み合わせからなり、緩急の変化に富む長大なコースや旅館・民宿街の立地に適した土地を提供している（第8章参照）。新潟県南魚沼市の石打や塩沢、長野県小谷村の栂池も大規模な斜面崩壊（地すべり）で形成された起伏に富む緩斜面を開発したものである。同じことは低山や丘陵のゴルフ場などにもみられる。

参考文献

太田陽子（1985）「第11章　変動地形　解説」貝塚爽平・太田陽子・小疇　尚・小池一之・野上道男・町田　洋・米倉伸之編『写真と図で見る地形学』東京大学出版会
大八木規夫（2004）「分類／地すべり現象の定義と分類」地すべりに関する地形地質用語委員会編『地すべり地形地質的認識と用語』日本地すべり学会
千木良雅弘（2013）『深層崩壊　どこが崩れるか』近未来社
福井幸太郎・小泉武栄（2001）「木曽駒ヶ岳高山帯での風食ノッチの後退とパッチ状裸地の拡大」『地学雑誌　110』
松岡憲知（2017）「ソリフラクション」日本地形学連合編『地形の辞典』朝倉書店
松倉公憲（2021）『地形学』朝倉書店
Huzita, K., Kishimoto, Y., and Shiono, K. (1973) "Neotectonics and seismicity in the Kinki area, southwest Japan." *Journal of Geosciences*, Osaka City University, 16, Art 6

▲**コラム**　斜面崩壊とワサビのいい関係

あなたは、刺身を食べるとき、おろしたワサビ（山葵）を醤油に溶く派だろうか、それとも刺身に載せる派だろうか？　鼻の奥を突き抜けるツーンとした香りは胡椒や唐辛子とも異なる独特のもので、やみつきになる。ワサビ漬けもいいし、葉のおひたしや茎の醤油漬けもおいしい。ワサビは和食に欠かせない日本原産の薬味である。

ワサビ栽培の発祥地には諸説ある。そのうち、安倍川上流の静岡市葵区有東木《うとうぎ》は高品質のワサビを送り出す伝統的生産地として有名である。地形図や衛星画像を判読すると、身延山地・青笹山（1558メートル）に抱かれた谷底の緩い斜面に集落が発達し、周りにワサビ田や茶畑が所狭しと作られていることがわかる（**写真a**）。有東木成立の鍵を握るこの谷底の緩い斜面はいつ、どのようにして生まれたのか、調べたことがある。その結果、約7000~5000年前に青笹山北面で発生した大規模な斜面崩壊と、その後に起こった大規模な土石流が主犯と判明した。有東木のワサビには大きな山崩れが関係していたのである。

有東木に限らず、斜面崩壊や土石流がもたらした緩い土地を開墾して畑や田に利用する工夫は、フィリピンやペルーなど世界各地に見られる。陸上最長の山脈であるアンデスは、段々畑やプラットホームをさすスペイン語のandenに由来するとの話にも納得がゆく。

写真a　静岡市葵区有東木

第2章

山地とその周辺には なぜ特有の気候が形成されるのか

赤坂 郁美

諏訪湖を囲む山々にわき立つ夏の積乱雲。夏の山地周辺の大気は暖まりやすく、上昇気流が生じやすいため、山地に沿って雲が発達する。

1　山地と気温

山地（丘陵地を含む）が国土面積の約4分の3を占める日本では、気候と山地との間に密接な関係がある。山地とその周辺では、気候要素が特有の変動や地理的分布を示し、局地的な大気現象の発生とも深く結びついている。この章では、気候要素ごとに、各地の気候や大気現象と山地との関係をみていく。

まずは、地域の気候を特徴づける代表的な気候要素である、年平均気温の空間分布を示す（**図2-1**左）。日本全体でみると、気温の水平的な分布は緯度の違いによって特徴づけられており、高緯度で低く、低緯度で高くなっているが、よくみると同緯度でも周囲よりも気温の低いエリアが局所的に、もしくはある地域にまとまって分布している。この相対的な低温域は、高標高地域（以下、山地）の地理的分布と重なる。これは、対流圏（地上から高度約12キロメートルまでの大気層）の気温が、高度100メートルの上昇につき平均して0・5〜0・6度低下するためである。**図2-2**に、都道府県の中で最も平均標高が高い長野県を例に、9月の平均気温と標高との関係を示した。長野県内でも緯度が2度近く異なるためその影響も含まれるが、平均気温と標高との間には明瞭な負の相関関係がみ

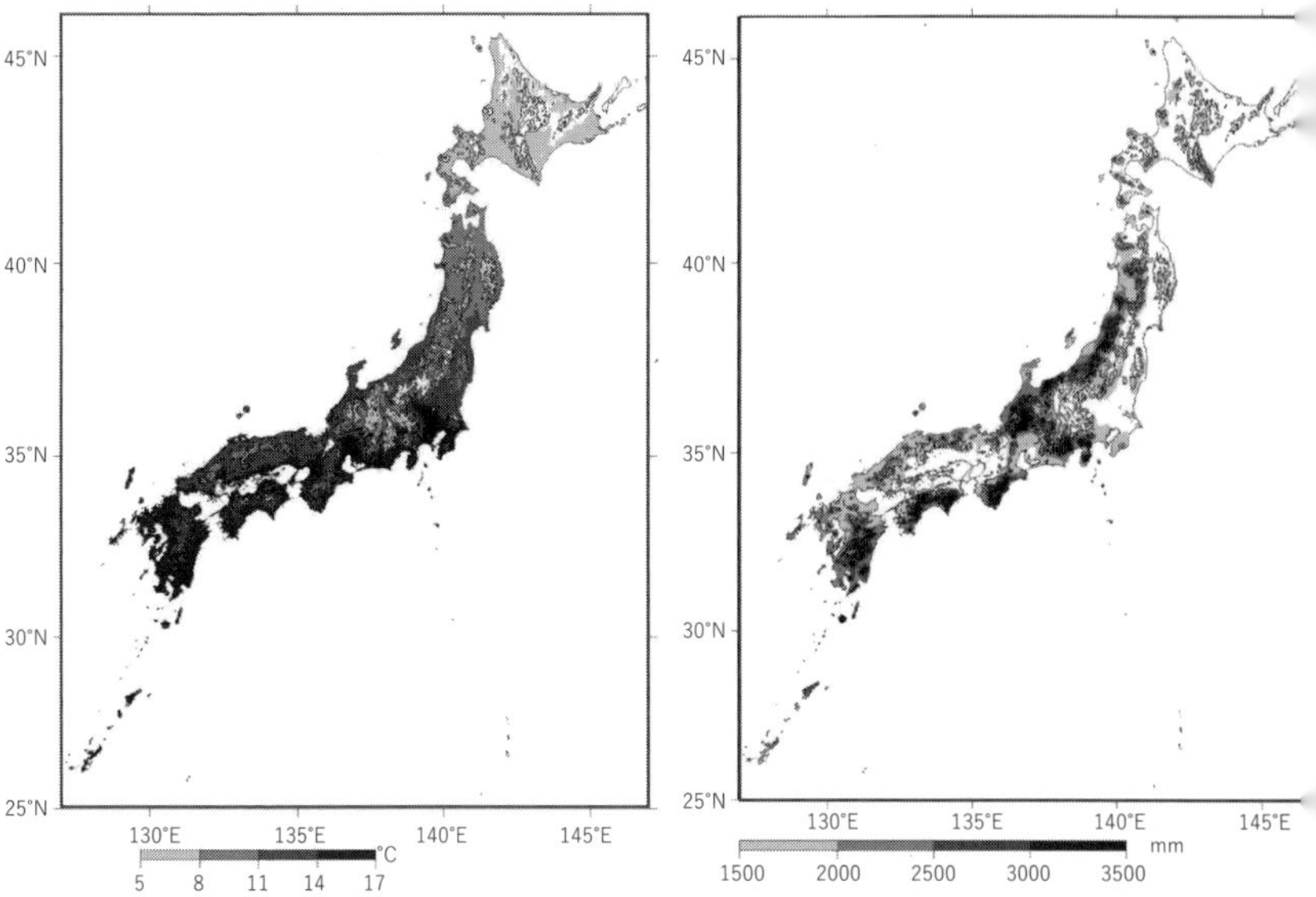

図 2-1 年平均気温と年降水量の分布（1981 ～ 2010 年平均）

気象庁メッシュ気候値 2010（1 キロメートルメッシュの気候要素の平均値）をもとに作成。標高データは NASA/USGS の SRTM30 Version 3.0 を使用。等高線は 1000 メートル間隔で、補助的に 500 メートルの等高線も示した。

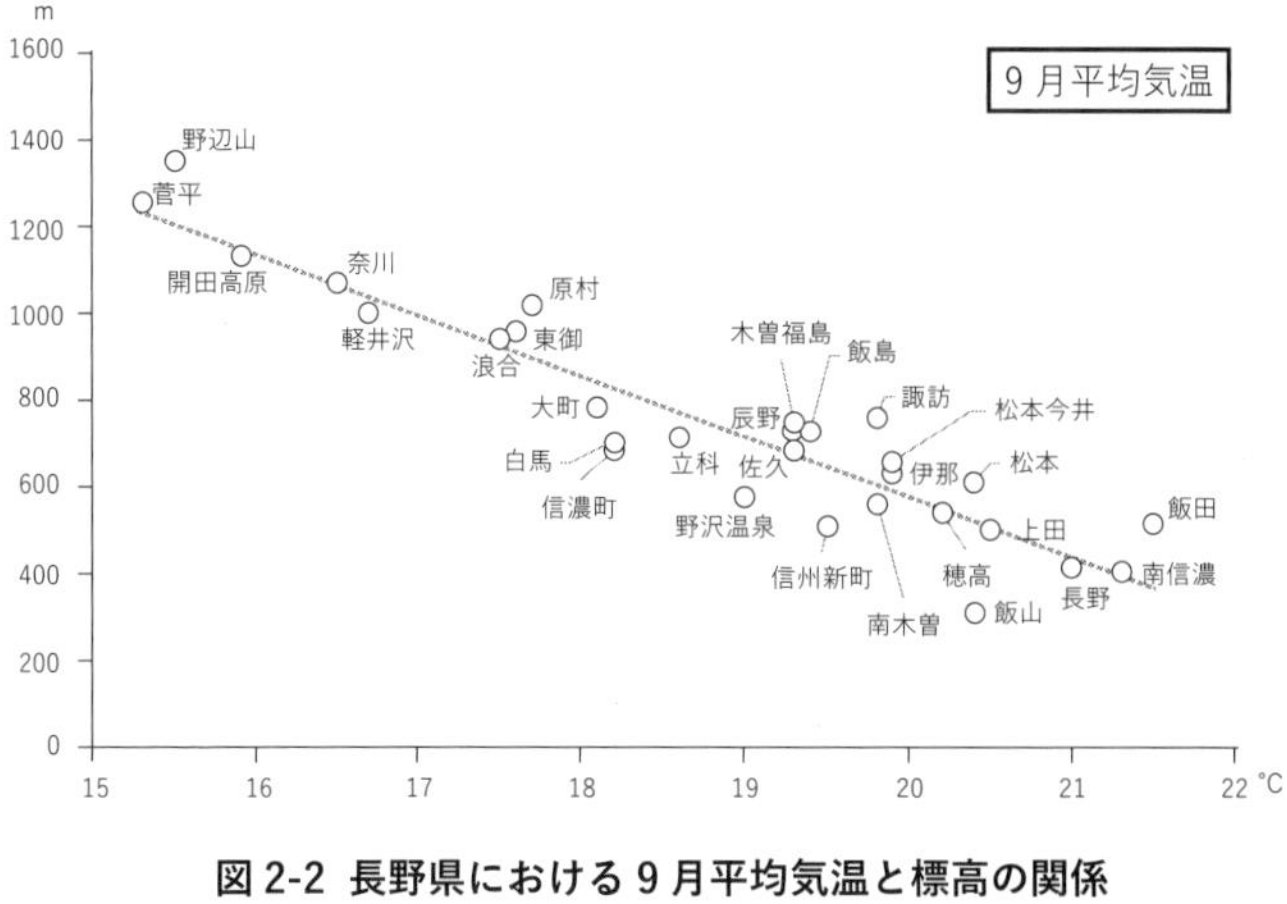

図 2-2 長野県における 9 月平均気温と標高の関係

気象庁の平年値データより作成。平年値は 1991 ～ 2020 年平均。

られ、高度100メートルにつき気温が約0・64度低下する関係が示されている。このように、標高により気温が規則的に変化することを気温の標高依存性と言い、高度の上昇に伴う気温の低下率を気温減率と言う。

富士山のように標高が著しく高い山地の頂上付近では、気温が特に低くなる。富士山頂付近（標高3776メートル、北緯35・36度、東経138・73度）の年平均気温はマイナス5・9度、1月平均気温はマイナス18・2度で、8月平均気温でも6・4度しかない（**図2-3**）。ちなみに、富士山頂付近では強風である点にも特徴がある。風速（1991〜2004年平均）が大きいのは12〜2月で、平均風速は15・3〜15・9メートル／秒、最多風向は西北西である。話を気温に戻すと、富士山の近傍に位置する地点（御殿場と富士）と、富士山頂とを結ぶ水平距離は20キロメートル程であるにもかかわらず（**図2-3**左）、富士山と御殿場（標高472メートル）や富士（標高66メートル）との月別気温差は、一年を通して18〜24度にもなる（**図2-3**右）。10〜3月の月平均気温でみると、富士山頂付近の気温は、富士山から北に約2700キロメートル離れた場所に位置する、ロシア東部沿岸のオホーツクの観測点（標高742メートル、北緯59・37度、東経143・2度）とほぼ同じくらいの気温である（**図2-3**右）。水平方向の気温変化に対して、山地における鉛直方向の気温変化がいかに急激かつ大きいかがわかる。これは極端な例であるが、気象庁の主な気象官署の年平均気温の平年値（1981〜2010年平均値）と、緯度及び標高との関係を示した鈴木（2013）によると、気温を1度変化させるためには、南北方向に118キロメートル移動しなければならないのに対

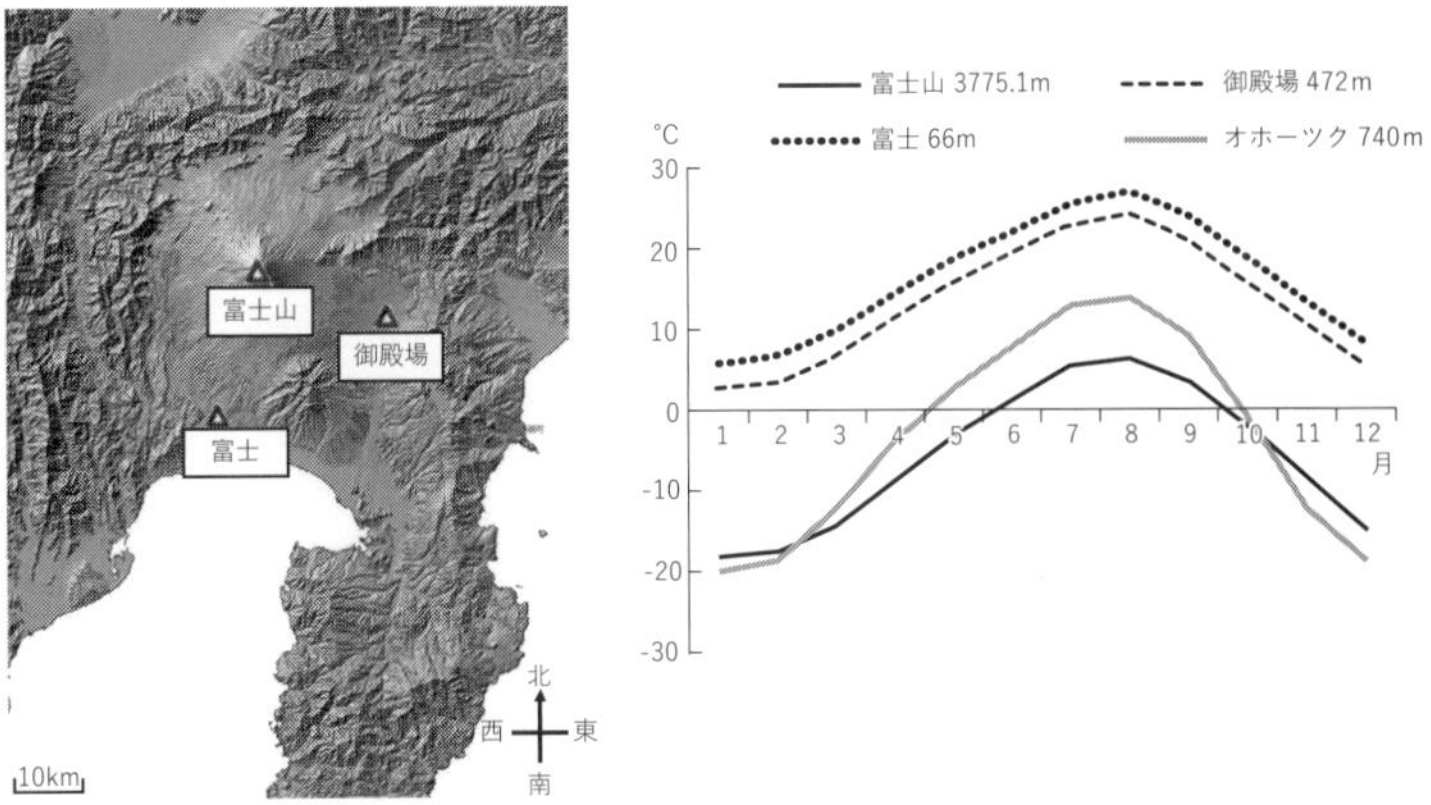

図 2-3 富士山周辺の気温の季節変化（1991 ～ 2020 年平均）

左図では国土地理院「地理院地図」の陰影起伏図にアメダス観測点の位置を△で示した。右図は気象庁資料より作成。凡例には各地点の標高も示した。

し、高度方向の移動であれば、気温減率を0・65度とすると154メートルの移動ですむという（ただし、富士山といくつかの観測点を除いた場合の計算値）。これは、水平方向の気温変化に対して、高度方向の気温変化が約800倍も急激であることを意味する。つまり、山地は標高と共に気候が変わる地域であるといえる。

ここでは気温の標高依存性に焦点をあてたが、標高のように各地の気候を特徴づける要因を、気候学では気候因子と呼ぶ。気候因子には、本節で紹介した標高や緯度の他にも、地形、海流、海からの距離（隔海度）、水陸の分布、土地利用等がある。実際にはこれらが様々な時間的・空間的スケールで、気候要素とその変化に複合的に影響し、各地の気候を特徴づけている。

2　山地と降水、雪

次に、年降水量分布にみられる地形の影響を大まかにみていく（**図2-1**右）。年降水量2000ミリメートルを超える多雨域は、およそ標高500メートル以上のエリアと重なり、夏季及び冬季に海から吹いてくる湿った季節風の風上側にみられる。特に、停滞前線（梅雨前線や秋雨前線）、低気圧や台風の接近・上陸の影響により湿った気流が流れ込む、九州山地、四国山地、紀伊山地の太平洋側や、赤石山脈、富士山〜箱根山地の南側斜面などで降水量が多くなっている。加えて、北陸と東北の日本海側の山沿いでも、北西季節風と対馬暖流の影響により、3000ミリメートル以上の年降水量が観測されている（冬季には降雪を融かして降水量を観測している）。一方、標高が高くても、周辺を山々に囲まれた盆地や内陸では、雨の材料である水蒸気が供給されにくく、相対的に降水量が少なくなる。

降水量は、標高だけでなく地形や斜面方位などによっても局所的に値が大きく変わる。そのため、複数の地形要素を加味して、降水量の地理的分布との関係を考える必要があるものの、日単位よりも長い時間スケールでみれば、降水量の標高依存性から、地形の影響を大まかにはとらえることが可能である（鈴木ほか、2001）。一方で、鈴木・中北（2007）は、台風や温帯低気圧のように、空間スケールが比較的大きい擾乱が通過して一度に大雨をもたらすような場合には、数時間スケールの降水量分布にも山地との関係がみられることを示している。

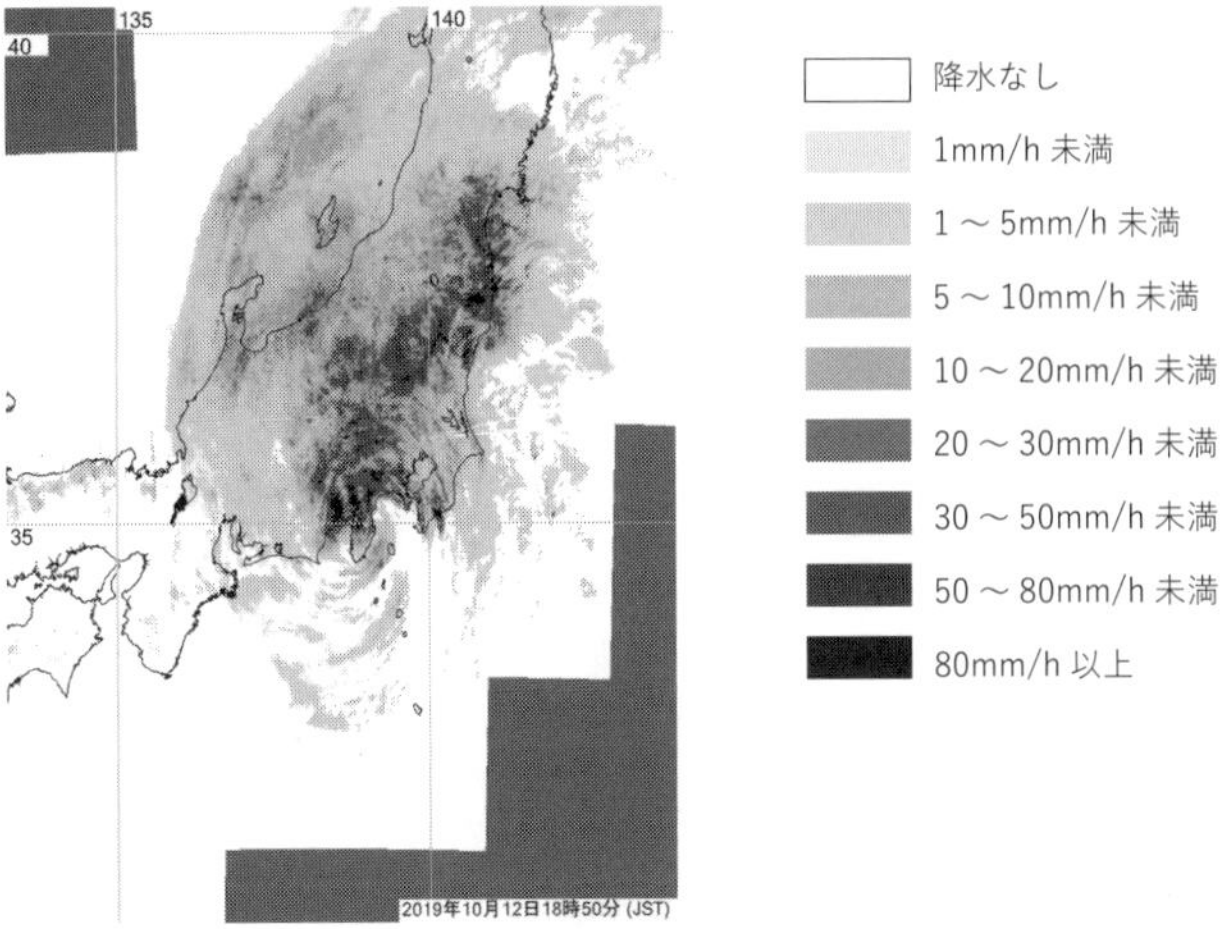

図 2-4　2019 年台風第 19 号が関東平野を通過した際の降水量分布
(2019 年 10 月 12 日 18 時 50 分)
気象庁の 1km メッシュ全国合成レーダー GPV データを描画。

例として、2019年10月の令和元年東日本台風（台風第19号）が関東平野を通過したさいの降水量分布を**図2-4**に示す。越後山脈、関東山地、阿武隈高地周辺では、台風の中心に向かって流れる暖湿気流の風上側で降水量が多く、関東平野では相対的に少なくなっている。この日、アメダス箱根（標高855メートル）では、観測史上第1位の日降水量が記録された（**図2-5**）。**図2-5**からは、アメダス箱根のように、地形効果により年降水量の多い山地で、日降水量の記録的な値が観測されていることがわかる。このように、暖湿気流の風上側斜面で年降水量や日降水量が多くなるのは、暖湿気流が山地にぶつかり強制的に上昇させられると、空気塊に含まれる水蒸気が冷却されて凝結し、雲ができやすくなるためである（**図2-6**）。

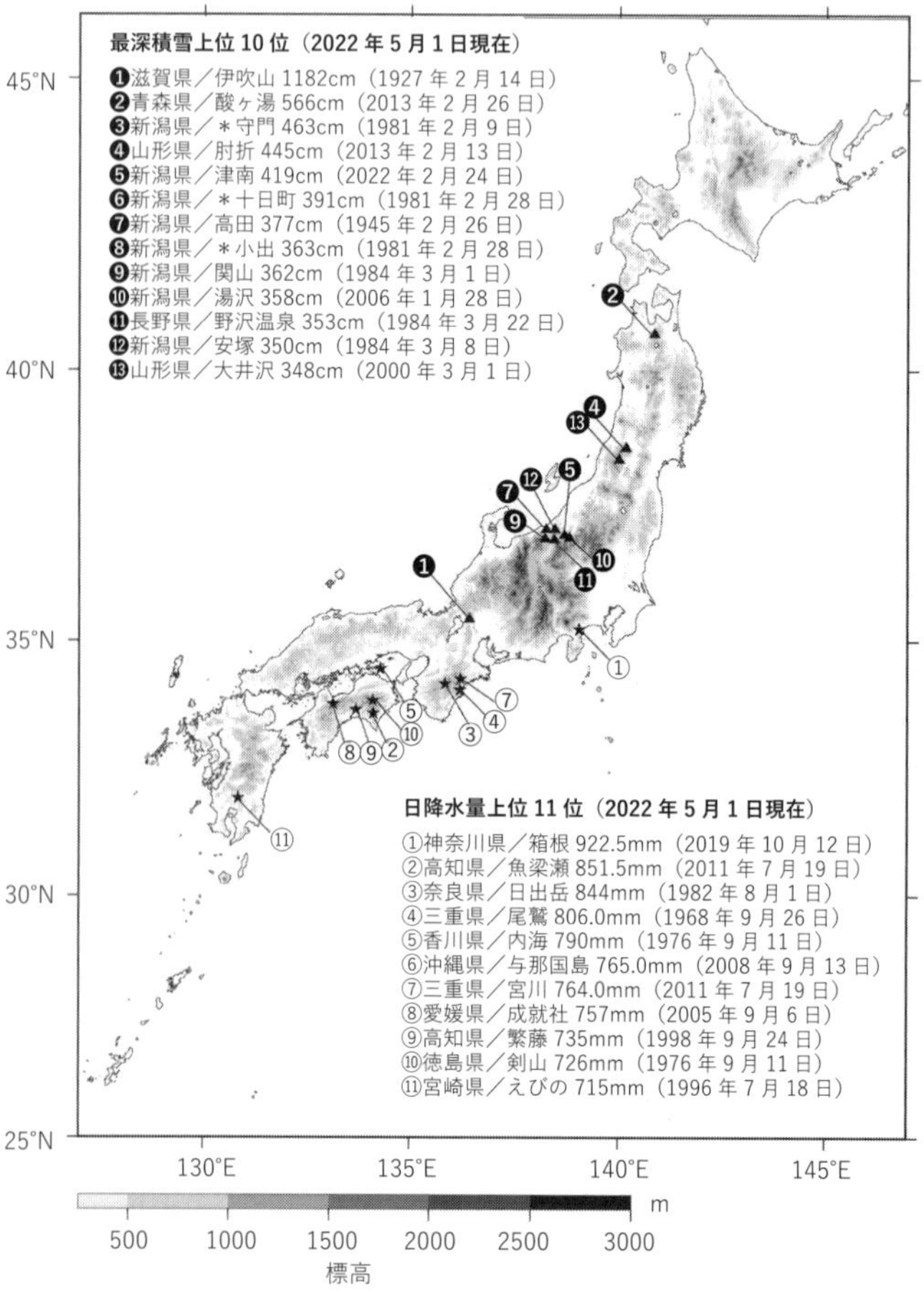

図 2-5 記録的な日降水量もしくは最深積雪を記録した地点の位置
（2022 年 5 月 1 日現在）

気象庁ホームページ掲載の気象観測値の歴代ランキング表をもとに作成。日降水量第 6 位の与那国島は図化範囲の都合のため図中には示されていない。最深積雪は、図中の左上の一覧のうち新潟県の守門、十日町、小出（地点名に＊）は資料不足値のため図中には位置を示していない。

山地では、晴天日でも山越え気流や、上昇気流の影響によって、雲がよく発生・発達する（第２章扉写真）。特に、相対湿度の高い夏季には、平野部に先んじて山地の地表面が温かくなるため、局地的に雲が発達し、降雨や雷の発生につながることも多くある。平地に比べて山の天候は変わりやすいと言われる理由は、山地の存在により大気の水平的・鉛直的な流れが変化することや、平野部と山間部の標高差によって生じる気温差に起因している。

日本海側を中心に多雪地域が広がっていることも、山地の地理的分布が深く関係している。大陸からの乾燥した北西季節風は、日本海上で対馬暖流から熱と水蒸気を供給され、脊梁山脈付近で強制的に上昇させられる（**図２-７**）。海岸平野部よりも山地斜面で特に上昇気流が強まるために、山沿いほど大雪になる傾向がある。このような雪の降り方を山雪型と呼び、海岸平野部を中心に降雪がある場合を里雪型と呼ぶ。

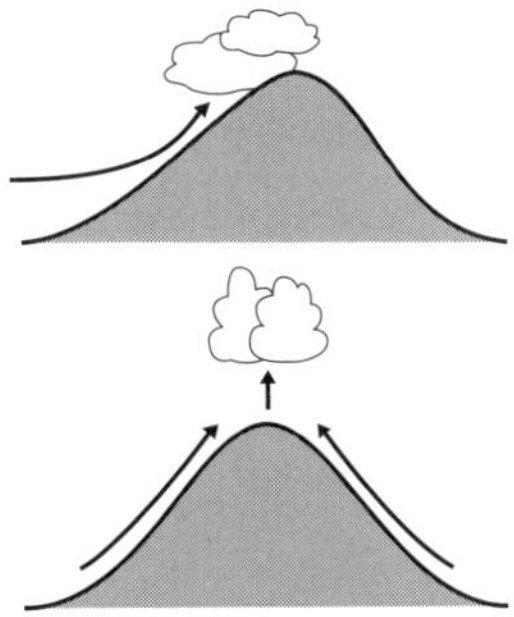

図 2-6 山岳によって雲ができる様子
（木村ほか、2018 より）

平地に比べ気温が低い山地では融雪が進みにくく、標高が高いほど最深積雪も大きくなる。平年の年最深積雪分布をみると、極大値は本州では標高２０００メートル以上、北海道では標高１０００メートル以上の地域の日本海側に分布している（**図２-８**）。このように、対馬暖流、北西季節風、１０００メートルを超える山地の存在により、日本

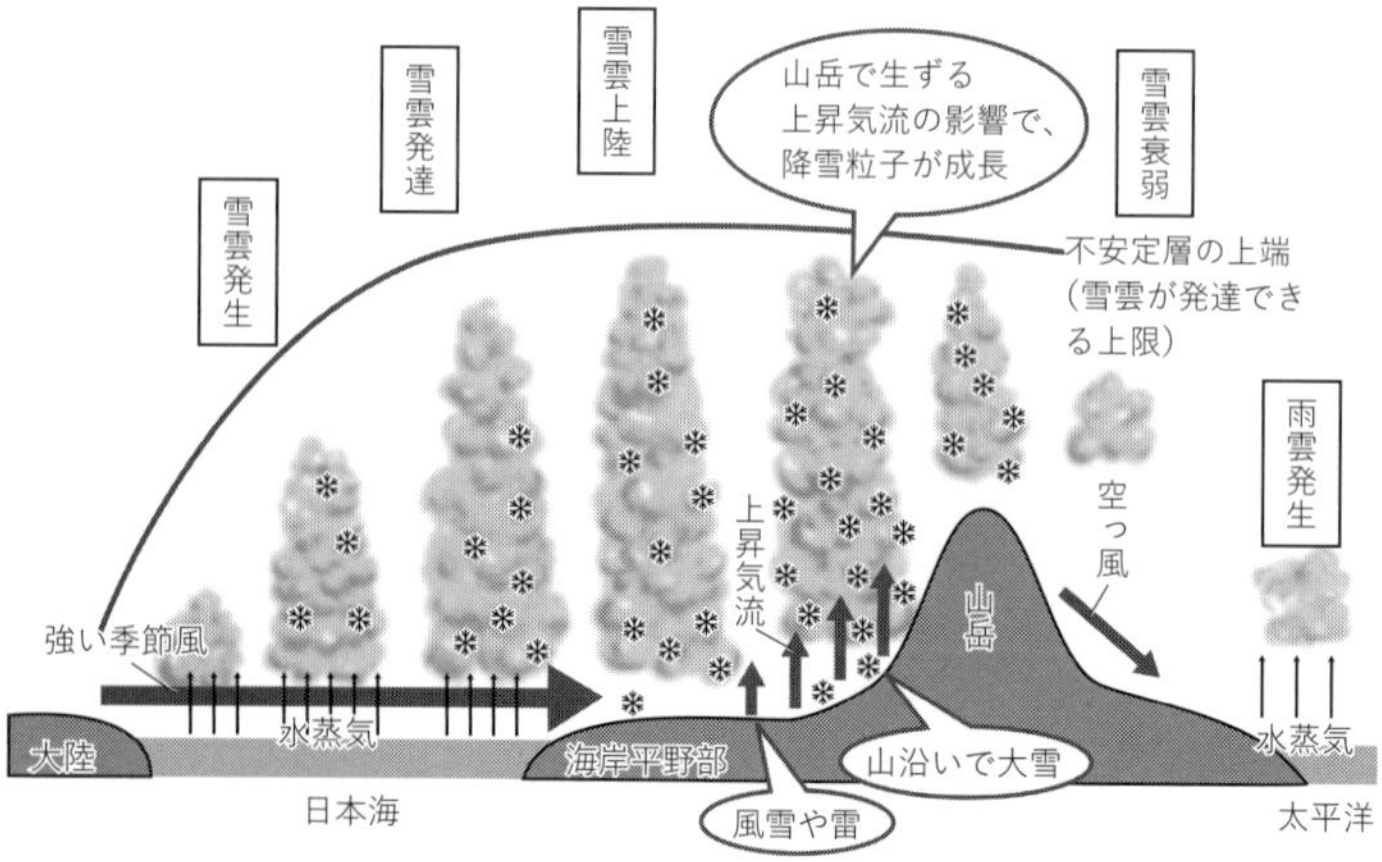

図 2-7 気団変質により、日本海で雪雲が発生、発達する様子

主に日本海側の山沿いで雪が降るとき（川瀬、2019 より）。気団変質とは、この場合はシベリア気団（大陸性の寒冷乾燥な気団）が、日本海の対馬暖流上を通過することにより熱と水蒸気を供給されて、その性質が変わることを意味する。図は新潟地方気象台の図（https://www.jma-net.go.jp/niigata/menu/bousai/met_character.html#c1）を参考に作成された。

海側地域は世界有数の多雪地帯となっている。また、ヒマラヤ山脈、カラコルム山脈、天山山脈（北緯27〜45度）と並び、世界の多雪地帯最南部に位置するというユニークな特徴も有している（渡辺、1982）。しかし、20世紀後半以降に顕在化した地球温暖化の影響により、21世紀末には、降雪期の開始が遅れ、終わりが早まることで、特に本州日本海側の沿岸部を中心に、総降雪量と年最深積雪の減少が予測されている（気象庁、2018。地球温暖化の緩和策を講じずに、現在と同程度の温室効果ガスを排出した場合の予測結果）。このような傾向は、春季の融雪の早期化や水資源量の減少にも結びつくため、春先の農業用水や河川環境への影響が懸念される。

山地の標高や地形は、降積雪量の多寡に加え、積雪深、残雪や雪渓の空間分布、融雪量および融雪時期にも影響する。また、山地と雪との関係は、様々な降積雪特性にも留意しながら、みていく必要がある。

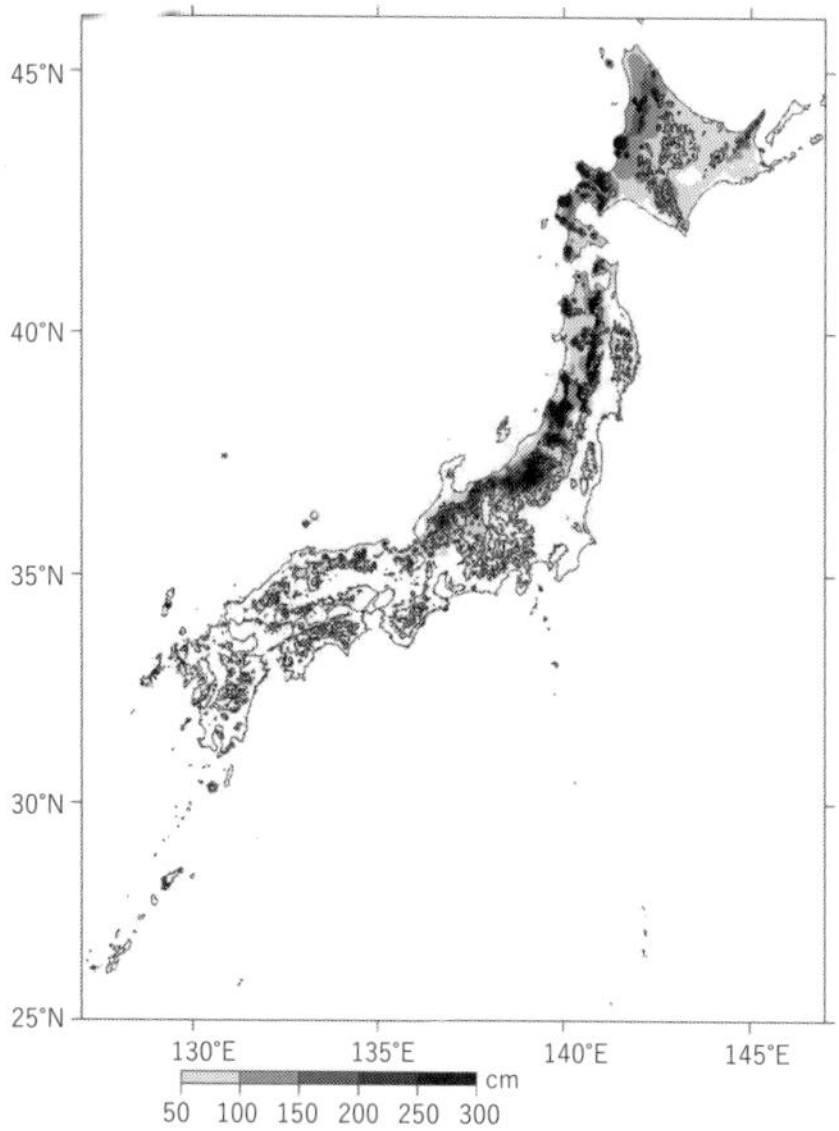

図 2-8 日本の最深積雪分布
（1981 ～ 2010 年平均）

図 2-1 と同じく気象庁のメッシュ気候値 2010 をもとに作成。ただし、年最深積雪の値は、積雪が少なかった沖縄・奄美、九州、四国、山陽、近畿中南部に関してはデータが作成されていない。陸上の実線は標高を表す等高線で、等高線間隔は図 2-1 と同じ。

写真 2-1　富士山の笠雲（2013 年 11 月撮影）

3　山地の雲と観天望気

山地を挟んで気圧差が生じている場合には、気圧の高い方から低い方へと大気は流れ、山地上に雲が形成される。山地を越えた後の大気は波打つような流れとなるため、山岳波とも呼ばれ、山地とその周辺に特徴的な雲を形成する。

例えば、富士山頂付近には、斜面を上昇した気流により、笠をかぶったような雲（笠雲）がよく見られる。**写真2-1**では笠雲が3つほど重なっているが、この形の笠雲は一年を通してみられるもので、雨の予兆とされる（山梨日日新聞社ホームページ）。吊るし雲と呼ばれる雲も、富士山周辺ではよく見られる。山岳波の影響によって同じ場所で上昇気流が続くことで、雲が吊るされたようにひとところに留まるため、このように名付けられた。山地とその周辺では、大気の流れを可視化した笠雲や吊るし雲のような独特な形の雲が頻繁に見られるため、雲に関する観天望気（空模様や生物の行動等から経験的に天気の変化を予測すること）が

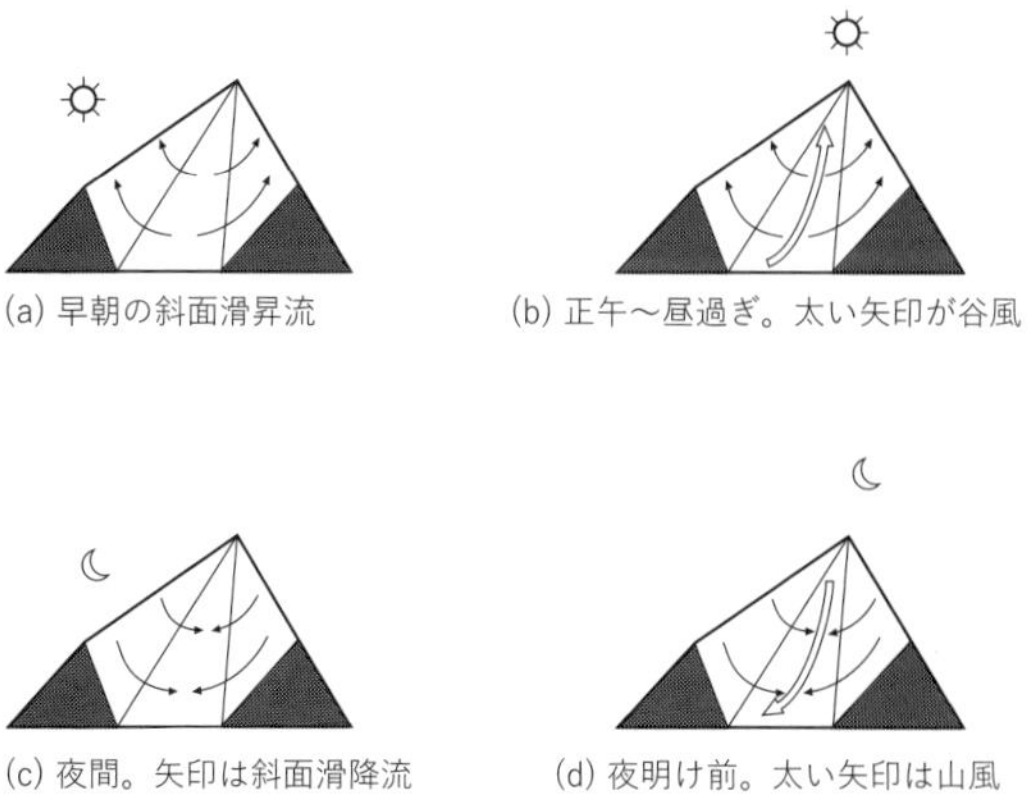

図 2-9 山谷風の概念図（木村ほか、2018 より）

多く残っている。山の天気は変わりやすく、空間的に詳細な気象情報を必要とするものの、山地に設置されている気象観測点の数は限られている。そのため、山に関する観天望気は、山地の局所的な天気の移り変わりを予想する手段として、現在でも有用である。

4　山地と風

ここでは、山地斜面や山麓に吹く特徴的な風を紹介する。気候学では、地形や水陸分布の影響により、特定の気圧配置・天候条件のもとで比較的狭い範囲に吹く風を局地風と呼ぶ。山地に吹く代表的な局地風には、山風と谷風がある（二つの風をあわせて山谷風ともいう）。日中と夜間に生じる山地と平野部との間の熱的差異によって、日中には平野部から山地の谷筋を滑昇する谷風が、夜間から早朝には谷筋を下る山風が吹く（**図２-９**）。山谷風は、一般には、総観規模スケール（日本の地上天気図くらいの空間スケール）の風が弱く、山地と平野部の熱的コントラストが顕著となる晴天日に卓越する。

山風は、放射冷却により冷やされた地表面付近の空気が谷筋を流れ下る現象で、時空間的な規模が山風よりも小さいものは、冷気流とも呼ばれる。長野県の菅平のように山に囲まれた盆地では、冷気流により盆地底に冷気が溜まることで、夜間から早朝にかけて冷気の湖（冷気湖）が形成されることがある（鳥谷、１９８５）。冷気湖が形成されると、盆地底では気温が下がり、盆地の斜面中腹では盆地底よりも相対的に気温が高い状態となる。このような特徴をもつ斜面中腹は、斜面温暖帯と呼ばれる。夜間の気温低下が緩やかで、日射も多く得られる場所であることから、柑橘類などの栽培適地となっている。例えば、筑波山の西側斜面中腹に位置するみかん園周辺では、気象観測により斜面温暖帯の特徴が確かめられており、11月～1月頃にはおよそ2日に一度の割合で斜面温暖帯が出現する傾向にある（堀ほか、２００６）。

次に、山地での風の空間分布に関する調査例を紹介する。山地（特に山頂付近）では、強風かつ地形の影響を受けた複雑な風が吹いており、その空間的な特徴をとらえることは容易ではない。降水や降積雪と同様に、風も空間的・時間的な変動が大きい大気現象であるが、山地にはその特徴を捉えるだけの充分な気象観測網がないことがほとんどである（たとえば鈴木、２０１３）。山地での気象観測網の展開には、観測点の設置や維持・管理等の難しさがあるものの、山地の気候特性とその変化を詳細に把握することは、水資源量の把握や自然災害対策などの点からも重要であるため、山岳気候研

写真 2-2 偏形樹の例
（長野県茅野市の北八ヶ岳山頂駅付近。2016 年 8 月撮影）

究の大きな課題の一つとなっている。

山地の風の調査には、気象観測の他に、気候景観調査も有用である。気候景観とは、気候現象がある地域的な広がりをもっている場合に、その影響が地表、植物、人間の生活などにおいて、目にみえる形で顕著に表れているもの（痕跡）を意味する（青山ほか、２００９）。山地のように気象観測資料の少ない地域においては、気候景観を気候の表現体（指標）として活用することで、気候の詳細な空間分布調査が可能となる場合がある。気候景観の例としては、屋敷林や防風林、家屋の形態や構造、作物の栽培形式、森林限界などがあり、山地の風の特性を教えてくれる代表的な例としては、偏形樹がある。偏形樹とは、ある季節の卓越風や強風などによって、樹幹の片側の枝が欠けているものや（**写真２-２**）、風下側に樹幹・樹冠がなびくように傾いているものを指す（小川、２０１７）。樹幹・樹冠の傾きや枝の曲折の方向が風向に、その度合い（偏形度）が風の強弱に関係すると考えられる。その他に気温、積雪、樹齢、周辺の土壌や植生環境なども結びついて、樹木の変形が形成・維持されている。

ここでは、勝又（2020）による箱根外輪山での偏形樹調査の結果を紹介する。箱根地域は、相模湾と駿河湾から風が吹き込むことにより強風が吹きやすい地域として知られているが、箱根山周辺の気象庁観測点は、アメダス小田原、御殿場、三島しかなく、山頂周辺の風の特性はよくわかっていない。そこで、勝又（2020）は外輪山の稜線上周辺を調査し、樹幹と樹冠がいずれも傾いている偏形樹（針葉樹31本、広葉樹45本）の位置、樹種、偏形方向、偏形形態、偏形度を記録した。その結果、偏形樹は外輪山西側では東北東に、北側では北東に偏形しているものが多く、山域により異なる傾向を示すことがわかった（**図2-10**）。偏形樹の偏形形態から、成長期に卓越風の作用を受けて偏形したものと考えられる。特に、北側の明神ヶ岳周辺と、黒岳から山伏峠周辺（**図2-10**の太線付近）には偏形樹が集中して分布しており、その偏形度も大きい点に特徴がある。そのため、この周辺は風が特に強いエリアであることが示唆される。そこで、アメダス観測点（小田原、御殿場、三島）と、消防署により箱根外輪山内側4地点で観測された数年分の風向・風速データも併せて、強風日の風の特性を検討したところ、いくつかの特徴がみえてきた。外輪山西側の偏形樹（東北東に偏形）は、暖候期の日中に駿河湾から吹きこむ海風（南南西の風）と、箱根外輪山の谷を滑昇する谷風（海風と同じく南西よりの風）の両方の影響を受けている可能性が高い。また、偏形樹が集中して分布する外輪山北側において、特に偏形度の大きい樹木が位置していたのは、標高1150メートルのピークにあたる。この尾根の南側は切り立った地形であるため、周辺は調査ルートの中でも特に強風が吹きやすく、偏

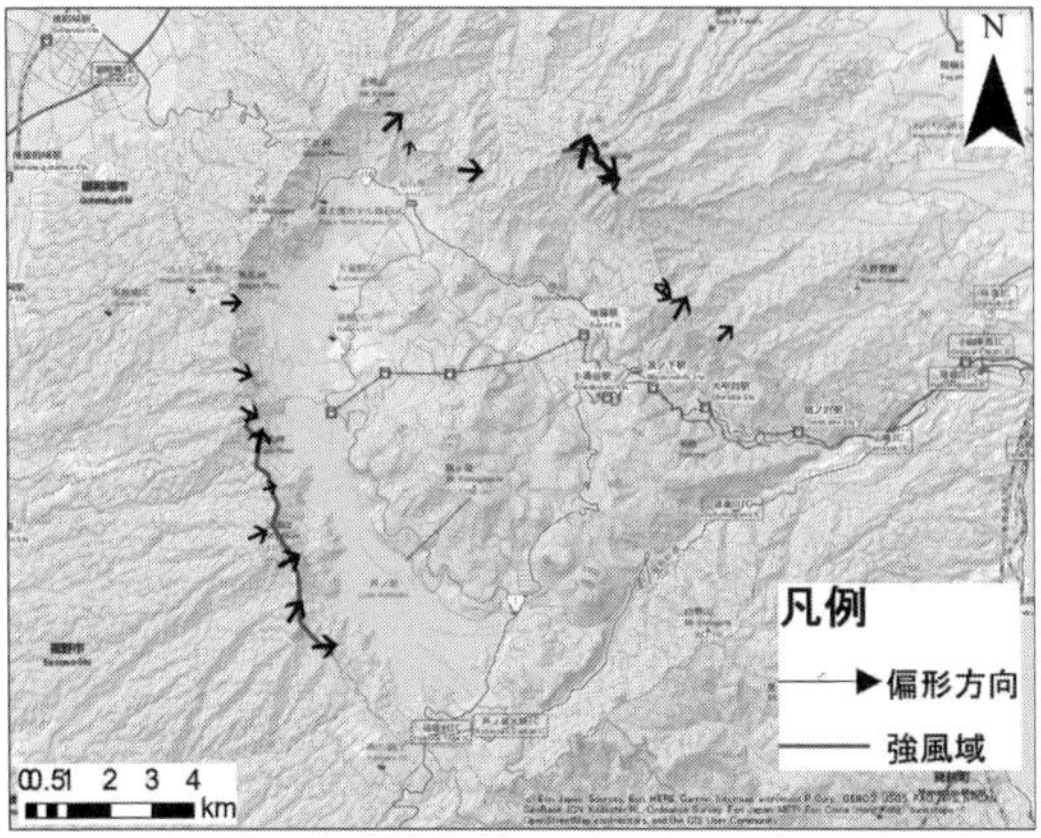

図 2-10 偏形樹の偏形方向から推定した箱根外輪山の強風域
（勝又、2020 より）

外輪山稜線の太線は、調査結果から推定された強風域を示す。矢印の大きさは偏形樹の偏形度の大きさと対応する。

形樹の偏形度が大きくなっていたと推測される。

　このように、偏形樹の分布や特徴は、強風頻度が局所的に高い場所や地形との関連を教えてくれる。継続的な気象観測網を空間的に密に展開することが難しい山地では、偏形樹をはじめとする気候景観も、気候特性を知るための重要な手がかりとなっている。

　山地周辺に吹くもう少し空間スケールの大きな局地風としては、山を越えて平野部に吹き下りるフェーン現象やボラ、山地の峡谷部を抜けて谷間や谷の出口付近で強風となる「だし」（山形県の清川だしや、愛媛県の肱川あらし等）がある。一般に、フェーン現象は、気温の上昇と湿度の低下を伴う。暖候期には毎年フェーン現象による高温が観測されており、緯度の高い東北や北海道の日最高気温が全国で最も高くなるような事例もよくみられる。例えば、2022年4月11日には、フェーン現象により、その年最初の真夏日（日最高気温が30度以上の日）が岩手県沿岸で観測された（**図2-11a**）。この日の15時の地上天気図をみると、太平洋高気圧が西日本の太平洋側に向かって大きく張り出している（**図2-11b**）。そのため、東北地方の太平洋側では、高気圧の縁を周ってきた西よりの風が奥羽山脈を越えて吹きおろし、30度を超える高温となった。一方、冬に、山から吹きおろす風としてよく知られているのは、西高東低の冬型の気圧配置時（**図2-11c**）に関東平野で卓越する、冷たく乾燥した「おろし（空っ風）」である。フェーン現象と同様に山越え気流であるが、日本海側で雪を降らした後の冷たい気流が吹き下りるため、寒冷な風である点に違いがある。関東平野北部には、榛名おろし、赤城おろしなど、北関東の山の名前を冠した「おろし」がいくつもある。吉野（1989）によると、空っ風の吹走範囲は群馬県の前橋市付近を扇のかなめとして、前橋付近から銚子付近までのほぼ利根川に沿う線と、前橋付近から南下する線を囲った範囲であるとされる（**図2-11d**）。

5　大規模火山噴火と気候変化

最後に、火山と気候との関係について簡単に紹介する。日本はプレートの沈み込み帯に位置しているため火山が多く分布しているが、火山活動も噴火の規模によっては気候に影響することがある。大規模火山噴火により、火山噴出物が成層圏(地上から約15～50キロメートルの大気層)にまで達すると、

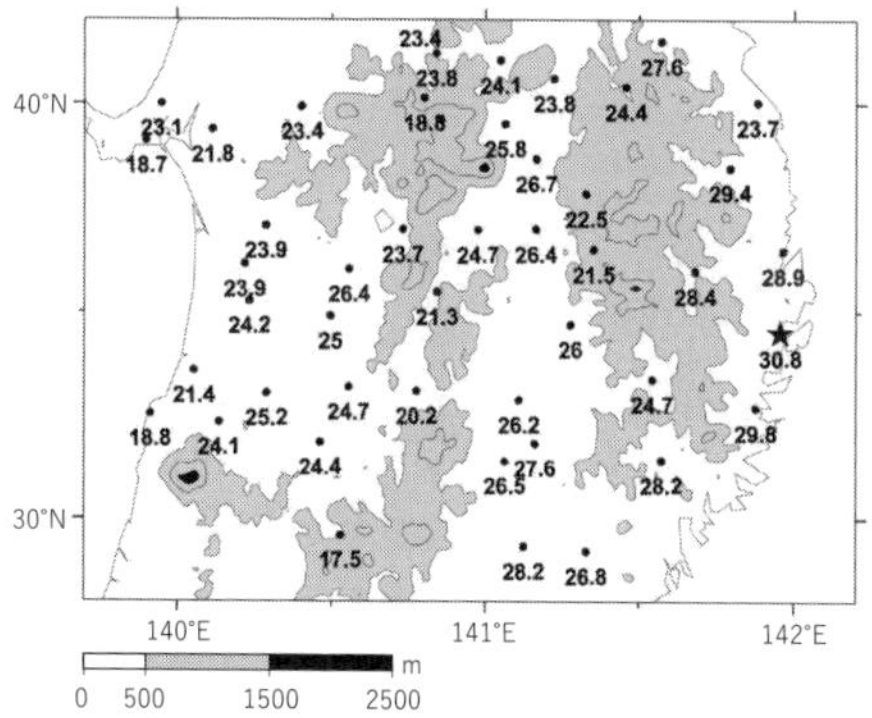

a）2022 年 4 月 11 日 14 時の各地の気温

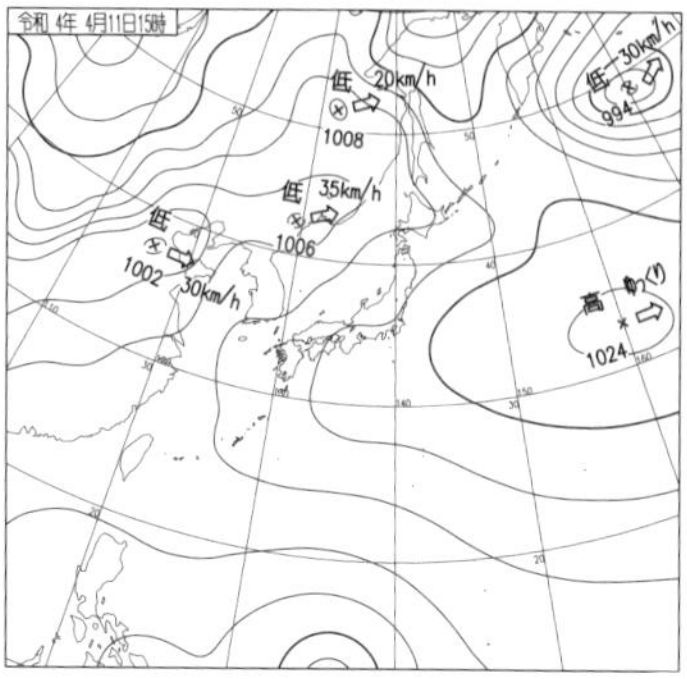

b）2022 年 4 月 11 日 15 時の地上天気図

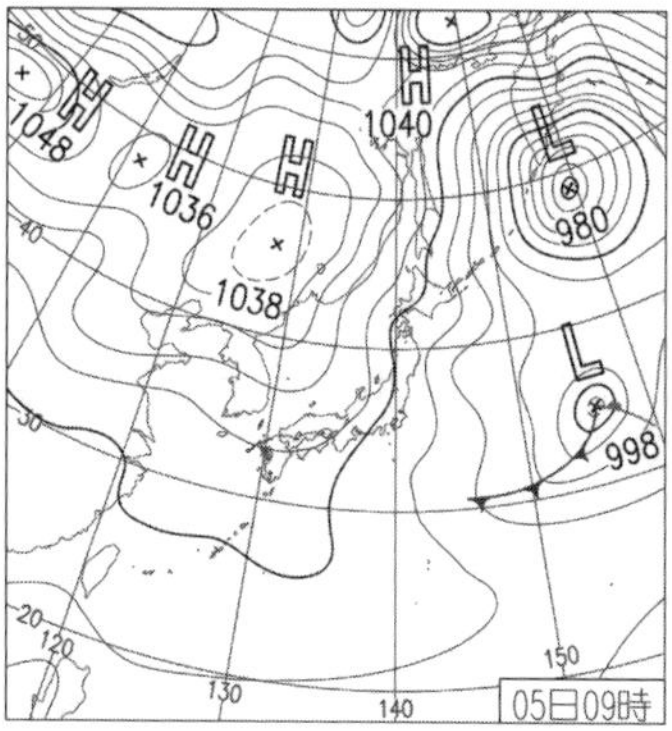

c）2017 年 1 月 5 日 9 時の地上天気図

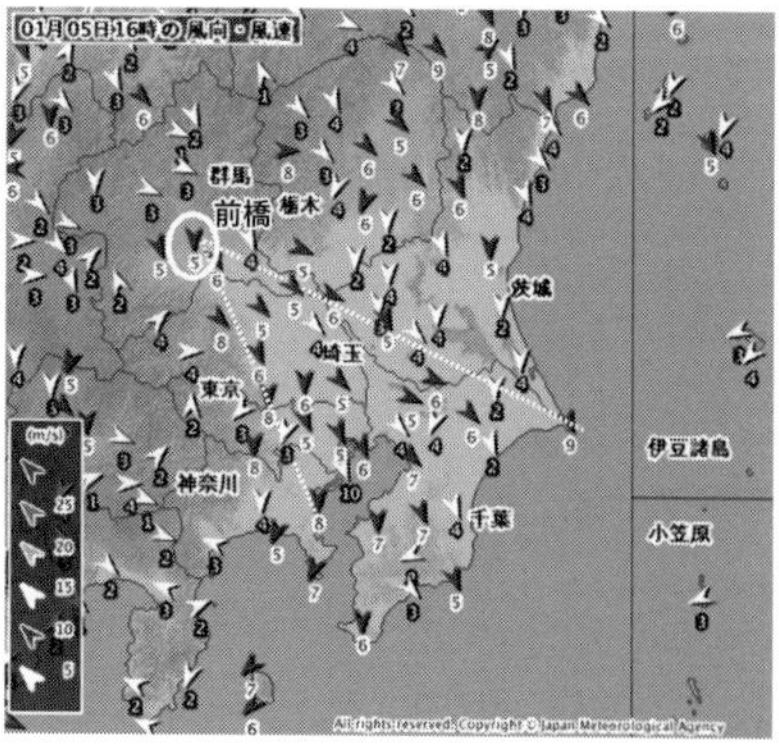

d）2017 年 1 月 5 日 16 時の風向・風速分布。前橋の位置を加筆。

図 2-11　フェーン現象と空っ風が発生した日の地上天気図とアメダスの風向・風速（気象庁より）
a は気象庁資料より作成。d は一部加筆。

火山噴出物や火山性エアロゾル（火山噴火起源の浮遊粒子状物質）によって太陽放射が遮られる（散乱・反射される）日傘効果（パラソル効果）が生じる。これによって、地表に到達する日射量が減少し、地球の平均気温が0・5〜1度ほど低下することが知られている（岩坂、２０１７）。大規模火山噴火の影響が天候異常として顕在化するまでには噴火から2〜3年かかるとされる（山川、２００２）。

大規模火山噴火による日傘効果によって地表に達する日射量が減少することは、20世紀最大の噴火であったとされる、１９９１年6月のフィリピン・ピナツボ火山噴火のさいにも確認された（**図2-12**）。噴火の2年後、１９９３年に日本は冷夏に見舞われ、東北を中心に米の収量が著しく減少し、タイ米を輸入する事態となった。１９９１年のピナツボ火山噴火がこの冷夏の遠因ではないかという議論もある。

これまでみてきたように山地の地形や地理的分布は、各気候要素の空間分布や局所的な大気現象の発生に大きく影響しており、地域の水平的・鉛直的な気候境界にもなっている。そのため、山地の気候特性は、次章以降で示される山地や山麓の生態系や人々の暮らし、その変容とも深く関連している。

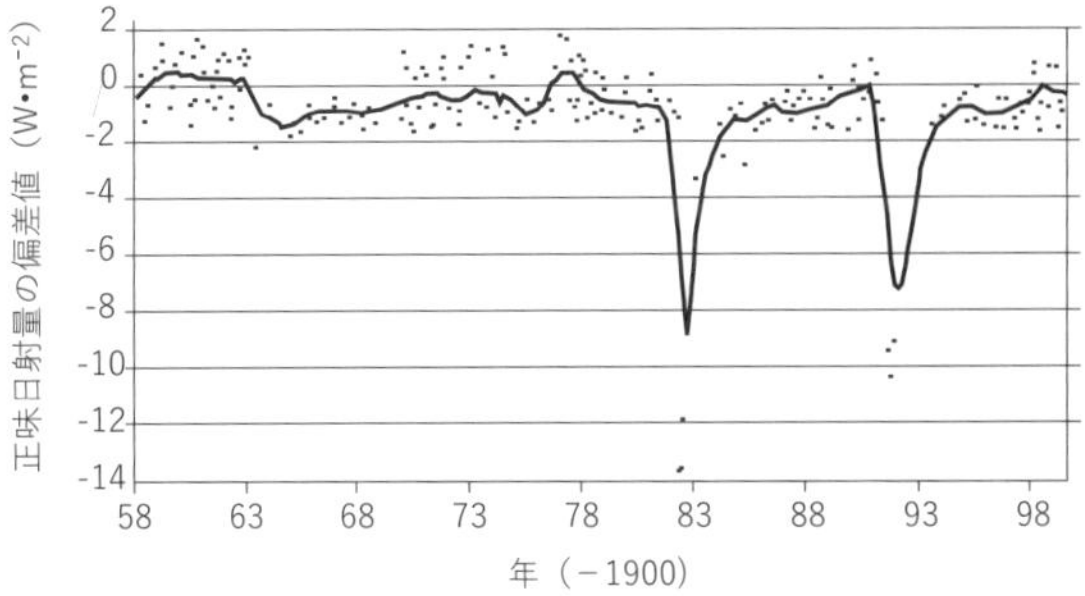

図 2-12 ハワイのマウナロア観測所で観測された月平均正味日射量変化（上）と、フィリピン・ピナツボ火山の山頂付近の様子（下）

上図は 1958 ～ 1962 年の平均値からの偏差（浅野、2005 より)。原図は Dutton and Bodhaine(2001)。

下の写真は 2017 年 3 月撮影。地層には過去にも噴火したことを示す、白く細い層（火山灰を含む層）が何本も走っている。

参考文献

青山高義・小川　肇・岡　秀一・梅本　亨（２００９）『日本の気候景観――風と樹　風と集落　増補版』古今書院

浅野正二（２００５）「3．大気の放射過程」新田尚ほか編『気候ハンドブック（第3版）』朝倉書店

岩坂泰信（２０１７）「火山大噴火からさぐる気候変動」「第VI章　自然要因からさぐるグローバル気候システム変動」山川修治、常盤勝美、渡来　靖編『気候変動事典』朝倉書店

小川　肇（２０１７）「気候景観――偏形樹・防風林・屋敷林」小池一之ほか編『自然地理学事典』朝倉書店

勝又優里（２０２０）「箱根外輪山における偏形樹と風系との関係」専修大学文学部２０１９年度卒業論文

川瀬宏明（２０１９）『地球温暖化で雪は減るのか増えるのか問題』ベレ出版

気象庁（２０１８）『地球温暖化予測情報第9巻』https://www.data.jma.go.jp/cpdinfo/GWP/Vol9/pdf/all.pdf（最終閲覧日２０２２年4月2日）

木村富士男・日下博幸・藤部文昭（２０１８）「山岳の気候の特徴と成り立ち1」木村　富士男・日下博幸・藤部文昭・吉野正敏編『日本気候百科』

鈴木啓助（２０１３）「中部山岳地域における気象観測の現状とその意義」『地学雑誌１２２』

鈴木善晴・中北英一・池淵周一（２００１）「標高依存直線に基づいた降雨分布の地形依存特性の解明」『水工学論文集45』

鈴木博人・中北英一（２００７）「鉄道と気象庁の降水量データを用いた大雨の標高依存性の解析」『水工学論文集51』

鳥谷　均（１９８５）「長野県菅平盆地における冷気湖の形成と冷気流」『地理学評論58』
堀　正岳・植田宏昭・野原大輔（２００６）「筑波山西側斜面における斜面温暖帯の発生頻度と時間変化特性」『地理学評論79』
山川修治（２００２）「第５章　気候変動　5・3 火山活動」気候影響・利用研究会編『日本の気候Ｉ』二宮書店
山梨日日新聞社『富士山ＮＥＴ』https://www.fujisan-net.jp/post_detail/2001109（最終閲覧日２０２２年４月２日）
吉野正敏（１９８９）『風の世界』東京大学出版会
渡辺興亜（１９８２）「土質工学における雪と氷　４．積雪の分布とその性質」『土と基礎30』

▲コラム　熱帯高地の気候——フィリピン・バギオの例

高地の気候は主に緯度の違いにより、日本にもみられる温帯高山気候と、赤道付近の熱帯高山気候とに大別される（牧田、１９８９）。熱帯高山気候に属する地域の代表例は、標高２０００メートル以上のアンデス地方、ボルネオ・ニューギニア高地、メキシコ高原などであるが、ここでは、筆者の調査地であるフィリピンのルソン島に位置するバギオ市を例に、その特徴を紹介する。

バギオは、「フィリピンの軽井沢」とも呼ばれるフィリピンの代表的な避暑地（Summer Capital）である（図ａ）。バギオ（標高１５００ｍ）と首都・マニラ（標高45ｍ）の雨温図をみてみると、中緯度（日本）と比較して、気温の季節変化が小さいことがわかる（図ｂ。図2-3の富士山の気温変化と比較するとよくわかる）。雨季入り直前の4～5月に気温が最も高くなるものの、各月の気温差は1～1.5度ほどである。一方、地点間の気温差をみると年間を通して8～9度あり、バギオの月平均気温は18～20度である。そのため、バギオでは針葉樹林の分布もみられ、松の都（City of Pines）とも称される。熱帯では低地は年中暑いため、高地は避暑地として発達していることが多い。バギオでは、木材資源や鉱物資源の開発も可能であったため、米国の植民地であった時代に、特に開発が進んだ（貝沼、２０１３）。

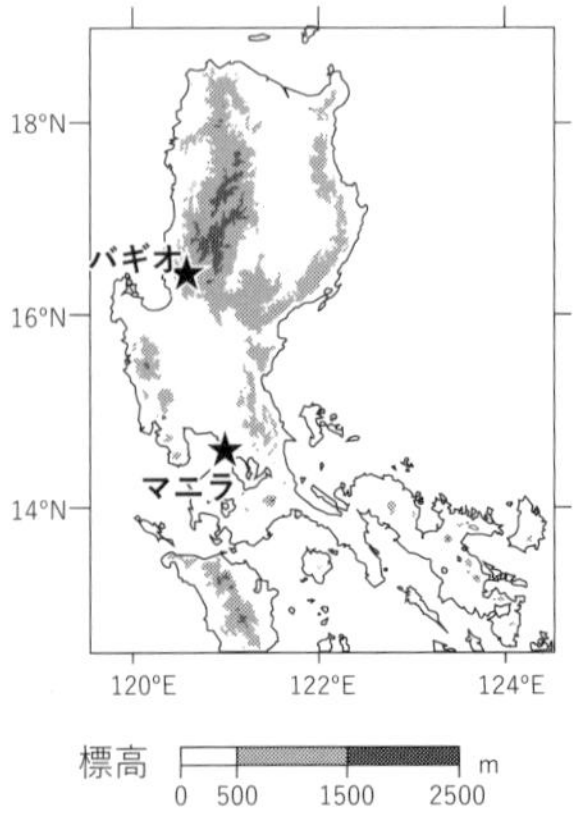

図ａ　マニラとバギオの観測点の位置

高地特有の冷涼な気候により、農産物にも特徴がある。写真aは筆者がバギオで目にしたイチゴの販売風景である。他にも、レタス、キャベツ、ブロッコリー等の温帯野菜や、コーヒー豆、花卉等の栽培・販売の様子がみられた。バギオ周辺とマニラ首都圏とを結ぶ道路網の整備も進んでおり、バギオの温帯

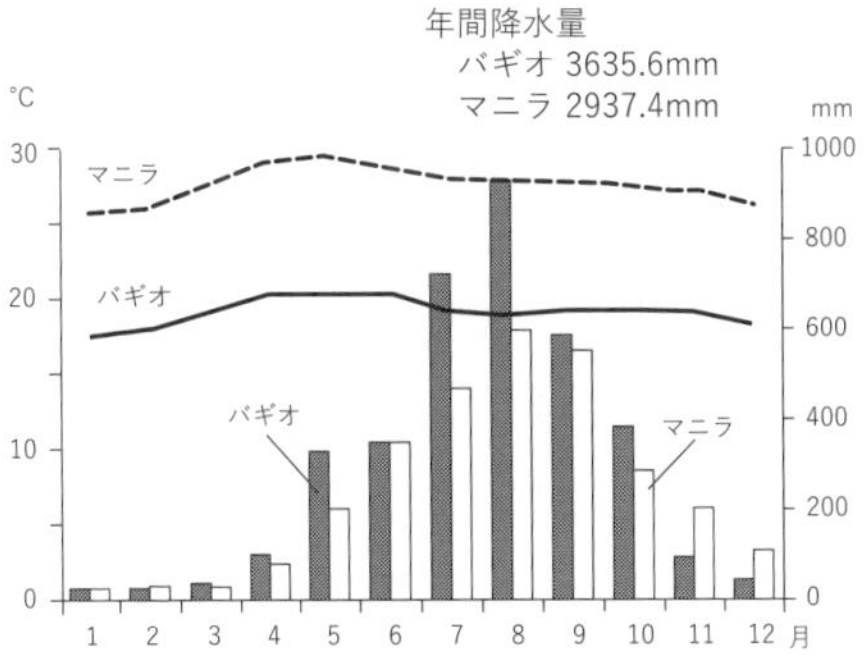

図b マニラとバギオの雨温図
1991 ～ 2020 年平均値。気象庁資料より作成。

写真a 苺を量り売りしている様子
(2013 年 3 月撮影)

写真b　斜面に住宅地が密集する様子
（2013年3月撮影）

野菜はマニラ首都圏にも流通している（貝沼、2013）。
バギオの年降水量は約3640mmで、マニラよりも多く、5〜10月（雨季）の降水量が、年降水量の9割を占めている（図a）。7〜8月の合計降水量だけで、東京の年降水量（約1530mm）を上回るほどである。雨季の集中的な多雨に、斜面での宅地開発（写真b）や森林伐採の影響が加わり、土砂災害の多発が懸念される地域でもある。

参考文献

牧田　肇（1989）「高山気候」地誌学研究所編『地理学辞典』二宮書店
貝沼恵美子（2013）「集散市場としての機能を活かした地域づくり――フィリピン共和国バギオ市」『地理58』

第3章

山の生き物はどこでどのように暮らしているか
—動植物からみた山の自然—

高岡　貞夫

7月初旬でも雪が残る飛彈山脈北部。森林が発達せず草本植生や低木林が覆う。

1　標高が変われば森も変わる

登山をすると、標高によって植生の風景が変化することに気づく。登り始めはたいていブナやミズナラ、カエデの仲間など、落葉広葉樹からなる明るい森の中を登山道が続く。春は新緑が目にやさしく、秋には紅葉が美しい。しかし本州中部でいえば標高1700メートルを超えるあたりからシラビソ、オオシラビソ、コメツガといった常緑針葉樹を中心とする森に変化する。新緑や紅葉の楽しみはないが、林内は爽やかな香りに変わり、低木のシャクナゲ類の派手な花や、足元に小さな花をつけるゴゼンタチバナやタケシマランなどの小さな花が目を楽しませてくれる。さらに標高を上げていくと、突然目の前が開けて背丈の低いマツであるハイマツや高山植物からなるお花畑が広がる場所にくる。この森林帯から抜け出す標高は山によって異なり、また同じ山でも登山道によって異なることがあるが、本州中部ではおよそ2500メートルである。

このように山の植生は標高に沿って帯状の植生構造があり、上から高山帯、亜高山帯（常緑針葉樹林帯）、山地帯（落葉広葉樹林帯）とよばれる。実は、山地帯の下には丘陵帯とか低山帯とよばれる植生帯があるが、本来の自然植生は限られている。ここはシラカシやアラカシといったカシ類やスダジイなど常緑広葉樹が自然林をつくるところであるが、長い間、人に利用されてきた場所であるために、コナラやクヌギなどの落葉広葉樹からなる二次林やスギ・ヒノキの植林に置き換わっているところがほとんどである。

皆さんの家の近くの公園には常緑広葉樹であるスダジイやクスノキ、落葉広葉樹であるソメイヨシノやケヤキ、常緑針葉樹であるヒマラヤスギなどが一緒に植えてあるかもしれない。しかし山に自然に生えている樹木には、標高によって葉の種類（常緑／落葉、広葉／針葉）に違いがみられるのはなぜだろう。もちろん詳細に見れば、山地帯以下にもモミ類やツガなどの常緑針葉樹が混交することがあるし、亜高山帯には落葉広葉樹であるダケカンバが混ざって生えている。しかし、おおむね標高によって生育する樹木の葉の種類が異なるのは、厳しい冬をどのように過ごし、また山の短い夏にいかに光合成で稼ぐのかを考えたときに、冬は葉を落とす方が得策か、葉はどのような形が良いのかが決まってくるからであろう。したがって、山を登りながら見ている植生の変化は、気候環境の違いとそれに対応する植物の生き方の違いを見ているともいえる。

2　低い山の植生

前節でふれた植生の4つの垂直分布帯のうち、上から4番目の植生帯は、丘陵地と呼ばれる標高の低い山を占めている。以前はさまざまなかたちで人に利用されていたところで、10～20年の周期

写真 3-1 株立ちするコナラ

で定期的に林が伐採され、林床の下草が刈り取られたり落ち葉掻きが行われたりしていた（武内ほか、2001）。丘陵地は家庭で使う燃料や田畑で用いる有機肥料を提供する場となっていたのである。このように人の生活と結びついて集落の近くに成立してきた自然は里山と呼ばれている。

里山の林はいわゆる雑木林であり、関東地方ではコナラ、クヌギ、アカシデ、イヌシデ、ヤマザクラ、エゴノキなど、落葉広葉樹が中心である。これらの樹種の特徴は、萌芽枝を出して再生する能力が高いことである。萌芽枝は伐採された切り株から伸びてくる枝で、樹皮の下に眠っていた芽が出てきたものである。このような性質があるため、薪や炭を得るために伐採が繰り返し行われてきた丘陵地で林が再生され続けてきた。丘陵地の林を歩くと、広葉樹の根元から2、3本の幹が出ているのをよく目にする（**写真3－1**）。この株立ちする樹形は、その木が過去に伐採されたのち、萌芽によって再生したことを教えている。萌芽は切り株から多数出てくるが、そのうちの何本かが残ったものである。

このように、里山はかつて人の影響を強く受けて成立してきた林であるが、1960年頃から伐採や下草刈りは行われなくなり、現在では樹高20メートルに達する成熟した林に変わりつつある。高木層は先に述べた落葉広葉樹が占めているが、下層にはシラカシやアラカシなどのカシ類が目立ち、ヒサカキやアオキなどの低木も多くみられ、林内全体に常緑広葉樹が増加している。人の影響が激減したなかで、低標高域の暖かい気候に調和する植生である常緑広葉樹林に変化しつつあるとの見方もできるであろう。

3　雪国の植生の風景

川端康成の『雪国』は「国境の長いトンネルを抜けると雪国であった。」という有名な書き出しで始まる。川端はその次に「夜の底が白くなった。」という文を続けているが、もし主人公の島村が昼間に国境を越えていたならば、車窓から見える山の景色に目がいったであろう。トンネルを出た瞬間に気づくかどうかは別にして、国境を越えて変わるのは気候ばかりではない。山の植生も大きく変化する。雪の消えた季節に比較したならば、その違いはいっそう際立ったものになる。

多雪地域では山を覆う植生は雪の影響を強く受けている。雪の圧力は時に幹や枝をへし折り、あるいはまた根元から転倒させる。そのような環境では雪圧に強い樹木や、幹が折れても萌芽によって再生する能力が高い樹木が植生を構成する。雪圧が大きくなる急斜面では、高木が育たず低木林になっているところや裸地になっているところが特に目立つ（第3章中扉写真）。

しかし、雪に傷つけられたそのような植生ばかりではなく、立派な森林が発達する場所は多雪地域にももちろんある。雪国には雪国らしい森があり、林内を歩くといろいろなことに気づく。たとえば、樹木の根元は斜面下方に向かって湾曲し、根曲がりとよばれる樹形をみせていることがある。この樹形は、積もった雪が斜面の傾斜方向に移動するときの圧力を受けながら樹木が生長するなかでつくられたものである。

また森の構成種にも違いがある。日本海側の山の山地帯では、白い幹のブナの大木ばかりが目立つ森がみられる。太平洋側の山ではブナの他にミズナラ、イヌブナ、カエデ類など、さまざまな広葉樹からなる森となっているのに対して、日本海側ではブナの純林と呼べるほどにブナが多いのである。このように日本海側と太平洋側とで植生が異なることを背腹性があるという。

北東アジア全体で自然植生を見渡すと、同じような気候環境の地域にはクヌギ、コナラ、アベマキ、ナラガシワなどからなるナラ林が発達し、ブナ林の発達は見られない（野嵜、２０１２）。日本海側の山に見られるブナの純林は、世界的にみても雪の多いこの地域に発達した特異な森林であるとみることができるのである。

背腹性は亜高山帯の森林にも認められる。森の構成種の特徴は山によっても異なるが、太平洋側の山では主にオオシラビソとシラビソが針葉樹林をつくり、亜高山帯の下部ではコメツガが目立つ森となっている。本州中部ではトウヒも構成種に加わる。一方、日本海側の山の亜高山帯では、オオシラビソが主要な森林構成種になる。また、特に雪の多い山では亜高山帯上部でオオシラビソの生える密度が低くなって開けた林になるところや、オオシラビソが森林をつくれずにダケカンバの疎林になっているところ、さらには樹木が生育せずにササや草本からなる草原や湿原になっているところもある。

このように、日本の山では標高とともに変化する気温がまず植生分布の基本構造をつくるものの、それに積雪環境の異なる太平洋側と日本海側の違いが加わって、多様な植生が形成されている。そして低木種に着目すると、多雪山地の別の特徴がみえてくる。冬から春にかけて赤い花をつけるヤブツバキは、日本海側と太平洋側の両地域の山にみられるが、日本海側にはユキツバキという背の低いツバキも分布している。単に背が低いのではなく、地面に這うように幹を伸ばし、ヤブツバキのように直立することがない。冬になって雪が降り始めるといち早く雪に覆われ、寒い冬を雪の下で過ごす。

ヤブツバキは常緑広葉樹で、葉に光沢があるために照葉樹と呼ばれる樹木の典型である。ヤブツバキは、先に述べた植生の垂直分布帯でいうと丘陵帯に分布するが、ユキツバキは日本海側の山の標高300メートルから1000メートルくらいにみられる（石澤、1996）。つまり植生の垂直分布帯では山地帯にあたる標高にまで分布域が広がり、ブナ林の林床にでてくるのである。

雪は寒いとか冷たいというイメージがあるが、植物にとっては、これが厳しい冬を過ごすのに助けとなる。山の冬は冷え込みが厳しいが、厚く雪に覆われれば氷点下を大きく下回ることはない。冷たく乾燥した風に葉がさらされることも防げる。つまり、雪に埋もれるユキツバキは、暖かい布団をかぶって厳しい冬を過ごすようなものなのだ。匍匐《ほふく》樹形は雪の重みで幹や枝が地面に押し付けられやすく、効率的に雪の布団をかぶることができる。日本海側の山にはこのような生活をする低木がほかにもあり、アオキに対するヒメアオキ、ユズリハに対するエゾユズリハ、シキミに対するツルシキミなど、太平洋側に分布する低木の近縁種が多雪山地に生育している。

4　山で出会う動物

山の鳥の標高分布

動物の分布と環境との関係は、植物に比べたら複雑である。大地に根を張って生活する植物と違って動物は移動できるので、気温や積雪などの環境に必ずしも分布が縛られない。それでも、山に生息する動物は環境と無関係にどこでも同じなのではなく、いくらかの特徴が認められる。

動物は植物と違って目立たないように生活しているものが多く、山で動物に出会う機会は限られている。しかし、鳥類は動物の中では比較的よく目にするものである。また、姿が見えなくても鳴き声によってその存在を知ることができる。鳴き声を意識しながら山を歩くと、標高や植生や地形によって棲んでいる鳥が違うのがわかってくる。

たとえ鳥に詳しくなくても、誰でも気がつくのはムシクイ類の例であろう。本州中部地域で夏に山を登ると、山地帯の落葉広葉樹林から亜高山帯の常緑針葉樹林にさしかかるあたりから上では、それまで聞いたことのなかったチョリ・チョリ・チョリ・チョリというメボソムシクイのさえずりが聞こえてくる。暑い下界から登ってきて、いくらか涼しさを感じるようになった林内の空気に響くこのさえずりは、日常と違う場所に来たという気持ちにさせてくれる。一方、メボソムシクイと同じムシクイの仲間のセンダイムシクイは、より低い標高帯で繁殖する。夏に山地帯以下で聞くチヨチヨビーというさえずりは、しばしば「焼酎一杯ぐぃー」と聞きなしがされるもので、聞いたことがある人が少なくないだろう。これらのムシクイ類はいずれも夏に日本の山に訪れる渡り鳥であるが、それぞれの好みの環境の標高帯で繁殖期を過ごしている。

メボソムシクイのほかにもアカハラのキョロン・キョロン・チリリリというさえずりやルリビタキのヒッ・ヒョロヒョロ・リリリリというさえずりもまた、亜高山帯の森に来た私たちを歓迎してくれる。亜高山帯の鳥のうち、アカハラ、ルリビタキ、ウソ、キクイタダキなどは山麓に移動して冬を過ごす。東京郊外の丘陵地でも、越冬するこれらの鳥を見かけることがある。冬の丘陵地のハイキングでは、高い山の登山をしなくなった季節に再び夏山の鳥に出会う楽しさがあり、今度は私たちが「ようこそ」と歓迎する気持ちになる。

このように、鳥類はその移動力によって、季節ごとに山のいろいろな標高の自然を利用している種があり、環境とのかかわり方が植物の場合と大きく異なっている。

山で生活する哺乳類

哺乳類についても、低い山と高い山では生息する動物に一定の違いがある。東京郊外の草花丘陵と南アルプス鳳凰山東麓で自動撮影カメラによって撮影された中・大型哺乳類をまとめた**表3-1**をご覧いただきたい。山歩きをしていても哺乳類に出会う機会は多くないが、カメラを設置してみると様々な動物が山で活動しているのがわかる。タヌキやキツネといった中型哺乳類は草花丘陵でも鳳凰山でも撮影されたが、ニホンザル、ニホンジカ、ニホンカモシカ、ツキノワグマは鳳凰山でしか撮影されなかった。このような違いは、標高による気候環境の違いと無関係ではないだろうが、森林の広がり具合や餌となる動植物の豊富さ、さらには人間に対する警戒心などが関係していると考えられる。

表 3-1 草花丘陵と鳳凰山で撮影された哺乳類

	草花丘陵（標高 130m）	鳳凰山東麓（標高 1300m）
タヌキ	○	○
アカギツネ	○	○
ニホンアナグマ	○	○
ニホンテン	○	○
ニホンノウサギ	○	○
ニホンリス	○	○
ハクビシン	○	○
イノシシ	○	○
アライグマ	○	
ニホンザル		○
ニホンジカ		○
ニホンカモシカ		○
ツキノワグマ		○

なお、アライグマは草花丘陵でしか撮影されなかったが、生態系への影響や農林業へ被害を及ぼすことが懸念される外来種であり、外来生物法によって特定外来生物に指定されている。北アメリカ原産で

あるが、動物飼育施設やペットとして飼われていたものが逸走あるいは放逐されて、現在は日本全国に分布している（国立環境研究所 侵入生物データベース）。

長い時間をかけて作られた分布構造

移動力の小さな動物についてはどうであろう。ここでは、アリ類の標高分布に関する調査例（上田、2016）をみてみよう。北アルプス乗鞍岳で行われた調査によると、標高700メートルから2800メートルの範囲で合計46種のアリが採集された。最低標高の調査地点で最も種数が多く27種が記録されたが、標高が上がるにつれて徐々に種数は減少していく傾向がみられた。山地帯と亜高山帯のそれぞれの植生帯にのみ分布する種がいる一方で、トビイロケアリやシワクシケアリのように両者にまたがる広い分布域を持つ種もいる。山地帯と亜高山帯の植生帯境界にあたる約1600メートルからやや不連続に種数が減少するが、これはアリの分布が標高変化やそれに伴う気候条件の違いとともに、植生との結びつきがあることを想像させる。

乗鞍岳で標高2000メートルまでの範囲に分布するシワクシケアリについて、他の山域も含めて遺伝的多様性の解析を行ったところ、シワクシケアリは4つの遺伝的系統に分けることができ、それらは山域ごとではなく標高ごとに分化していることが明らかになった（上田、2016）。これは、遠い過去に本地域に移入してきた各系統が標高によって棲み分けていると解釈されている。系統によって生息環境（森林、林縁、草原）や営巣場所（腐朽木、土中）なども異なっているという。哺乳類や鳥類に比べて移動力が小さいアリであるが、後氷期に植生垂直分布帯が形成されるのと並行して、長い時間をかけて現在みられるアリ類の垂直分布が形成されてきた。その垂直分布構造の中に過去の系統分化の歴史が織り込まれている。このことは、地域の生物多様性が歴史性をもったものであり、ひとたび損なわれれば再現することのできない、かけがえのないものであることを改めて感じさせてくれる。

5　植物、動物、そして人とのあいだで

身近な山で起きている変化

近年、身近な山である丘陵地において、植生に大きな変化が生じている。その一つは竹林の拡大によるものである。通勤・通学の途中に車窓から見える丘陵地の雑木林に竹林が侵入して面積を拡大させているのに気づいている人もいるであろう（**写真3-2上**）。かつて竹林は集落近くに管理された状態で存在し、タケノコや竹材を供給していた。しかしタケノコが安価な輸入品におされ、竹材が使用されなくなってからは、竹林の利用や管理が行われなくなった。タケは、同じく管理がおろそかになった竹林周囲の雑木林や植林、耕作放棄された畑などに地下茎を伸ばして拡大を始めた。１９９０年ころから竹林拡大が問題視されるようになり、今では全国各地の丘陵地の植生景観を大きく変えることが懸念されるまでになっている。

写真 3-2 雑木林や畑だったところに侵入したモウソウチクの林（上）と雑木林にモウソウチクが侵入した場所の林内の様子（下）
上の写真で、破線で囲んだところがモウソウチク林。

ひとたび竹林に置き換わると他の植生には変わりにくく、長く竹林が維持されることが多い。雑木林が竹林に変化した場所（**写真3-2下**）では植生の階層構造が単純化し、また耐陰性の低い植物は消滅し、生物多様性が低下する（鈴木、2010）。

竹林拡大の主役となっているモウソウチクは、大陸から移入されたものと考えられている。かつては人の生活と深く結びついて存在した竹林であるが、ひとたび人の管理を離れると、不可逆的にさえみえる植生変化を引き起こす。これは、モウソウチクがもともとの日本の植生の構成種でないということも関係しているのであろう。

真夏の紅葉

丘陵地で起きているもう一つの変化はナラ枯れ（ブナ科樹木萎凋病）の蔓延である。近年、紅葉の時期にはまだ早すぎる8月の森に「紅葉」がみられるようになった。丘陵地に残された雑木林のコナラがまるで紅葉したかのように葉を褐色に染めているのだ。これは葉が変色して枯れ始めているもので、コナラの葉が晩秋の落葉前に橙色になるのとは違う。

このナラ枯れは、カシノナガキクイムシという甲虫が媒介する菌類によって、樹木内の道管による水の流れが妨げられて枯死が起こるものである（森林総合研究所関西支所、2012）。コナラ以外にもクヌギ、クリ、スダジイ、シラカシ、アラカシなどブナ科植物に広くナラ枯れが発生し、山地帯ではミズナラの枯死が起きている。

ナラ枯れは2000年代に入ってから報道されるようになり、各地で注目されるようになった。当初は日本海側の地域を中心として発生しているように見えたが、今では全国に広がっている。神奈川県川崎市郊外にある生田緑地では2019年頃からナラ枯れが目立ちはじめ、急速にコナラの枯死が進んでいる（**写真3-3**）。葉が緑のままのコナラでも、根元にカシノナガキクイムシの穿孔によると思われるフラス（おがくず状の白い木屑）がたまっているものがあり、今後さらに枯死木が増えそう

写真 3-3 多摩丘陵のナラ枯れの進行

神奈川県川崎市の生田緑地の雑木林で、枯死して樹冠が変色したところを丸で囲んだ。

である。

菌類を媒介するカシノナガキクイムシは在来種であると考えられている。ナラ枯れは、今日のような全国的な流行はなかったものの、以前から各地で発生してきたもので、古文書にも江戸時代にナラ枯れが発生していたことが読みとれるという（井田・髙橋、２０１０）。ナラ枯れは大径木に発生することが多いが（森林総合研究所関西支所、２０１２）、近年ナラ枯れが目立つ理由のひとつは、丘陵地の薪炭林利用が停止してから約70年が経過し、ナラ枯れの「適齢期」を迎えた大径木が大量に存在するということにあるだろう。かつて薪炭林として利用されていたころは、せいぜい樹齢20年くらいまでの細い木ばかりが里山の森をつくっていた。現在は、これまで経験したことのない、ナラ枯れに弱い森が大量に存在する時代であるとみることもできよう。

そう考えると、ナラ枯れによる「被害」というのは、短期的にはたしかに害にみえるのだが、長い目で見た場合に、それは害といえるのかどうか考えさせられる。１００年後、２００年後に現在を振り返ったときに、いま目の前で起きているナラ枯れはどのように評価されるであろうか。

遠い山で起きている変化

山地では近年ニホンジカ（以下、シカ）が増加している。植林地では苗木の枝葉が食べられたり、大きく成長したスギやヒノキの樹皮が剥がされたりと、シカは林業への被害を引き起こしているが、自然植生に対しても少なからぬ影響を与えている。山を歩きなれている人なら、**写真3-4**の上に示

写真 3-4 シカによって下草や低木が欠落した林の内部（上）と、シカが好まないバイケイソウが目立つ林床（下）

した林内の写真を見たとたんに、違和感を持つであろう。下草や低木がなくスカスカの状態なのである。そして、マルバダケブキ、オオバアサガラ、バイケイソウ（**写真3-4下**）など、シカが好まないとされる植物ばかりが林床に生えているところもある。このように林床の植生が薄くなると、傾斜が急な斜面では土壌の流出が起こることも心配される。

シカによる農林業への被害は全国で1990年ころから急増したが、これはシカの個体数や分布域が増大したことによる。2019年度末の個体数の推定値は約189万頭で、1989年度の約7倍になっており、分布面積は1978年度から2018年度までの間に約2・7倍に増大した（林野庁、2021）。

全国的に起きているシカの増加の原因には、狩猟者の減少や高齢化によって狩猟圧が低くなったこと、積雪の減少でシカが活動できる範囲が増えたこと、過疎化などにより耕作放棄地が増えたこと、天敵となるニホンオオカミが絶滅したことなど、さまざまな説があるが、このような説には疑問も投げかけられている。現在のシカの生息数は明治期と同じくらいであり、1990年ころから急増したと見える傾向は、実は昭和期に一時的に減少していた生息数が回復した過程をみているに過ぎないというのである（揚妻、2013）。先述の諸説では、明治期以降に一旦減少して、その後回復したという過程を必ずしもうまく説明できない。代わりに原因として考えられるのはシカの生息環境の変化、すなわち、1900年代半ばまでは薪炭林利用や採草地利用などにより、特に平野部や丘陵地では成熟した森林に乏しかったが、里山利用の停止に伴い遷移が進んで広葉樹林が増加したことが、シカの増加の背景にあったという考えである（揚妻、2013）。
生息数の増減の原因はともかく、明治期にもシカの生息数が多かったとなると、当時の山の植生はどのようであったのだろうか。**写真3-4**でみた林床植生が欠落した林の様子は、増えすぎたシカによって歪められた姿なのか、それともシカとの関係で変化を続ける植生の一断面を見ているに過ぎないのか。ナラ枯れの場合と同様に、ここでもまた「本当の」自然とは何かを考えさせられる。

参考文献

揚妻直樹（2013）「シカの異常増加を考える」『生物科学65』
石澤　進（1996）『ユキツバキを指標とした植物分布――新潟県における日本海要素の分布類型』学会出版センター
井田秀行・髙橋　勧（2010）「ナラ枯れは江戸時代にも発生していた」『日本森林学会誌92』
上田昇平（2016）「標高傾度の中に隠されたアリ類の遺伝的多様性」『New Entomologist65』
国立環境研究所『侵入生物データベース』https://www.nies.go.jp/biodiversity/invasive/
森林総合研究所関西支所（2012）『ナラ枯れの被害をどう減らすか――里山林を守るために』森林総合研究所関西支所
鈴木重雄（2010）「竹林は植物の多様性が低いのか？」『森林科学58』
武内和彦・鷲谷いづみ・恒川篤史編（2001）『里山の環境学』東京大学出版会
野嵜玲児（2012）「日本の森林と東アジアのナラ林生態系」『森林技術848』
林野庁（2021）『令和2年度 森林・林業白書』林野庁

▲コラム　世界の中でみた日本の高山植生景観

高い山の山頂部には森林ができずに、開けた景観が広がる。日本ではここを高山帯と呼んでいるが、高山帯の植生景観は国や地域によって異なっている。

北アメリカ西岸の北海道北部と同じ緯度にはフッド山（3429メートル）があるが、この山の南斜面を登ったときのことである（**写真a**上）。標高1800メートルくらいに森林限界があるが、さらに高度を上げていくと高木が疎らになっていき、樹高も徐々に低くなっていった。そして、2000メートルに達するあたりでいよいよ樹木がみられなくなり、いくらかの草本類がみられるだけになった。2500メートルを超えるあたりにはいくつかの氷河が存在し、岩と氷ばかりが目立つ景観に変化した。

これは一般的な日本の高山の景観とはずいぶんと異なる。日本では森林限界を超えると高い木はまず見られない。そしてハイマツやいわゆる高山植物がひしめいており、実に緑が多い（**写真a**中）。もちろん岩がむき出しになっている斜面や礫に覆われる斜面が広がるところもあるが、高山帯全体を見渡すと「緑豊か」な場所なのである。日本の山は、比較的新しい火山である富士山を除けば、高い山でも3000メートルを少し超えるくらいの山頂を持つ山ばかりである。植物が生育できなくなるような寒さになる高い山が存在しない。

また、赤道直下のケニア山（5199メートル）に登ったときにも日本と異なる植生景観に出くわし、戸惑いを覚えた。西斜面から登山ルートを進むと、約3500メートルより上が高山帯となる。ここには人の背丈を超える高さに成長したセネシオ・ケニオデンドロンが大きな葉を広げ、ロベリア類が高さ1メートルにもなる巨大な花序をつけている（**写真a**下）。先に日本の高山帯は緑豊かだと書いたが、植物はいずれも背丈が低く葉は小さい。強風を避けるように地面ギリギリのところで生育している日本の高山帯の植物に比べて、ケニア山の高山帯の植物は、なんとのびのびと暮らしていることか！

　日本には高山帯植生の成立に十分な高さの山がないのに、なぜ山頂部には森林ができない高山帯のような景観が広がっているのだろうか。それは、日本の山の最上部では風衝や雪圧や未発達な土壌など、寒さ以外の要因が森林の成立を妨げているからである。緑が豊かな高山帯ではあるけれど、植物たちは厳しい環境条件に耐えながら生活している。

写真a　北米フッド山（上）、飛騨山脈（中）、ケニア山（下）の高山帯の景観

第4章

山はどのような災いをもたらしてきたか
―山地の災害―

熊木 洋太

2016年4月の熊本地震によって生じ、阿蘇大橋を崩落させた大規模崩壊地（同年9月撮影）

1　山地の災害

山地は、その多くの場所を斜面が占めている。山地の災害と言えば、斜面で発生する災害のことが思い浮かぶ。

まず第一に、斜面を作っている物質が下方に移動することによる災害がある。斜面に露出している岩石の一部が分離して落下する落石、崖を作っている岩盤が柱状または板状にはがれて崖の前方に転倒するトップリング、斜面の物質がばらばらになり、しかし全体としては集団となって一気に崩れ落ちる斜面崩壊（一般に崖崩れ、山崩れ、土砂崩れなどと呼ばれる）、斜面の物質がばらばらにはならずある程度まとまったまま下方に滑って移動する地すべりなどに分けられる。ただし、斜面崩壊と地すべりは漸移的であり、はっきりした境界があるわけではない。

また、急勾配の渓流などで、大きな岩塊を含む土砂が水と一体となって高速で流下する土石流も災害をもたらす。同様の現象で、水を含んだ泥が流れるものは泥流という。泥流は、火山噴火により多量に積もった火山灰が降雨や雪解けの水と一体となって流れる場合に発生するものが多い。また、大きな岩塊を多く含み、水をあまり含まない土砂が流下するものは岩屑なだれという。

これらの現象が発生すると、岩石の破片や土砂が移動することによって、それが移動前にあったところや移動経路上にあったものが壊されたり押し流されたりする。移動してきた土砂が停止した場所は、土砂に埋まってしまう。これらが人の生命や財産に被害を及ぼすと災害となる。斜面崩壊、地すべり、土石流などによる災害はまとめて土砂災害と呼ばれる。豪雨や地震の揺れが誘因となって発生することが多い。

山地内でも、谷底平野の部分では、河川の氾濫による水害が発生することがある。また、谷底の河川が増水すると、その流れの力で川岸の土地を削り取ってしまい、被害が発生することもある。

火山噴火は、火口から溶岩や火砕流（発泡したマグマの破片とガス・水蒸気などが混ざり合った高温の流れ）が流れ出したり、空中に噴出した砕屑物が降下したり、爆風が生じたりして被害をもたらす。また、まれには噴火により火山体が大きく崩れ、大量の土砂が岩屑なだれとなって広い範囲を埋め尽くす大災害となることもある。１８８８年の磐梯山の噴火時のように、山の形がすっかり変わってしまうこともある。

以上の諸現象によって、土砂が谷の河道に達し、河道のせきとめ（河道閉塞）が生じることがある。いわば天然のダムである。これにより、家屋が水没するなどの被害が生じることがある。せきとめた場所の上流側は川の水が排水されにくくなり、永続的な湖（せき止め湖）となることもあるが、土砂のダムの強度が十分でない場合は、いつかは決壊してせき止められていた多量の水が一気に流下し、下流側に水害をもたらすことになる危険性がある。

地震時の地殻変動、特に地震断層（地表地震断層：土地の水平方向の食い違いや段差など）が生じた場合、地震断層上の構造物が破壊されたり、水の流れがせき止められて水没する土地が生じたりする被害が生じるが、これは山地に限らない。地震災害の一つとして地盤の液状化が大きな被害をもたらすことが少なくないが、液状化を起こす地盤は主に平野部に広がる軟弱な地層や水面を埋め立てた地盤であり、山地ではあまり問題とならない。豪雪地帯であれば山地に限らないが、激しい降雪や大量の積雪が交通を遮断したり建造物を押しつぶしたりする災害をもたらすことがある。山地に特有の雪害としては、なだれを挙げることができる。

2 山地がなぜ災害発生の場になるのか

山地では、山地という地形特性に応じて特有の自然災害が発生する。それは、第1章で説明されている、山地に働く作用と密接な関係がある。

山地は、土地の高さが全体として周囲より高い場所である。なぜ周囲より高いのであろうか。地殻に力が加えられ、それによる地殻変動で地殻が変形し、周囲より高くなったか、あるいは火山活動によって溶岩や火砕物が載ったためにその表面が高いかである。

周囲より少しでも高くなった場所は、砂漠のように乾燥した場所でない限り、川の侵食によって谷ができ、急速に刻まれていく。谷に刻まれず突出した状態になったところも、長い間には表面の岩石が風化して小さな破片になり、崩壊したり風で飛ばされたりして、しだいに低くなっていく。この作用は乾燥地帯でも働く。つまり、周囲より高い場所では、その場所にある物質を取り除いて周囲と同じ高さになるまで低くするような作用が働く。地殻変動によって土地が高くなる（隆起する）場所であれば、その隆起速度と、侵食・風化・崩壊などによる高度低下速度との関係の違いで、地形変化の様相も異なってくる。隆起速度が緩慢であれば、土地が少し高くなってもすぐに低下してしまい、山地とはならない場合もある。隆起速度が十分大きければ、**図4-1**（a）〜（c）のような地形変化が生じ、急峻な山地が形成される。

山地の形成に関わるような地殻変動は、多くの場合プレートの運動が原因である。そういう地殻変動は百万年オーダーかあるいはそれ以上の間継続し続ける。侵食・風化・崩壊による高度低下速度を打ち消すほどの速度の隆起現象が長期間継続すれば、その間、**図4-1**（c）の極相期の山地の状態がずっと続くということである。現在、急峻な山地となっているところ（火山を除く）のほとんどは、相当な速度の隆起現象が現在継続中のところと考えられている。

そのような急速な隆起現象の場になっているということは、プレート運動に起因して地下に大きな力が加わっているということであり、それはつまり大地震が発生しやすい場所でもあるということを意味している。険しい山地があるということは、その付近は大地震の揺れや地震断層の出現による災害を受けやすい場所であるということである。

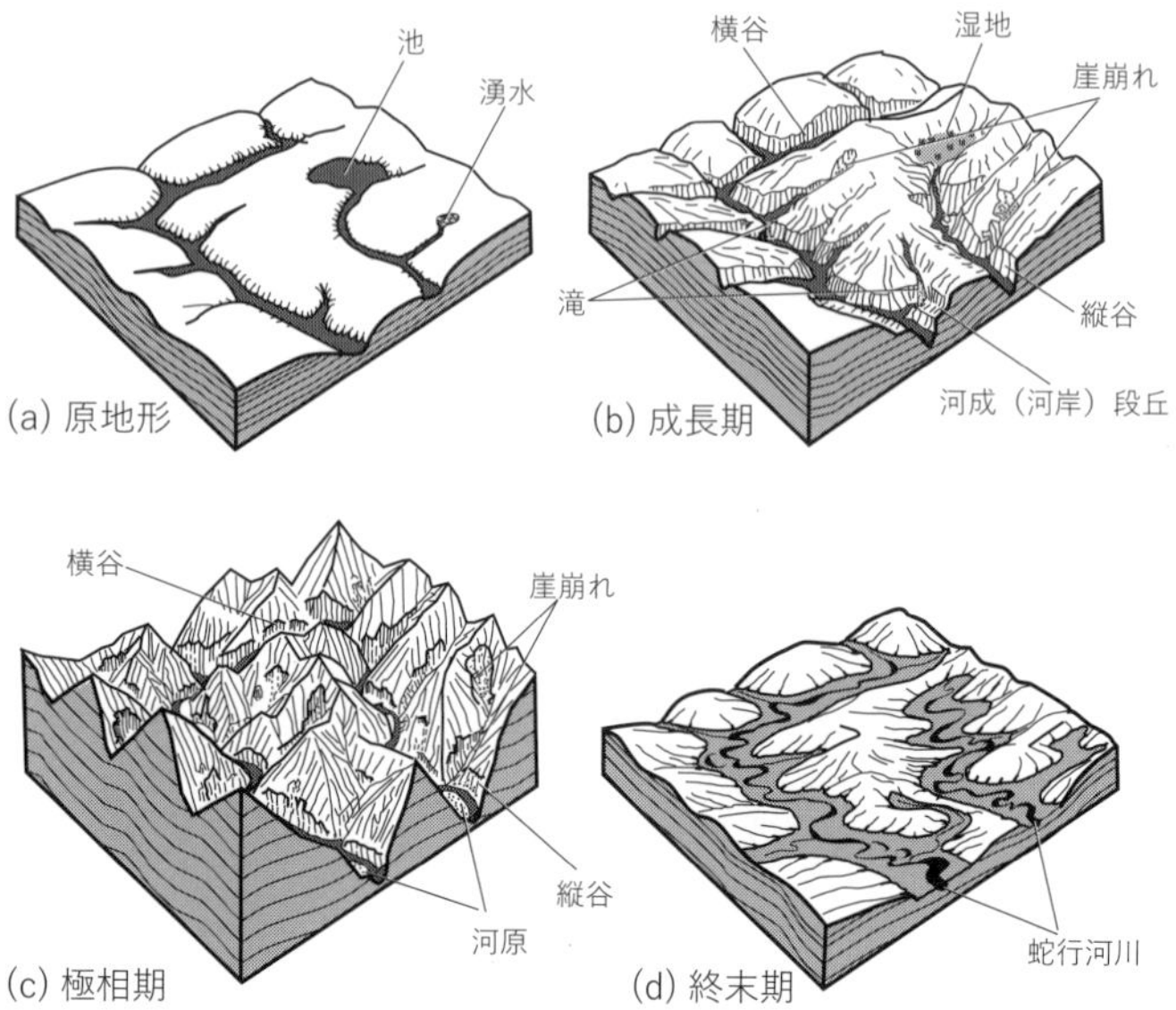

図 4-1 山地の地形変化（阪口ほか，1986 による）

山地の中には、火山活動で作られた山地もある。すでに火山活動が終わっている場合もあるが、そうでなければ、火山噴火により災害が発生する危険性のある場所だということになる。噴火とは別に、地下のマグマの活動により比較的大きな地震が発生することもある。

既に述べたように、山地には深い谷ができる。このため、頂部から谷底に向かって下る斜面が形成される。典型的な山地は、全体の平均高度が高いというだけではなく、高いところと低いところの高度差が大きく、斜面が多くを占めるということも特徴である。高いところにある物質は、重力の作用により、低いところに移動する力が働く。水平面上に載っている物質は移動できないが、斜面上にある物質は斜面に沿って下方に転がったり、滑ったり、流れたりすることができる。つまり山地では、斜面に沿って、地表付近にある物質が下の方に移動するという現象が発生しやすい（第1章参照）。つまり、斜面崩壊、地すべり、なだれなどで、いずれも災害につながる現象である。

このような物質移動現象は、急峻な山地、つまり高度差が大きく、傾斜が急な斜面が多い山地で発生しやすく、その規模も大きくなりがちである。急峻な山地は、前述のように地震災害を受けやすい場所である上に、豪雨など地震以外の誘因による土砂災害やなだれの災害の危険性が高い場所でもあるということになる。

山地内を流れる川は平野部と比べ急勾配であり、洪水時には多量の土砂や流木を含んだ水が高速で流下するので、破壊力が大きい。氾濫した水は狭い谷底平野内に閉じ込められ、広がっていかないので、勢いはあまり弱まらない。また、山地内の谷底は比較的幅広のところと狭窄部とが存在することが多く、狭窄部では大量の水を流しきれないために、狭窄部の上流側で水位が著しく高くなることがある。これらのことから、山地内の河川の水害は、局所的ながら大きな被害をもたらし、広範囲の浸水の被害が中心となる下流部の平野部の水害とは、被害の様相が異なる。

3　日本と世界の山地の災害

日本列島は、プレート境界に沿った変動帯に位置する。このため、世界の中でも地殻変動がとりわけ活発であり、大地震が頻発する。山地周辺には、繰り返し地震を発生させ、地震断層を出現させることがある活断層が多い。火山も多い。活火山は噴火によって災害をもたらすが、それだけでなく、山体が十分固結していない砕屑物からなることが多く、土砂となって移動しやすいという点でも災害の要因となる。山地は激しく隆起していて、川は深く侵食し山の土台部分を削り続けていく。このため斜面の傾斜が大きい傾向があり、不安定になった山体も少なくない。

さらに日本は降水量が多く、特に梅雨や台風により豪雨がもたらされることが多いという気候条件下にある。南から湿った気流が吹き込む場合、日本列島の山地によって気流は上昇させられ、太平洋側の山地にしばしば豪雨をもたらす。一方、冬季には北寄りの湿った風により日本海側の山地に雪が降る（第2章参照）。これは大量の積雪による雪害やなだれの発生につながる。雪解け水が山地斜面に浸透し、地すべりを滑りやすくすることもある。

ただし山地内や山地周辺でこれらのことが起こっても、その土地を人が利用していなければ、被害が生じるわけではない。日本の国土は山がちで、昔から山地内にも集落が点在し、農林業に携わったりしている人は少なくない。今日では交通網が山地内にも張りめぐらされている。大都市に近

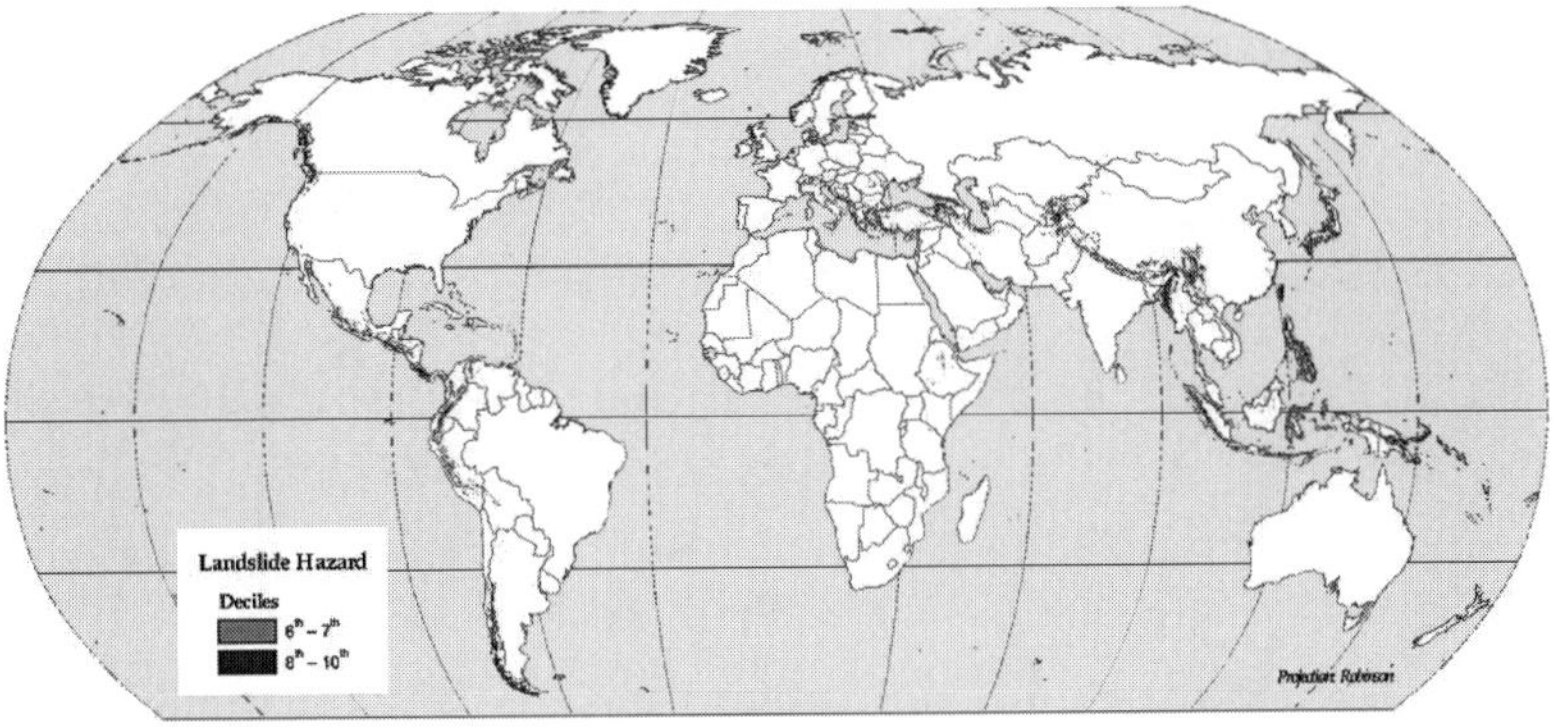

図 4-2 土砂災害の発生しやすさの分布
(https://sedac.ciesin.columbia.edu/maps/gallery/search/2?facets=theme:hazards&facets=region:global)

いところで、山地内にも宅地開発が及んでいるところもある。このようなことから、日本の山地は世界の中でも災害の危険性が高い状態にある。土砂災害に限った話になるが、そのことは**図4-2**からもわかる。この図は、アメリカのNASAによる地球観測データの提供システムの一環としてコロンビア大学が提供している図の一つで、地形・地質・気候・地震活動をもとに世界の土砂災害の発生しやすさを算出し、その分布を示したものである。当然ながら土砂災害は起伏に富んだ山地に多いが、その中でも特定のところに偏在していることがわかる。国土交通省によると、日本では1982年から2021年までで土砂災害は年間平均1100件以上発生しており、さらに近年は増加傾向にある。特に2018年は、7月の西日本を中心とした豪雨に起因する2581件を含めて土砂災害が3459件発生し、死者・行方不明者は161人、被害家屋は1505戸に上った（国土交通省砂防部、

２０２１、２０２２）。

山地に限るわけではないが、世界的には森林火災も取り上げるべき災害である。森林火災は温暖化ガスである二酸化炭素を発生させるとともに、二酸化炭素を吸収する森林を減少させ、地球温暖化を進行させる。温暖化が進むと乾燥化する森林地域も少なくなく、そういうところでは森林火災が発生しやすくなり、さらに森林が減少して温暖化が進むという悪循環が発生することになる。森林火災は、落雷などによる自然発火で発生する場合と、人為的な原因（焼き畑の火の延焼や失火など）で発生する場合がある。

4　斜面崩壊・地すべり発生の危険箇所

ここでは、不安定な斜面で、主に重力の作用により土砂が下方に移動する斜面崩壊と地すべりを取り上げる。斜面崩壊は、斜面表層物質（土や風化した岩石で、深さ１ｍ程度まで）が崩落する小規模な表層崩壊と、より深い場所まで崩壊する大規模崩壊または深層崩壊と呼ばれる崩壊に分けられる。

図４-１（ｂ）で示されているように、成長期の山地は、川が刻み込んでできた急斜面と、急斜面となる作用がまだ直接及んでいない緩斜面とからなる。川が古い地形を刻み込んで分断し、しだいに消滅させていくことを開析と言うので、この急斜面の部分を開析斜面と呼ぶことにしよう。それに対し、開析作用がまだ及んでいない緩斜面の領域を山頂・山稜緩斜面と呼ぶことにしよう。**図４-１**（ｃ）

の極相期の地形は、開析斜面の領域が山頂・山稜方向に広がって山頂・山稜緩斜面がほとんどなくなった状態ということができる。

開析斜面が川による下方への侵食だけで形成されれば、それは垂直の崖となるはずである。そういう場所がないわけではないが、多くの場所では垂直の崖は崩れやすいから斜面崩壊や地すべりが発生し、垂直ではない急斜面となる。山地の開析斜面の多くは、川の侵食作用が根本的な原因となって形成されるのではあるが、直接的には主として斜面崩壊・地すべりによって形成されたものなのである。そういう斜面形成作用は川の侵食作用が働いている限り継続するから、開析斜面は地すべりや斜面崩壊が今後も発生する場所だということができる。

また、斜面崩壊や地すべりが発生し、斜面物質が移動して失われたところより上方の斜面は、下支えがなくなって不安定化し、次の地すべりや斜面崩壊の場となる。このようにして斜面物質が移動していった開析斜面の領域は次第に広がっていくから、山頂・山稜緩斜面の領域でもすぐ近くまで開析斜面が来ていれば、そこではいつか地すべりまたは斜面崩壊が発生して、開析斜面に変わってしまう場所であるということができる。山頂・山稜緩斜面と開析斜面との境界は開析作用が働いてきた領域の最前線なので、開析前線と呼ばれるが、その直上は地すべり・斜面崩壊の危険性が高いということになる。開析前線は、形態的には遷急線（高所から低所に向かって傾斜が緩から急になるところを連ねた線）となっている。

そういう観点で、山地の地形をミクロに見て模式化したのが**図4-3**である。この図では、開析前

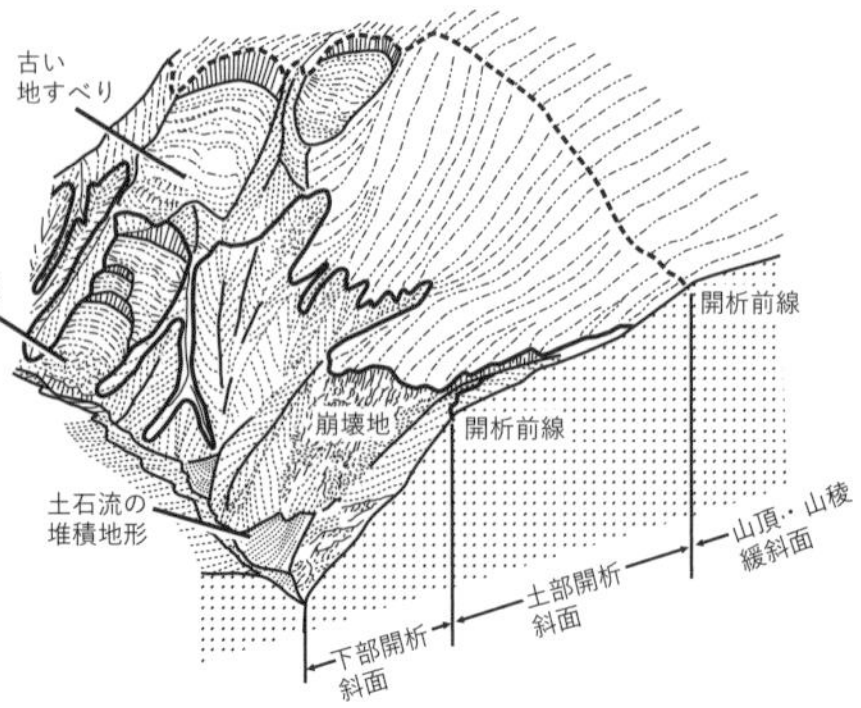

図 4-3 山地斜面の模式図

線が2本あり、開析斜面が上部開析斜面と下部開析斜面に分けられている。日本のように地殻変動が激しくかつ湿潤な地域では、山地斜面は数十万年間かけて現在のようになってきたと考えられるが、その間は気候が変化し、海面が上昇したり下降したりする現象が繰り返されてきた。このため、河川の下方への侵食作用が強まったり弱まったりしたので、それに応じて開析作用にも波があり、複数の開析前進が見られる場合が少なくない。**図4-3**は開析前線が2本見られる場合の図となっている。一般にはより下位にある開析前線ほど新しく、進行も速い。すなわち、開析前線が複数ある場合は、下位の開析前線ほどその付近で地すべりや斜面崩壊が発生しやすい。

表層崩壊は、斜面の傾斜が急であるほど発生しやすいように思えるが、実際は必ずしもそうではない。斜面の地質や気候条件にもよるが、傾斜が急すぎると斜面表層の風化した物質はすぐに落下してしまうので、崩落する斜面表層物質が十分な量にならないからである。こういう斜面では、落石やト

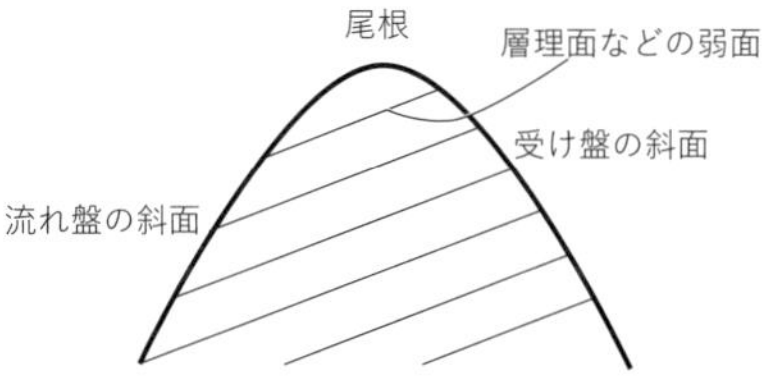

図 4-4 流れ盤・受け盤の断面図

ップリングによる災害が問題となる。

表層崩壊は豪雨時や地震時に発生することが多い。豪雨時には、斜面表層物質は水を含んで重くなり、またその下の安定した物質との境界の摩擦が浸透した水により低下するので、崩壊に至ることになる。したがって、多少谷状になっている斜面や、スプーン状に凹んでいる斜面は、傾斜はそれほどではなくとも水が集まりやすいため、崩壊が発生しやすい。一方、地震時の場合は、振動によって斜面表層物質が移動を始めるのであり、水の作用は無関係なので、凹んでいる斜面で崩壊が多いということにはならない。

深層崩壊や地すべりは、移動する物質とそうではない安定した基岩との境界面（すべり面）となる部分が滑りやすい物質・形状である場所で発生しやすい。具体的には、地層・岩石中の傾いた弱面（堆積岩の層理面、結晶片岩の片理面、断層面など）や、薄い粘土質の層（上下の固結した溶岩に挟まれた火山灰層、熱水による変質部、断層破砕帯など）がすべり面の起源となる。特に流れ盤の状態（**図4-4**）であると深層崩壊や地すべり発生の危険性が高くなる。そういう条件の場所で、斜面を不安定化させるように開析作用が進行してきたときに、豪雨や地震がきっかけとなって発生することが多い。地すべりの場合は、雪解けの季節に雪解けの水が地下に浸透することがきっかけとなって、滑り始めたり滑る速度が大きくなったりすることがある。また、自然斜面の基部を人工的に削って急斜面（切土法面）を作った場合、人工的に開析前線状のもの作ったことになり、法面より上部の山地斜面全体が不安定化して深層崩壊や地すべりが発生することがある。

斜面崩壊や地すべりによって露出したすべり面（滑落崖）の上端は、一種の開析前線である。それより上部の斜面中に開口亀裂が認められることがある。これはこの開口亀裂より下側の斜面物質が動きかかっている状態であり、次の斜面崩壊・地すべり発生の危険性が高まっていることを意味する。

地すべりで移動した斜面物質の集合体（移動体）は、そのことによって脆弱になっており、二次的、三次的な地すべりを発生させることがある。この点で、一旦活動を終えた地すべりであっても、移動体部分は要注意である。全国の地すべりによって形成された地形については、国立研究開発法人防災科学技術研究所作成の「地すべり地形分布図」に示されており、ウェブサイトで見ることができる。

5　土石流・水害の危険箇所

土石流は同じ渓流で繰り返し流下することが多い。そのような土石流の経路になるところで、建物や道路などが破壊されたり土砂で埋められたりする被害が発生する。渓流が緩傾斜あるいは平坦なところに出てくる場所では、土石流の土砂が堆積した高まりの地形が形成される。土石流が繰り返し発生すると、土石流の堆積地形は小さな扇状地状になる。したがって、そういう地形の場所は将来も土石流が発生する危険性がある。このような場所は、土砂災害警戒区域または土砂災害特別警戒区域に指定されていることが多い。

山地内の谷底低地は河川の氾濫の危険性があり、特に、前述したように狭窄部の手前では水位が著しく高まり、大きな被害をもたらすことがある。特に、狭窄部の手前で本流に支流が合流する場合、合流点近くの支流側で氾濫が始まることが多い。

6　災害に備える

災害に対する備えとしては、災害となる現象が発生しないようにしたり、発生したとしてもその規模を小さくしたり勢いを弱めたりして影響を小さくする、あるいは防御すべき対象に影響を与えないようにする、といった対策がある。火山噴火、地震、豪雨の発生は制御できないが、土砂災害は対策工事を行うことによって一定の制御が可能である。

対策工事としては、斜面物質が風化の進行により不安定化して落石、崩壊などが発生することを抑制する方法としてモルタル吹きつけなどで覆う方法、斜面物質が移動するのを防ぐため斜面の基部をコンクリート擁壁などで強化したり、斜面にコンクリートの格子状の枠を設置したり杭を打ち付けたりする方法、斜面崩壊や地すべりを発生しやすくする地下水を速やかに排水する方法、移動しそうな斜面物質をあらかじめ除去してしまう方法などが行われる。

また、落石、崩壊、なだれなどが発生しても、その土砂や雪が建物や交通路などに到達する前に止まるようにコンクリートの構造物やフェンス、ネットなどを設置したり、道路を屋根で覆って土砂や雪から道路面を護る方法もよく行われている。

砂防ダムは、土石流が流下する渓流に設置して、土石流の土砂をせき止めるものである。土石流がくり返されると、いつかは砂防ダムは土砂で満杯となり、土砂をせき止める能力が低下する。したがってときどき貯まった土砂を取り除くことが望ましいが、そうしなくても土石流の速度を低下させ、その破壊力を減ずる効果はある。

1991年の普賢岳の噴火以降山腹に堆積した火砕流堆積物が二次的に大規模な土石流となって島原市市街方面に頻繁に流下するようになった雲仙岳や、活発な火山活動に起因して土石流・泥流が頻発する桜島では、土石流・泥流用の導流堤を設けて、土石流・泥流が必ず一定の流路を通過するようにするという対策がとられている。

以上は、土木工事を行うハードな災害対策であるが、そうではないソフトな災害対策もある。これは、主に損害を受けることになる側に的確な行動を促すというものとなる。

例えば、危険が差し迫っているときに、速やかに適切な場所に避難できるよう、ふだんから必要な情報を共有しているということがある。このとき、その地域に災害の危険性がどの程度あるか（河川氾濫で浸水が及ぶ可能性のある範囲、土砂災害警戒区域など）の情報や、指定避難所の場所などの情報を示すのがハザードマップである。今日では、行政によって各種のハザードマップが作成されている。市町村によって印刷されたものが住民に配布されているものが多いが、ほとんどのものがウェブ上で閲覧でき、国土交通省による「ハザードマップポータルサイト」からたどることができる。また、火山ハザードマップについては、防災科学技術研究所サイト内の「火山ハザードマップデータベース」が便利である。

7　実際の災害の例

雲仙岳噴火による山地災害

1990年11月に始まった雲仙岳（普賢岳）の噴火では、火砕流が頻繁に発生し、普賢岳の東斜面の相当な部分が火砕流堆積物で覆われた。この火砕流堆積物は降雨時に土石流となってさらに下流に達している。6で述べたように、雲仙岳では土石流が一定の流路からはみ出ないようにする工事がなされた（**写真4－1**）。

2004年新潟県中越地震による災害

2004年新潟県中越地震は、同年10月23日に発生した新潟県中越地方を震源とする最大震度7の地震である。この地震では地震断層が出現したが、特に顕著な災害現象としては、東山丘陵（北魚沼

写真 4-1　雲仙岳の噴火と対策工事の様子

山頂付近から小規模な火砕流が左の方へ流下している。中央の小山の左右は、それまでに繰り返し到達した火砕流の堆積面となっている。近景は土石流の堆積物に覆われたところで、土石流の流路を作る工事が行われている。1994 年 2 月撮影。

丘陵）における多数の地すべりの発生が挙げられる。この地域は軟質な新第三紀の堆積岩からなる地すべりの多発地帯で、過去の地すべり現象によって作られた多くの地すべり地形がある場所である。過去の地すべりで移動し、一旦停止していた移動体が、この地震で再び移動するという地すべりが多かった。丘陵内を南北に流れる芋川では、地すべりで移動した土砂により、多数の箇所で河道閉塞が生じ、中には永続的なせき止め湖が形成されたところもある（**写真4−2**）。

2014年8月豪雨による広島市の土石流災害

2014年8月20日、集中豪雨により、広島市北部の安佐北区、安佐南区などの山地で多数の土石流が発生し、山麓の住宅地に流下して、多数の死者など大きな被害を発生させた。**図4−5**は特に被害の著しかった阿武山地の地形（陰影）と土

写真 4-2 2004 年新潟県中越地震による河道閉塞
左側の斜面の地すべりで移動体が芋川を塞ぎ、せき止め湖が形成されている。撮影時点（2008 年 8 月）では斜面上の移動体は大部分が除去されている。土砂のダムでは決壊しないようにする工事が行われている。

砂が流下した場所を示したものである。この図でわかるように、山麓には川沿いの平坦な低地とは異なる緩傾斜の土地がある。尾根近くの谷頭部の斜面崩壊によって発生した土石流は谷筋を流下し、ほぼその緩傾斜の場所まで到達した。この緩傾斜の地形は、5で述べた土石流の堆積地形である。つまり、この場所は土石流がくり返し襲う特性を持った場所であった。広島県は多くの範囲を土石流危険箇所として示していたが、それにもかかわらず宅地化が進行したことが大きな被害につながった。

2016年熊本地震による災害

2016年4月14日と16日に、それぞれ熊本県熊本地方を震源とする最大震度7の地震

図 4-5 2014 年 8 月豪雨による広島市安佐南区の土砂災害
鳥瞰図上に土石流の流下箇所（濃い範囲）を示す。地理院地図により作成。

が発生した。この一連の地震（熊本地震）は、布田川・日奈久断層帯の活断層が引き起こしたものであった。災害としては、平野部では地震動や地震断層の出現による建物の損壊と液状化、山地では斜面崩壊が主なものである。斜面崩壊は、阿蘇火山の堆積物からなる阿蘇山およびその周辺地域で多発し、特に阿蘇カルデラのカルデラ壁やカルデラ内の水の排水路となるカルデラの切れ目付近で大規模なものが生じた（第4章中扉写真）。

2020年7月豪雨による災害

2020年7月には、豪雨により広い範囲で大きな災害が生じた。特に熊本県では、7月3日から4日にかけての豪雨で、南部を流れる球磨川が各所で氾濫した。球磨川が人吉盆地を過ぎて再び山地内に流入する手前では、支流で短時間に水位が上がり、土砂を多量に含んだ水が球磨川本川と合流する手前で氾濫したこ

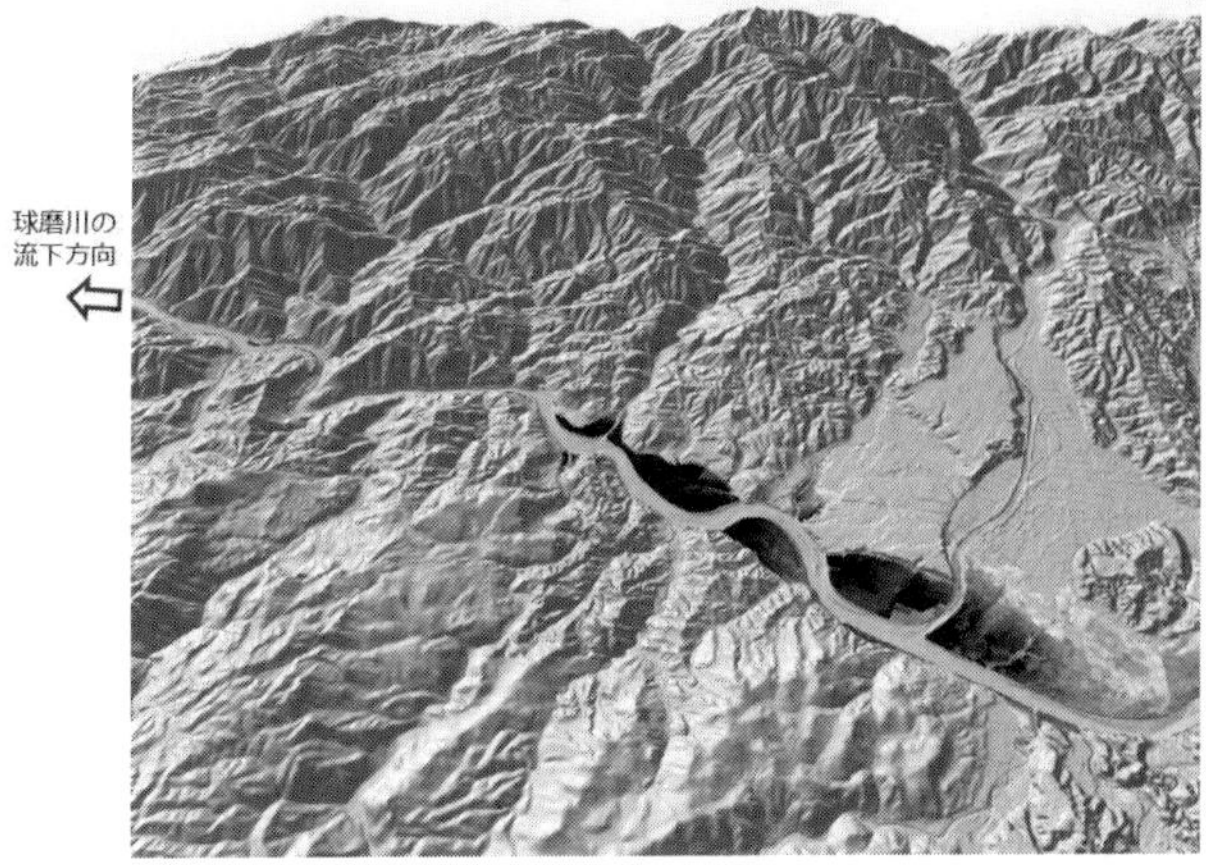

図 4-6　2020 年 7 月豪雨による人吉盆地下流側の浸水域

地形の鳥瞰図上に浸水域（濃い色の部分）を示す。地理院地図により作成。図の中央部の浸水域では、支流の氾濫の影響も大きかった。

との影響もあり、大きな被害が生じた（**図4-6**）。

8　これからの自然災害とその対策

7の「2014年8月豪雨による広島市の土石流災害」や「2020年7月豪雨による災害」の事例をはじめとして、近年の大災害をもたらした豪雨では、観測史上最大の雨量を記録したケースが多い。つまり、近年は過去に例のない自然現象が発生するようになったということである。この原因として、地球温暖化現象が極端な気象現象を発現させやすくなったことが考えられている。特に日本近海では海水温の上昇が進んでおり、大気への熱・水蒸気の供給が増加することにより、豪雨・暴風の激しさが増すことが懸念されている。

地震に目を向けると、近年の日本は大きな被害を出す地震が多発するようになっている。１９５０年から１９８９年までの40年間には、当時の震度階で最大震度６以上を記録した地震は年平均０・８回に過ぎないが、２０００年から２０１９年までの20年間では最大震度６弱以上を記録した地震は年平均２・６回に達している。明らかに、大地震があまり発生しない時期が終わり、大地震が頻発する時期になったと考えられる。

したがって、現在は、近代日本がこれまでほとんど経験したことがない、自然災害が頻発する時代に入った可能性が高い。農山村では人口減少が著しく進んだ地域も多く、災害の抑制に効果のある山林や農地の管理や、住民による防災活動が十分行われなくなっている。また、高齢者が多く、緊急時の避難行動などにも制約が多い。

このような事情のもとで、河川水害対策としては「流域治水」という考え方が出てきた。これは、堤防やダムなどの治水設備だけでは河川氾濫を防ぎ切れないことを前提に、河川の集水域となる上流の山地から平野部の氾濫域までの流域全体で、行政、住民、企業、利水者など関係者が協力して被害軽減を図ろうとするもので、田の遊水機能の活用、水力発電用など利水専用ダムも洪水調節に活用、土地利用の規制・誘導により災害の危険性の高い場所の家屋の移転を促進、といったことが含まれる。国は２０２０年にその考え方を取り入れることにし、必要な法律改正が行われている。

そのほかの山地の災害については、一般に河川水害よりも突発的、局地的であるため、その場所ごとの対策が中心となる。本稿で述べた地形条件をよく理解し、災害発生の危険性のある場所ではそのことを認識して、躊躇せず逃げる、できれば最初から住まない近寄らない、といった行動が重要であろう。

参考文献

国土交通省砂防部（2021）『令和二年の土砂災害』https://www.mlit.go.jp/river/sabo/jirei/r2dosha/r2doshasaigai.pdf
国土交通省砂防部（2022）『令和3年の土砂災害』https://www.mlit.go.jp/river/sabo/jirei/r3dosha/r3doshasaigai.pdf
阪口豊・高橋裕・大森博雄（1986）『日本の川』岩波書店

▲コラム　災害と土地利用

水害・土砂災害の発生地は、地形条件と密接な関係がある。一方、農山村における土地利用も、地形条件と関係が深いものが多い。したがって、水害・土砂災害現象と関係がある土地利用が存在する。その典型的なものは、斜面を多数の小さな区画に区切って階段状に整え、稲作を行う棚田であろう（**写真a**）。棚田は、ある程度緩傾斜であること、水が得られること、という条件を満たす場所でなければならないが、地すべり地はそのような条件を満たすことが少なくない。地すべりで移動した（あるいはきわめてゆっくりと移動中の）移動体の部分は周囲より緩傾斜となるし、地すべりが発生する場所は土中の水分が多い場所だからである。2004年新潟県中越地震の被災地のようにニシキゴイの生産が盛んなところでは、棚田が養殖池に転用されていることも多い。棚田が耕作放棄地となって管理されなくなると、土地の変形などが見過ごされたり、地下水位が急激に上昇する現象が起きやすくなったりして、大きな土砂災害の発生につながることがあることに注意が必要である。

一方、都市的土地利用が及ぶようになった山地・丘陵地では、市街地内で発生する土砂災害も問題になる。7「2014年8月豪雨による広島市の土石流災害」は背後の山地からの土石流に襲われた例であるが、東京近郊の多摩丘陵から三浦半島にかけての地域などでは、急傾斜の斜面の上端、下端に接して建物や道路が作られているところも少なくない（**写真b**）。そういう斜面で適切な対策がとられていないと、土砂が崩落して事故となることがある。

1985年に、長野市の地附山で大規模な地すべり災害が生じた。その際、その場所にあった老人ホームで大きな被害が生じた。それ以来、水害や土砂災害で高齢者施設が被災することが多くなったように思われる。7「2020年7月豪雨による災害」の事例でも、老人ホームで大きな人的被害が生じた。

高齢者は避難が容易ではなく、被災しやすいという側面もあるが、施設自体が、災害の危険性が低くないなど居住地としては必ずしも条件がよいとは言えず、したがって地価も相対的に低い場所を利用して建設されることが多いということも言えるのではなかろうか。高齢化が進む現在、高齢者施設の立地についても十分な配慮が必要だと思われる。

写真a　星峠の棚田（新潟県十日町市）

写真b　住宅地化が進む急傾斜地
（神奈川県横須賀市）

第5章

山はどのように荘園図に描かれたのか
—古代・中世の荘園図にみる山の表現—

三河　雅弘

越前国糞置村開田地図に描かれた山々（福井県福井市）

1　荘園図の表現要素

近代以前に作成された地図では、地形や施設などは絵画的に表現されることが多かった。そのなかでも、山の表現は最も特徴的である。山の表現には様々な種類のものが存在している。本章は、近代以前に作成された地図のなかでも、古代・中世に作成された、荘園（貴族や寺社などが領有した土地）を対象とした小地域図である荘園図に焦点をあてて、そこにみられる山の描かれ方について整理を試みたものである。

古代・中世の荘園図における表現要素は、文字表現、方格線、絵画的表現といった3つに分けることができる（地図部分の前後などにおける文書的記載は除く）。文字表現は地名・地種・面積・領有者の情報などの文字によるものである。方格線は、面積1町の正方形の区画（一辺約106メートル。以下、1町の方格と呼ぶ）を示す平面的な描写であり、古代・中世の荘園図にみられる特有のものである。そして、絵画的表現は線や色彩などを用いて描いたものである。

このうち、方格線と絵画的表現は、地図記号とみなせるものであり、荘園図の骨格を構成する地図的表現である。ただし、両者は必ずしも1枚の荘園図に併存しているわけではなく、荘園図によってはどちらか一方のみが存在している場合がある。さらに、両者の位置づけや関係に関しても荘園図毎に異なっており、そのことが山の描かれ方に強く影響を与えている。

そこで本章は、荘園図における方格線と絵画的表現の位置づけや関係を明確にした上で、山がどのように描かれたかについて典型例を提示しつつみていきたいと思う。なお、荘園図のなかには、都城の条坊区画に相当する方格を描いたものも散見されるが、これらについては本章の対象から外すことにしたい。

2　古代の荘園図における方格線と山の表現

方格線と国家による土地管理

古代とくに8世紀中頃においては数多くの荘園図が作成されていたことが知られる。現在、東大寺領（東大寺の荘園）を描いたものを中心に約30点が伝来している（金田ほか編、1996）。このうち、山が描かれているものは全体の約3分の1である。

さて、古代の荘園図のほとんどすべてには方格線が記載されている。古代の荘園図において方格線は、地図作成上の基準となっており、地名・地種・面積・領有者の情報などの記載枠組みにもなっている。古代の荘園図における山の表現をみていくにあたり、まず方格線が表現していた内容について確認しておきたい。

古代の荘園図に記載された方格線については、条里地割を表現していたものであると考えられてきた。条里地割とは、近年まで日本の平野部に広く分布していた、1町の方格の土地割である。ところが、現在までの考古学の成果によって、条里地割の広範な施工が10世紀から13世紀頃になされたことが明らかになってきた（広瀬、1989ほか）。つまり、8世紀中頃に作成された、古代の荘園図における方格線が条里地割を表現していたとは考えられなくなってきているのである。

そこで、方格線が表現していたものとして新たに考えられるのが、国家による土地管理の基本となった、1町を単位とする方格の網である。8世紀中頃の国家は、政策の基本となる班田収授（田を計測して一定面積を割り当てる作業）を6年毎に実施していた。その際、現地に1町の方格網が設定されていたといえる。

1町の方格網は班田収授の作業結果を記録した班田図に表現されていた。班田図そのものは現存していないが、班田図の表現内容については、8世紀中頃から9世紀初頭の班田図を原図とした13世紀頃作成の大和国添下郡京北班田図（西大寺蔵ほか）などをもとに復原できる。それらによれば、8世紀中頃から9世紀初頭の班田図には、方格線によって1町の方格が描写されており、それ毎に田に関する情報が示されていた。また、方格の位置は条里呼称（条・里・坪（坊）からなる地番。一般的には数詞によって「一条一里一坪（坊）」などのように表記される）によって表示できるようになっていた。1町の方格網とは、田をはじめとする土地の収穫量および面積を測量するための基準枠であり、それらの位置を確認するための座標軸でもあった（三河、2010）。

8世紀中頃以降においては、国家が1町の方格網と班田図による土地管理システムを構築していた。そして、古代の荘園図は、こうした土地管理システムのなかで作成されていたと考えることができる。

以上、古代の荘園図における方格線が、班田図と同様に、現地に設定された1町の方格網を表現したものであったことを示した。後述するように、1町の方格網に関しては、地形に応じてゆがみをもち、正方形ではない場合もあった。班田図や古代荘園図では、そうした1町の方格網の実態が均一な規格の方格線として地図上に表現されていた。方格線は現地の空間を地図上に位置づけるための役割をはたしていた。これらの地図においては、1町の方格網の存在をもとにして現地との対応関係が確認されていたといえる。

ところで、班田図においては文字表現と方格線が基本表現であり、絵画的表現があったとしても道や水系を示す線表現に限られていたと推定できる。その他の地物の表現については文字表現によって示されていた（例えば、京北班田図における班田図を原図にした部分には「山」という文字がある）。つまり、山の表現を含んだ絵画的表現のほとんどは、古代の荘園図の作成に際して付加された表現であったことになる。以下、これらの点をふまえた上で、方格線との関係を軸に山の表現をみていくことにしたい。

方格線を基準とする山の表現

図5-1には、東大寺領である糞置村を描いた、天平神護2(766)年作成の越前国糞置村開田地図(正倉院蔵)の概要図を示した。同地図においては、山稜線(山頂と山頂を結ぶ線)が樹木図像をともなった線によって表現されている。

山稜線をみると、山頂や谷が方格線上に配置されている箇所を複数確認できる(例えば、**図5-1**の「動谷山」付近の山稜線など)。これは山稜線の描写にあたって方格線が基準とされていたことを示している。

糞置村は平地と山地の境界に位置し、その領域は2つの谷から構成されていた。そのため、班田収授の際に設定された1町の方格網は地形に応じてゆがみをもつものであった。山稜線は、糞置村の地勢を示すだけではなく、そうした1町の方格網の設定状況を示す役割もはたしていた。すなわち、方格線上に山頂や谷を配置することによって、現地における1町の方格網と、山頂や谷との位置関係を表現していた。

地図が作成された天平神護2年は、班田収授のなかでも校田と呼ばれる、国家による土地調査が行われた年(校田年)に相当する。また、地図の作成主体は班田収授を行う国司(地方行政単位である国の役人)であった。そして、地図の作成は、百姓などに誤って分配されていた東大寺田を改正する目的などのもとになされていた。こうした作成過程や作成主体そして作成目的が、方格線を基準とし

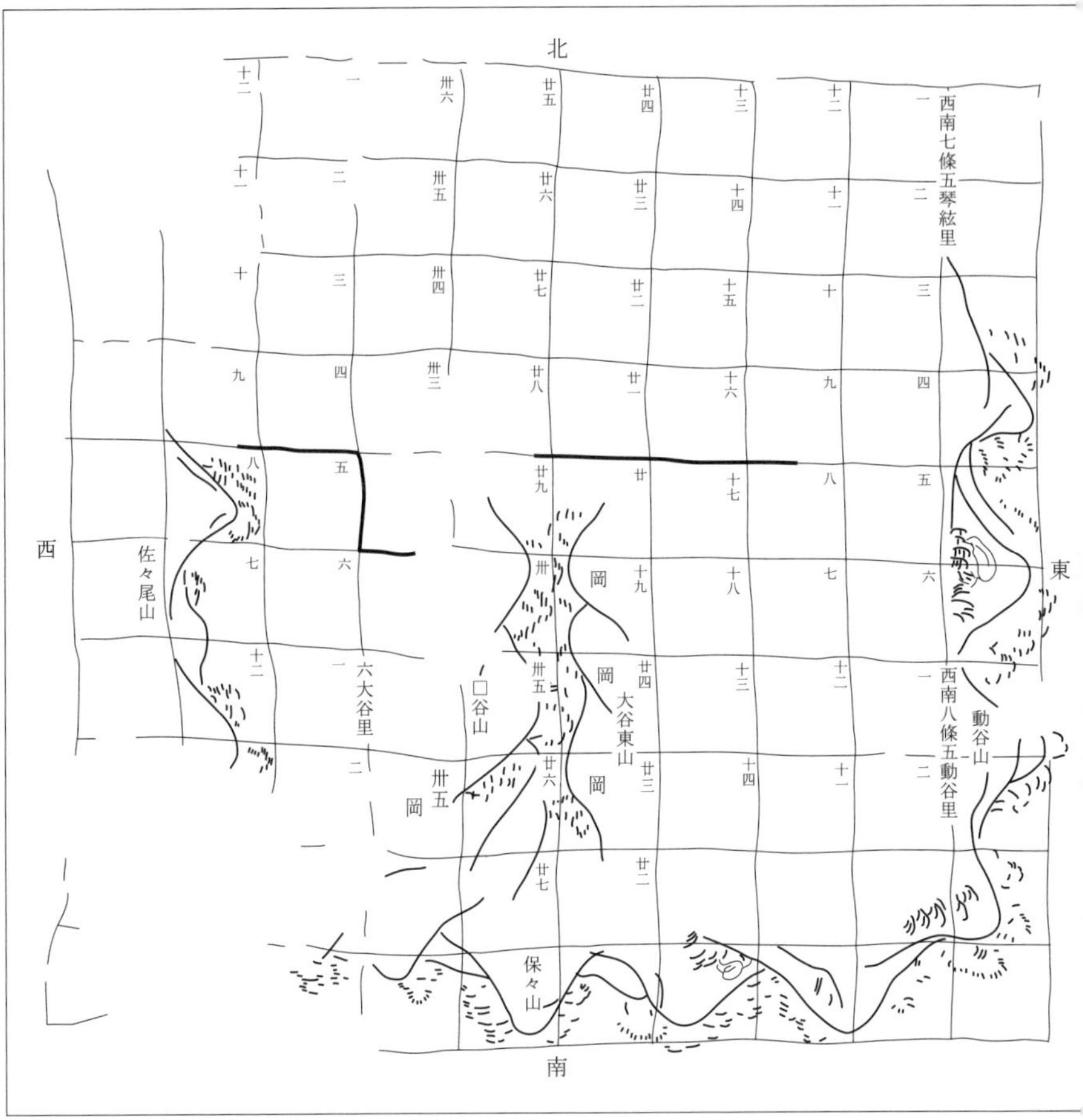

図 5-1 越前国糞置村開田地図（天平神護 2 年）の概要図
（東京大学史料編纂所編、1996・2007 をもとに作成）

た山稜線の描写がなされた要因であったといえる。

天平神護2年の荘園図に関しては、糞置村と同じ越前国に所在している、他の東大寺領を描いた2点が現存している(越前国道守村開田地図、同国高串村東大寺大修多羅供分田地図。前者は正倉院蔵、後者は奈良国立博物館蔵)。これらの地図における山稜線の描写も、方格線を基準としたものであったとみられる(三河、2017)。

ところで、糞置村に関しては、天平宝字3(759)年作成の越前国糞置村開田地図(正倉院蔵)も存在している。**図5-2**にはその概要図を示した。同地図においても、方格線を基準とする山の表現がみられる。しかし、山の表現のあり方は天平神護2年とは異なっている。

天平宝字3年の糞置村開田地図においては、2種類の山の表現が存在する。山稜線と山麓線(平地と山地の傾斜変換線)である。山稜線は樹木図像をともなう線で表現され、山麓線は線のみで表現されている。

このうち、山麓線は方格線を基準として描かれており、1町の方格網の設定状況を表現するための補助的な役割をはたしていた。また、地勢を表現するだけではなく、地図上において荘園の境界線を引くための基準にもなっていた。

こうした山麓線の描写は、天平宝字3年の糞置村開田地図と同じグループによって作成された、他の天平宝字3年の荘園図にも確認できる(越中国須加開田地図、同国伊加流伎開田地図。いずれも正倉院蔵)。山麓線が同年作成の荘園図に共通する基本的な山の表現であったことがわかる。

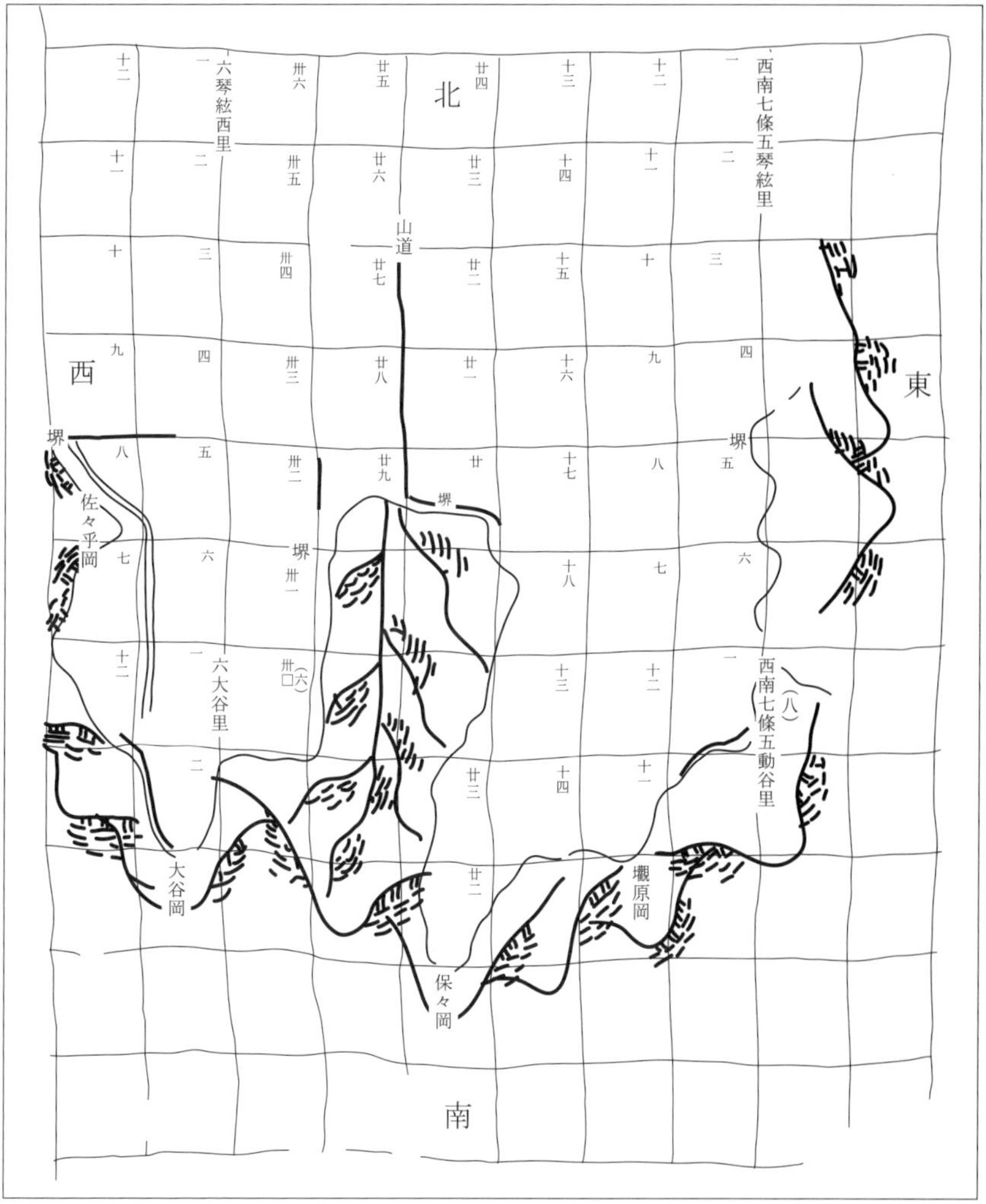

図 5-2 越前国糞置村開田地図（天平宝字 3 年）の概要図
（東京大学史料編纂所編、1996・2007 をもとに作成）

一方で山稜線は、天平神護2年の糞置村開田地図とほぼ同じ山頂や谷を対象としていたが、方格線上に配置されている例がほとんどなかった。これは、天平神護2年の糞置村開田地図とは異なり、地勢や領域のまとまりを表現することに重点が置かれていたためであると考えられる。山稜線を描くにあたっては山麓線が基準とされていた。

なお、山稜線の描写は、他の天平宝字3年の荘園図には確認できない。糞置村開田地図の西側部分をみると、山麓線に誤りがあったため、山麓線を山稜線へ変更している箇所がある（山稜線は太い線で表現されるがこの箇所のみ細い線となっている）。糞置村開田地図における山稜線は、こうした山麓線の誤りをきっかけとして加えられたものであった可能性が指摘できる。

前述したように、天平神護2年の糞置村開田地図は、校田との関係で作成され、作成主体が国司であった。それに対して天平宝字3年の糞置村開田地図は、校田年や翌年の班田年（田の一定面積を割り当てた年）のいずれにも相当していない年に作成された地図であった。そして、作成主体が東大寺関係者であった。地図作成にあたっては、すでに作成されていた班田図を基図として用いていたと考えられる。また、同地図は、東大寺が国に対して領有認定の申請を行う際に作成されたものであった。領有認定の申請は、記載対象の土地が未開発地を含んでいたために、東大寺による領有が不安定であったことに起因している。この時の申請内容は、そうした状況を打開するための領有の主張であった。天平宝字3年と天平神護2年の糞置村開田地図における山の表現の違いは、このような地図の作成過程や作成主体そして作成目的の違いが関係している。

以上みてきたように、古代の荘園図における山の表現には、表現方法に違いがあるものの、方格線を基準とするものが確認できる。それらは、地勢を示すことに加えて、方格線が表現する1町の方格網の設定状況を明確にする役割をはたしていた（三河、２０１７）。

方格線を基準としない山の表現

前項では、古代の荘園図における方格線を基準とする山の表現を示した。その一方で、**図5-3**に示した天平勝宝８（７５６）歳の摂津国水無瀬荘絵図（正倉院蔵）における山の表現のように、方格線を基準としないものも存在している。水無瀬荘絵図は、勅（天皇が発する命令）により東大寺へ土地が施入される際に、郡司（国の下にあった郡の役人）と国司によって作成された地図である。

水無瀬荘絵図には樹木図像をともなった線で山稜線が表現されている。その山稜線をみると、外側から内側に向かって山を望んだように描かれており、方格線に基づいて表現される田地分布との関係が不明確になっている。これは山稜線の描写にあたって方格線を基準としていなかったことを示すものである。

こうした山稜線の描写は、水無瀬荘絵図が校田年や翌年の班田年のいずれにも相当しない年に作成されていたことが関係している。しかし、それ以上に山稜線の描写に影響を与えていたのは、描かれた土地の性格であったと考えられる。

水無瀬荘絵図に描かれた土地は、郡司や国司が占定・開発を行った土地であり、施入当初から東大

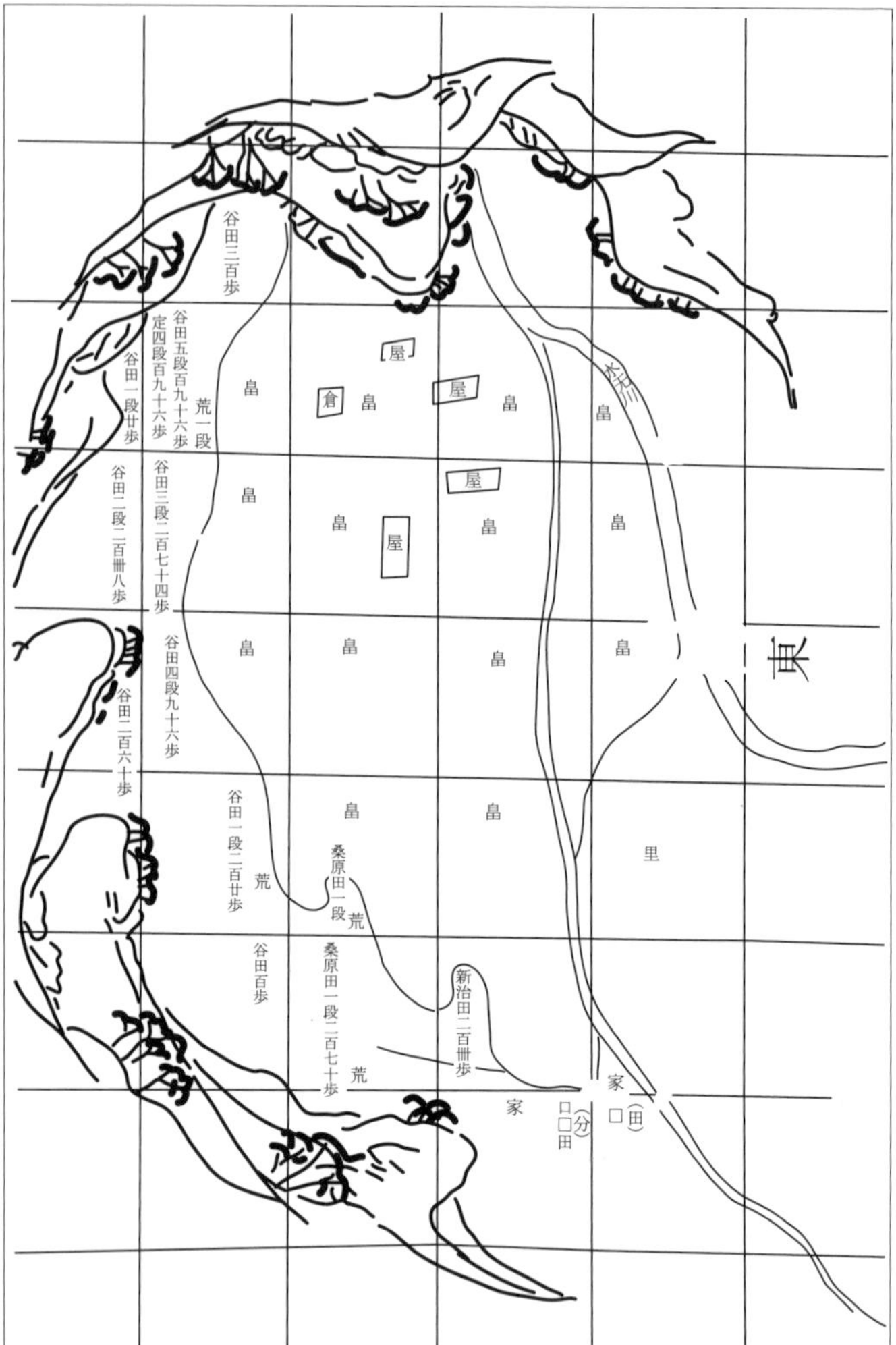

図 5-3 摂津国水無瀬荘絵図の概要図
（東京大学史料編纂所編、1999・2007 をもとに作成）

寺の領有が保障されていた。この点は方格線を基準とした山の表現がある古代の荘園図とは異なる点である。それらの荘園図に描かれた土地は、いずれも未開発地の占定・開発を前提としたものであり、国家による土地管理システムのなかに位置づけられることではじめて領有が認められるものであった。

加えて、水無瀬荘絵図に関しては、東大寺に施入される土地のまとまりを示すことが主な作成目的であった。こうした作成目的も山稜線の描写に深く関わっていると考えられる（三河、２０１７）。

水無瀬荘絵図の表現内容は、他の古代の荘園図に比べて絵画的表現が豊かである一方で、方格線が条里呼称をともなっていないという特徴がある。これらのことから、同地図においては絵画的表現が主要な表現であり、方格線が副次的な表現であったとの指摘も示されている（服部、１９８６）。このような水無瀬荘絵図の特徴もまた、描かれた土地の性格や作成目的が関係しているといえる。

方格線を基準としない山の表現は、同じく東大寺へ施入される水沼村と覇流村を描いた、天平勝宝3年の近江国墾田地図（正倉院蔵）にも確認できる。近江国墾田地図には樹木図像をともなった線として山稜線が表現されている。山稜線は、方格線が記載されている部分の外側に配置されており、方格線との対応関係も明確ではない。山稜線の役割は、地勢を示すことに加えて、土地のまとまりを示すことに重点が置かれている。**図5-4**には水沼村部分の概要図を示した（なお、近江国墾田地図では本来正方形であるはずの1町の方格が長方形で表現されている）。

水沼村と覇流村はいずれも、施入された段階で領有が保障された土地であった。近江国墾田地図に

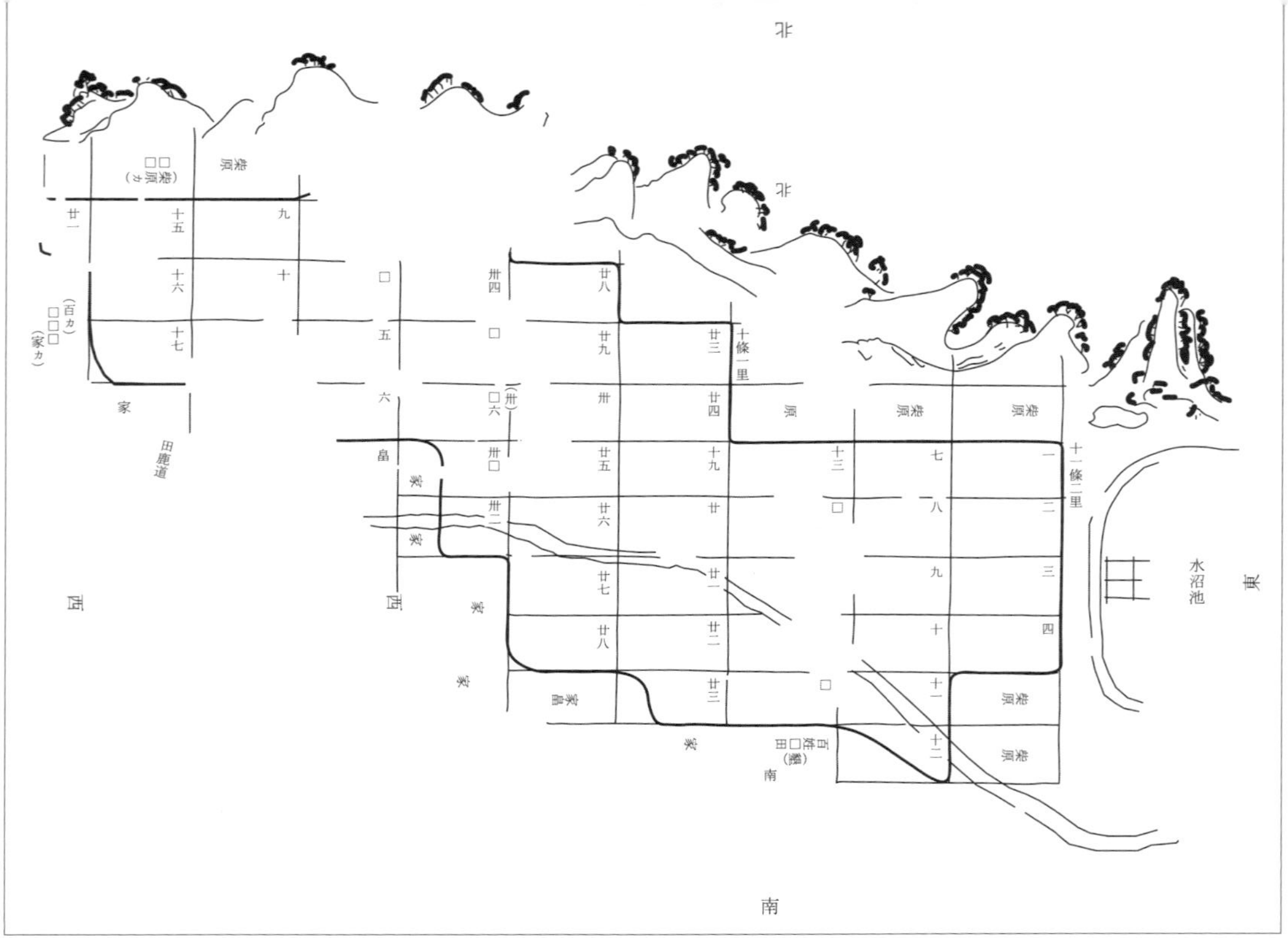

図 5-4 近江国墾田地図（水沼村）の概要図

（東京大学史料編纂所編、1996・2007 をもとに作成）

おいて山稜線が方格線を基準としていなかったのは、描かれた土地の性格が関係していると考えられる（三河、２０１７）。

このように、古代の荘園図のなかには、方格線を基準としない山の表現をもつ荘園図が存在している。これらはいずれも領有が保障された土地を描いた荘園図であった。山の表現は、地勢だけではなく、そうした性格である土地のまとまりを示していたといえる。

3　中世の荘園図における山の表現の特質

中世の荘園図作成の前提

古代の荘園の多くは、平野部の田地を中心とするものであった。古代の荘園図にも、そうした荘園の様子が描かれていた。ところが、11世紀後半に入ると、領域型荘園と呼ばれる新たな荘園のタイプが登場するようになる。領域型荘園は、それまでの荘園と異なり、田地のみならず集落や山野河海を取り込んだものであった。そして、領域型荘園の登場とともに作成されるようになったのが中世の荘園図である（小山、１９８７）。

中世の荘園図の現存数は、古代の荘園図のそれと比べて圧倒的に多い。とくに領域型荘園の全盛期でもあった12世紀から14世紀に数多く作成されてた。そして、中世の荘園図は、荘園認定、境界争い、荘園支配といった様々なケースで作成・利用された（吉田、１９９３）。この点は、荘園認定が作成・

利用の中心であった古代の荘園図とは明らかに異なっている。

また、現存する中世の荘園図をみていくと、集落や山野河海を含む領域が絵画的表現を交えて豊かに描かれているものを多く確認することができる。絵画的表現をともなう荘園図の増加の背景には、領域型荘園の存在があったと考えられる。

中世の荘園図に関しては、「絵図」という名称が付されたものが多い。それゆえ、一般的にも中世の荘園図は荘園絵図と称されている。史料上、「絵図」は、10世紀末から11世紀初め頃になってあらわれる語であるが、その名が示しているように本来は絵画的表現を交えて描く図を意味するものであった。その後、地図的機能をもつ名称として定着していくことになる。中世の荘園図に「絵図」の名称が付された背景には、絵画的表現の豊富さがあったといえる。なお、中世になると、「絵図」には絵師の手によって美麗に仕立てられたものというイメージが定着していたとの指摘も示されている(吉田、1993)。

前節で示したように、古代の荘園図における基本表現は、文字表現とともに、班田収授の際に現地に設定された1町の方格網を表現している方格線であった。また、地図と現地との対応関係の確認は、そうした1町の方格網の存在をもとになされていた。

それに対して中世の荘園図は、班田収授が実施されなくなった10世紀以降に作成されたものであった。そのため、地図と現地との対応関係の確認も、現実の景観をもとになされていた。こうした古代の荘園図との違いもまた、中世の荘園図において絵画的表現が豊富になっていく要因の1つであったと考えられる。そして、この違いが古代の荘園図とは異なる山の表現を生み出すことになったといえる。

多様な山の表現

図５-５には康治２(１１４３)年の紀伊国神野真国荘絵図(神護寺蔵)の概要図を示した。中世では、荘園の立荘（成立）時において立券使（都から派遣される役人や荘園領主側の使者など）が荘園の境界を画定したが、その際に荘園図を作成し、署判を加えるのが一般的であった。神野真国荘絵図はそうした立荘時に作成された荘園図の１つである。神野真国荘絵図では、神野荘と真国荘の領域が山の表現を含む絵画的表現を中心に描かれている。

神野真国荘絵図における山の表現は山稜線と山麓線からなる。山稜線は山腹を示す太い線と樹木図像をともなっており、神野荘と真国荘の中心にそれぞれ置かれた視座から見渡したように描かれている。一方で山麓線は線のみで示されており、複雑な地形を表現している。こうした山の表現は、地図と現地との対応関係を明確にするとともに、四至《しいし》（東西南北の四辺）や牓示《ぼうじ》（四至が交わる４頂点や境界を補完する点）によって示される領域を明確にしている。

また、中世に入ると、隣接する荘園間において堺相論《さかいそうろん》と呼ばれる境界争いが生じるようになる。堺相論においても荘園図は作成・利用されている。例えば、近江国比良荘絵図が挙げられる。比良荘絵図は比良荘と小松荘・音羽荘との堺相論に関わる荘園図であり、中世に作成された２枚が伝来してい

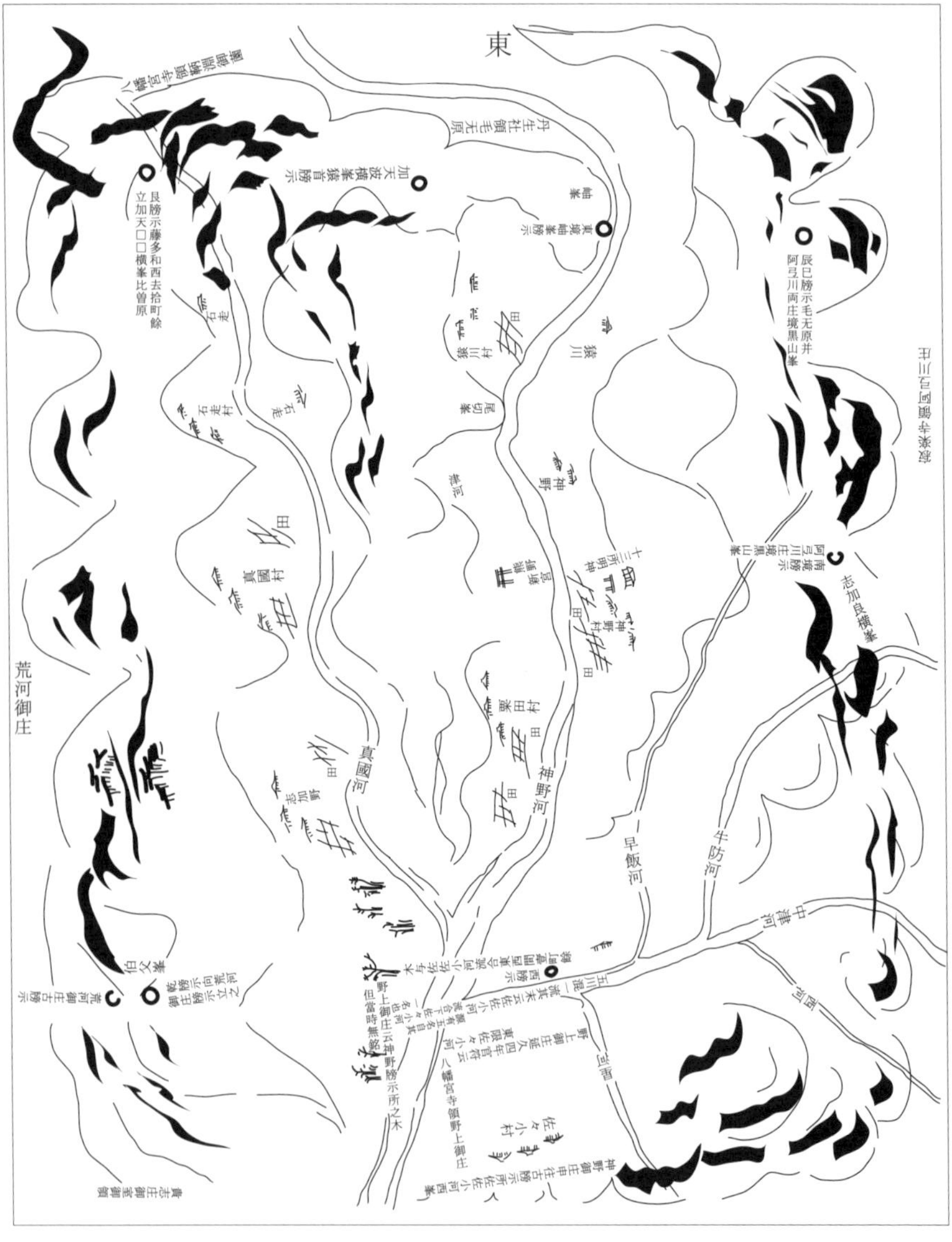

図 5-5 紀伊国神野真国荘絵図の概要図
(東京大学史料編纂所編、1999 をもとに作成)

る（北比良区蔵および個人蔵）。いずれも弘安3（1280）年あるいは永和2（1376）年に作成された絵図をもとに作成されたものである。地図には山稜線が描かれており、そうした山稜線を基準に境界線が示されている。山稜線は、比良荘と小松荘・音羽荘の主張を示すための重要な存在となっている。

図5-6に示す正嘉2（1258）年の伯耆国東郷荘下地中分絵図（個人蔵）においても、山稜線が境界線の位置を示す基準として描かれている（なお、概要図は東京大学史料編纂所模写本のもの）。東郷荘下地中分絵図は、領家と地頭が下地（土地）を中分（分割）した際の結果を示した荘園図である。地図の上方（南）や下方（北）には山稜線を基準とした下地中分の線が描かれている。

このように、中世の荘園図では、地図と現地との対応関係を明確にするために、山の表現が用いられている。加えて、山の表現は、対象地域の地勢を示すだけではなく、ランドマークとしても重要な役割をはたしている。

ところで、中世の荘園図には、古代の荘園図にみられなかった、様々な山の表記方向やそれらの組み合わせが存在している。例えば、同じく立荘時に作成された荘園図においても山の表記方向は異なっている。**図5-5**の神野真国荘絵図のように、それぞれの荘園の中心に置いた視座から見渡した山の表記方向がある。その一方で、**図5-7**（後掲）に示した嘉応元（1169）年の備中国足守荘絵図（神護寺蔵）における山の表記方向は、地図の下方（南）に視座を配置したような山の表記方向になっている。

図 5-6 伯耆国東郷荘下地中分絵図の概要図
（東京大学史料編纂所編、2001 をもとに作成）

図5‐6に示した東郷荘下地中分絵図は、山の表記方向の組み合わせの事例でもある。同地図では3つの視座の存在がある。すなわち、中央（池）、下方（海上）、左側（荘園の外側）の視座である。前2者は神野真国荘絵図と足守荘絵図にも確認できるパターンであるが、後者は例外的なものとなっている。後者の山の表記方向については、他領（笏賀荘）であることを示すためのものであったとされる（黒田、1986）。

山を含む景観要素の表記方向については、放射状（ある地点から周囲を見回す）、画面の天地（各図像と画面全体の方向が一致する）、導線の3つに整理できるとの指摘がある。またそれぞれが、荘園図のなかに自己を置いたエゴセントリックな空間認識、川の上手と下手を区分する原初的空間認識、作図者の移動線や作図の基本的な軸を示すものであったとされる（青山、2007）。

このほか、山の表現に関しては、樹木図像の描写などに工夫を凝らしたものがみられる（樹木図像の有無や粗密など）。例えば、近山と遠山の区別などがある（**図5‐6**の東郷荘下地中分絵図の上方（南）など）。こうした工夫も古代の荘園図にはみられない中世の荘園図特有のものである。

以上みてきたように、中世の荘園図における山の表現のあり方は、古代の荘園図に比べて多様であったことが確認できる。これは、古代と広範な荘園図の作成・利用に加えて、山の表現を含む絵画的表現を軸とした荘園図作成が多くなされたためであるといえる。

方格線と山の表現との関係

ところで、中世の荘園図のなかにも方格線を記載しているものがある。しかし、中世の荘園図において方格線が表現している内容は古代の荘園図のものとは異なっている。古代の荘園図では、方格線は現地に設定された1町の方格網を表現していたが、中世の荘園図では、条里地割を表現したものであった。そして、方格線と山の表現との関係についても古代の荘園図とは異なるものであった。

図5-7に示した足守荘絵図の比定地には現在でも多くの条里地割が確認できる。また、現存の条里地割と方向の一致する、9世紀頃施工の条里地割の存在も発掘調査によって確認されている（草原、1995）。したがって、足守荘絵図に記載された方格線が条里地割を表現していたことは確実である。

しかし、足守荘絵図における方格線は条里地割の分布を忠実に示したものではなかった。例えば、地図では八幡山と福岡山が同一の方格線上に位置しているが、実際にはそのような位置関係にならない。同地図における方格線の描写については、デフォルメされた線表現であったとする指摘がある（服部、1986）。

足守荘絵図においては、山の表現が荘園図の基本表現となっており、方格線は副次的なものであった。こうした方格線と山の表現との関係は、足守荘絵図が立荘時に作成された荘園図であり、荘園の領域を示すことに重点が置かれていたことによるものであると考えられる。足守荘絵図にみられるよ

図 5-7 備中国足守荘絵図の概要図
（東京大学史料編纂所編、2001 をもとに作成）

うな山の表現は、徳治3（1308）年の丹波国大山荘西田井村用水指図（京都府立京都学・歴彩館蔵）にもみられる。

その一方で、播磨国鵤荘絵図からは、足守荘絵図とは異なる山の表現のあり方を見出せる。鵤荘絵図は嘉暦4（1329）年に作成されたものとそれをもとに至徳3（1386）年に作成されたものが伝来している（いずれも法隆寺蔵）。**図5-8**には嘉暦4年の鵤荘絵図の概要図を示した。

鵤荘絵図には、中央部に方格線が示され、その周囲に山稜線が配置されている。鵤荘絵図の比定地には現在でも条里地割が残っており、方格線は条里地割を表現したものであったと判断できる。方格内には条里呼称に類似した呼称や小地名そして面積などが記載されており、方格線を基準とした土地管理の状況が読み取れる。また、方格線に関しては寺社や牓示などの位置を示すための基準にもなっている。

地図の原本調査では、鵤荘絵図の山稜線が方格線を基準に配置されていたことが確認されている（栄原、1993・2004）。このことから、鵤荘絵図では、文字表現とともに方格線が基本表現となっていたことがわかる。一方、山稜線は地勢や領域を示すことに重点が置かれていた副次的な表現であったと考えられる。

鵤荘絵図の作成目的は荘園領主である法隆寺による荘園支配のためであったことがわかっている。鵤荘絵図における山の表現は、荘園支配のための方格線による土地表記を補助するものであったといえる。

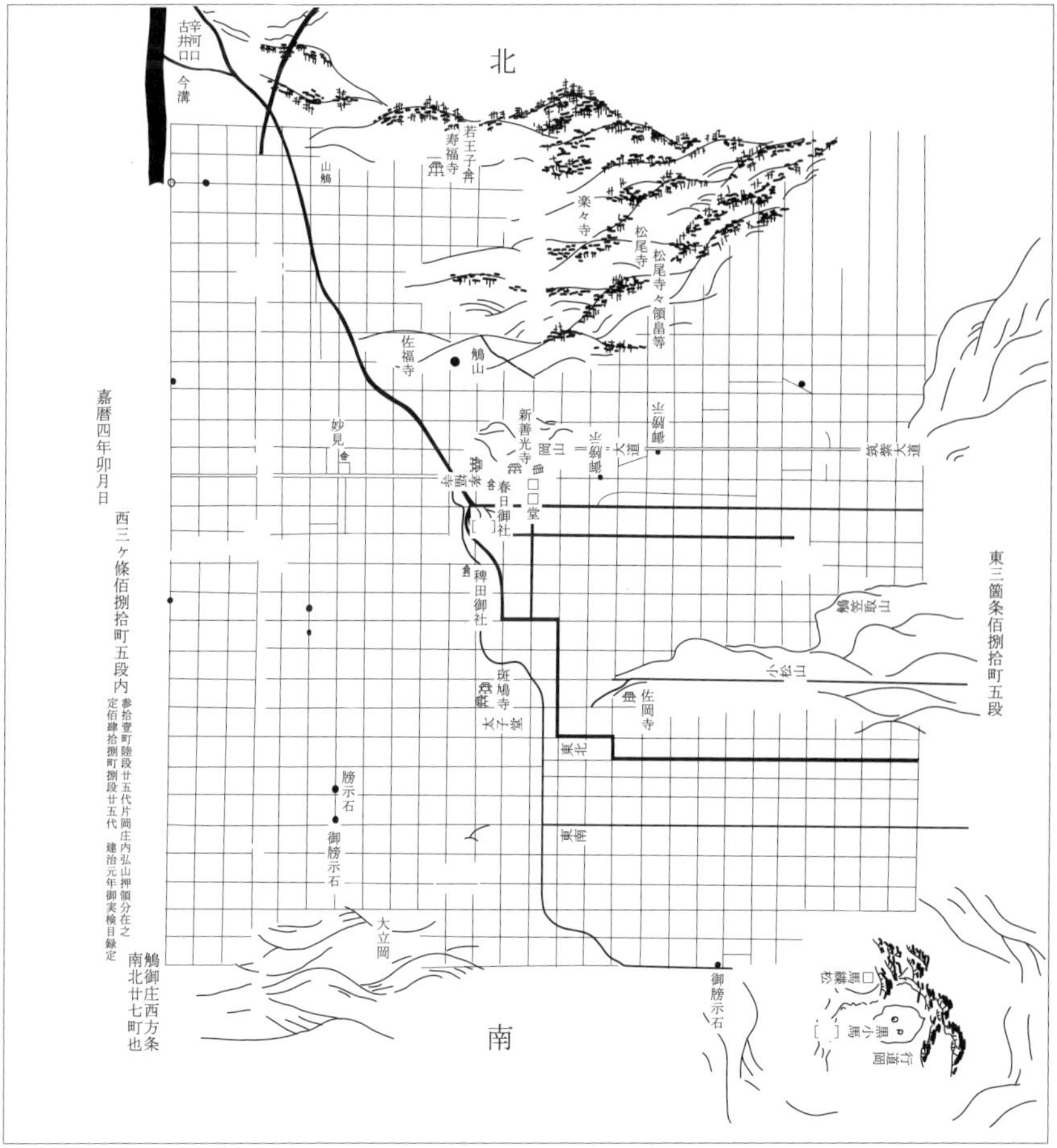

図 5-8　播磨国鵤荘絵図（嘉暦 4 年）の概要図
（東京大学史料編纂所編、1999 をもとに作成）

なお、12世紀頃から土帳や差図に代表される条里図が作成されるようになる。これらは文字表現とともに方格線を基本表現とするものであり、荘園支配との関係で作成されたものである。方格線は鵤荘絵図における方格線と同様に条里地割を表現していた。また、山の表現も方格線との関係のもとに示されていた。

鵤荘絵図や条里図などに関しては、方格線を基準として現地の空間が地図に表現されているといった、班田図や古代の荘園図との共通点が指摘されている（吉田、１９９５）。山の表現のあり方に関しても、古代の荘園図に類似する点は多い。

ただし、すでに指摘があるように、鵤荘絵図や条里図などには表記の混乱がしばしばみられる。例えば、鵤荘絵図の方格内の情報に関しては矛盾や齟齬（位置のズレなど）が生じており（岩本、２００４）、それらは地図全体にまで影響を与えている。こうした表記の混乱の存在は、古代の荘園図とは異なる、地図の作成方法さらには地図と現地との対応関係の確認方法が少なからず関係していると考えられる。

参考文献

青山宏夫（２００７）『前近代地図の空間と知』校倉書房
岩本次郎（２００４）「播磨国鵤荘の条里景観に関する基礎的考察」『播磨国鵤荘　現況調査報告総集編』太子町教育委員会

金田章裕・石上英一・鎌田元一・栄原永遠男編（1996）『日本古代荘園図』東京大学出版会
金田章裕（1998）『古代荘園図と景観』東京大学出版会
草原孝典（1995）「備中国足守庄の開発と条里遺構」『条里制研究11』
黒田日出男（1986）『境界の中世　象徴の中世』東京大学出版会
小山靖憲（1987）『中世村落と荘園絵図』東京大学出版会
栄原永遠男（1993）「法隆寺領鵤荘絵図（嘉暦図）の原本調査――予察報告」『播磨国鵤荘現況調査報告Ⅴ』龍野市教育委員会
栄原永遠男（2004）「法隆寺領鵤荘絵図（至徳図）の原本調査」『播磨国鵤荘　現況調査報告総集編』太子町教育委員会
東京大学史料編纂所編（1996）『日本荘園絵図聚影　一下　東日本二』東京大学出版会
東京大学史料編纂所編（1999）『日本荘園絵図聚影　四　近畿三』東京大学出版会
東京大学史料編纂所編（2001）『日本荘園絵図聚影　五上　西日本一』東京大学出版会
東京大学史料編纂所編（2007）『日本荘園絵図聚影　釈文編一　古代』東京大学出版会
服部昌之（1986）「条里の図的表現」水津一朗先生退官記念事業会編『人文地理学の視圏』大明堂
広瀬和雄（1989）「畿内の条里地割」『考古学ジャーナル310』
三河雅弘（2010）「班田図と古代荘園図の役割――8世紀中頃の古代国家による土地把握との関わりを中心に」『歴史地理学52-1』
三河雅弘（2017）『古代寺院の土地領有と荘園図』同成社

吉田敏弘（１９９３）「荘園絵図の分類をめぐって」国立歴史民俗博物館編『荘園絵図とその世界』
吉田敏弘（１９９５）「荘園絵図の空間表現とその諸類型」国立歴史民俗博物館編『描かれた荘園の世界』新人物往来社

▲コラム　直線境界と山

明治期に作成された地形図をみていると、行政境界（国境と郡境）が平野部において断片的ながら直線的に続いている例を確認できる。これらの多くは古代に起源をもつものである。そうしたなかに、境界の延長線が山頂を通過しているものがある。これは境界の設定に際して山を見通した線が用いられていたことを示している。

古代の国家は、山稜線・分水界・河川を行政境界に用いるのが一般的であった。しかし、それらを用いることができない場合が多かった平野部では、積極的に直線的な境界を設定していた。土地の支配を推し進めていく過程であった国家にとって、直線的な境界の設定は計画的な地域編成の側面を有するものでもあった。

それではなぜ、境界の設定に際して国家は、山を基準に用いたのであろうか。山を見通す線は簡便かつ明確に境界線を引くことを可能にするものであった。また、位置が変わることのない山は境界を設定するための基準としても、境界を確認するための目標物としても最適な存在であった。

そして、このような山を基準とする境界線の特性は、境界線をその後も機能させ続け、地域に根付かせている要因の１つでもあった。現在でも、山を基準として設定された、かつての直線的な行政境界の一部は、市町村境界や町丁目境界などの行政境界として継承されている。周辺の景観は大きく様変わりしてしまったが、それらの境界のなかには、境界設定の基準となった山を今も見通すことができる例がある。

参考文献
足利健亮（１９８５）『日本古代地理研究』大明堂
服部昌之（１９８３）『律令国家の歴史地理学的研究』大明堂

第6章

山はどのように占められ、利用されてきたのか

—林野制度・資源利用・山地住民の歴史—

松尾　容孝

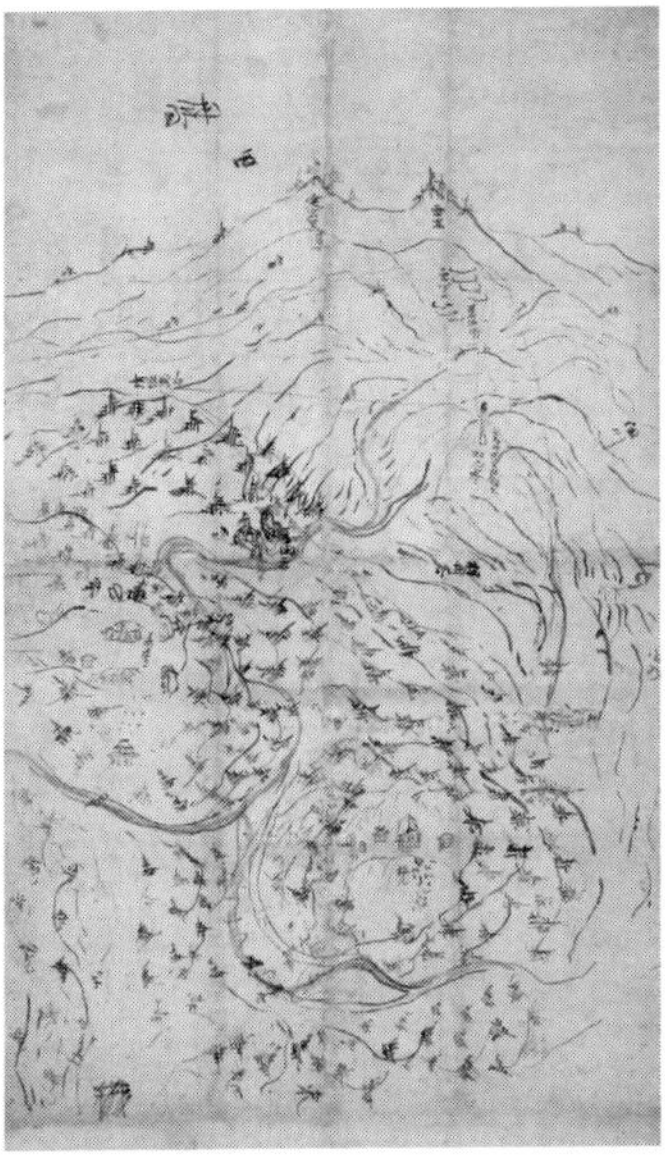

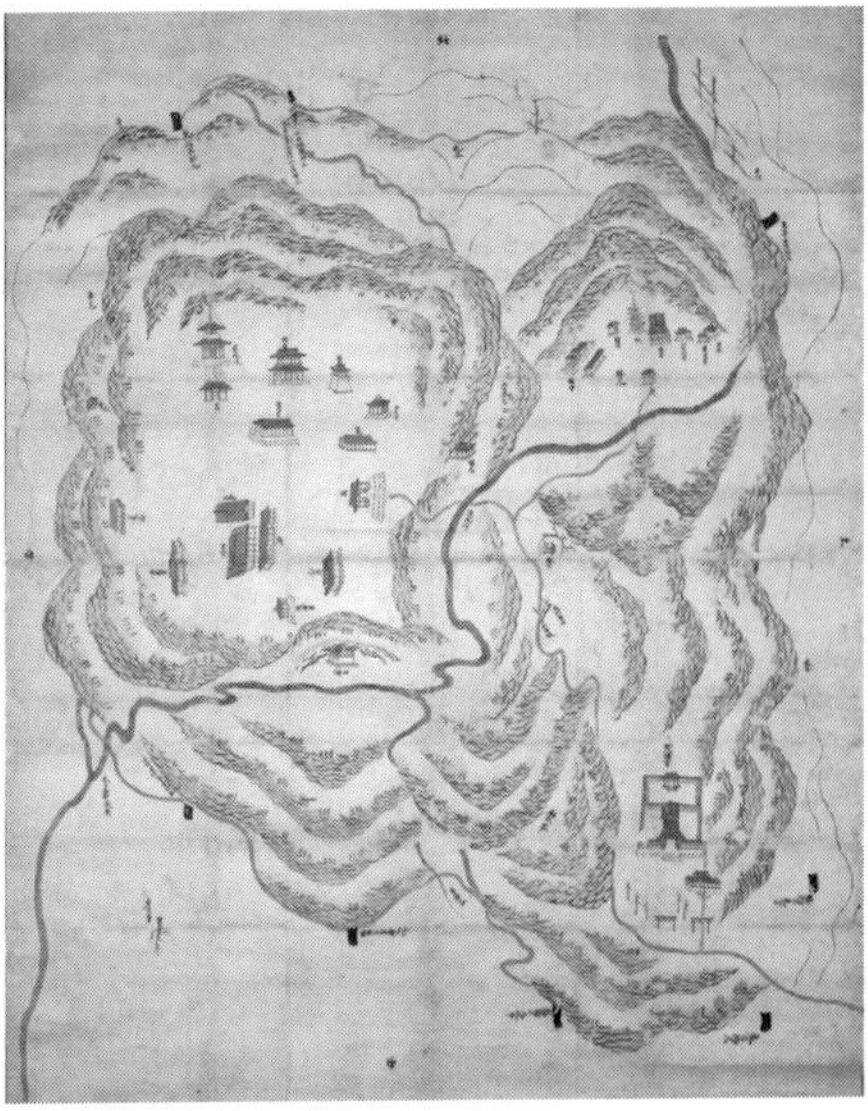

寛喜 2（1230）年山城国神護寺領絵図（右）、**同年山城国主殿寮御領小野山与神護寺領堺相論図**（左）（ともに神護寺蔵、京都国立博物館寄託）
寺社の領域は樹林が描かれ、世俗の一帯には樹林を描かない。寺社は独自の論理により領域形成を展開した。神護寺領絵図は四至牓示で領域を表現する絵図の典型例。

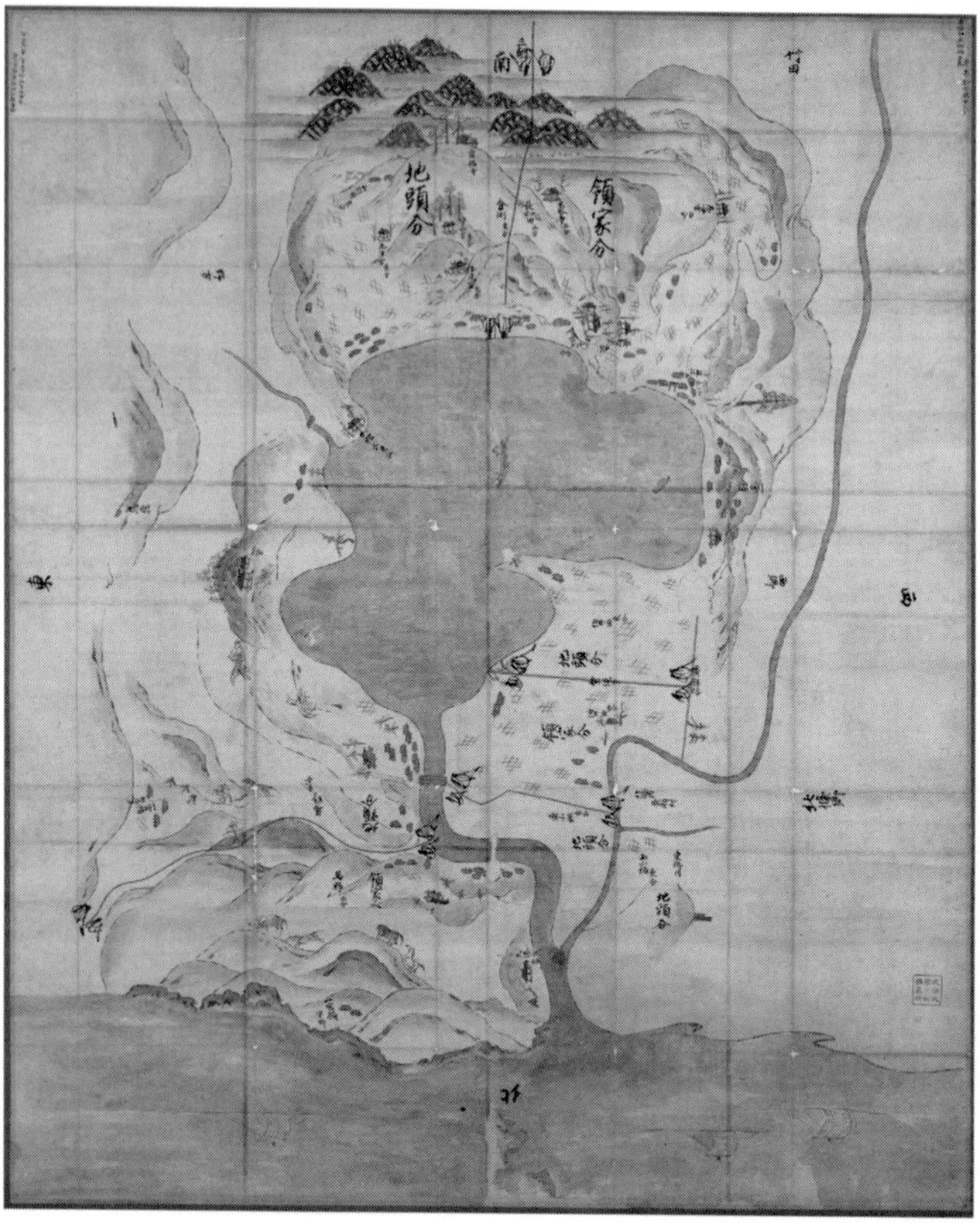

正嘉 2(1258) 年伯耆国河村郡東郷荘下地中分絵図（模写本）

（東京大学史料編纂所所蔵）

居屋敷、政所、寺社、田畑、馬野（牧）、里の山、雲煙と遠山、川、池（舟）、海（帆船）が描かれる一円領荘園を領家と地頭が下地中分した絵図。伯耆一宮（倭文神社）領も描く。

1　はじめに

林野は自然の一部でもあり、山地住民がかかわって維持されてきた。本章は、日本における林野と人間社会とのかかわりの歴史を、制度と利用の面から振り返り、今日の林野について展望する。

2　林野制度

古代・中世期の林野制度の変遷

林野制度は次の変遷をたどった。

古代律令制下の8世紀前半に編まれ、後半に施行された養老雑令第九条「山川藪沢の利、公私之を共にせよ」は、林野を川や藪沢と同じく、特定者の排他的・恒常的利用を許さず、必要に応じて任意に利用する「公私共利」の土地と位置付けている。国家の鉱山開発、天皇の禁野設定、国司の水源涵養林の禁制、王臣家等の祖先墓山や宗教聖地の囲い込みを認め、林野を国家・天皇が公地として管理する一方で、古くからの採取・狩猟・焼畑等の継続を保証する族長と成員との共同体的社会関係がこの条文の背景をなす。禁止事項である貴族や寺社による経済的な排他的占有が現実には生じたが、条文を支える根拠として、林野が、特定主体の恒常的占拠に適さず、かつ複数の用益を同時に可能にする潜在力に富む点に注目したい。

その後、公私共利の条文は空洞化し、占拠禁止の発布は、10世紀初頭を最後に出されなくなる。11世紀中期以降、在地領主制による居屋敷・耕地・林野を含む一円領域化が進行した。12－13世紀（鎌倉時代）には、国衙領の山野河海所出物に対して国衙・在庁官人が得分権を有する国衙領荘園体制（荘園公領制）となった。山川藪沢を公地と見る「王土（国土）高権」論を御旗に、得分権と土地支配が一体化した。範域を四至牓示《しいしぼうじ》の空間観念で枠付け、牓示（人為的な杭）や堀・溝の犯土（土を掘り大地を傷つけ地霊を呼び起こすこと）により領域を物理的に形成した。11－12世紀の延久・保元期の荘園整理令は、新立荘園の整理を通じた王土高権のイデオロギーに基づく領域支配を物語っている。荘園の立券や公領・荘園の検注は国司や領主の任を受けた在地の代表者田堵《たと》によって実施され、高権の行為者として、山野河海所出物の得分権を持つに至る。田堵は地方豪族や律令官人を出自とする在地の納税者（経営責任者）で、荘官や名主の役職を得て名主職（名田に対する権利）を取得するとともに、開発主体や在地領主として百姓から加地子を徴収した。古代・中世期の土地への税徴収は、国が開発・関与した地目が先行し、百姓が開発整備した畑・屋敷への徴収は遅れた。林野は徴収対象外で、経済活動主体から収益に対応する利用料が徴収された。

中世期、一円領域の形成は公領・荘園の両方で進行し、ともに太政官が管理する国の公的な領域を構成した。「伯耆国河村郡東郷荘下地中分絵図」は１２５８年11月に領家と地頭が一円領荘園東郷荘を和与により下地中分した絵図で、在家・田畑、池・野・山林など、あらゆる地目を道と堀切によって具体的に中分した状況を活写している（松尾、１９９７）。さらに、14世紀以降、領域支配（領国支配）の組織化が進み、荘や郷では名や保などを単位地区とし、地区ごとに名主が主導する税の徴収（地下請）が一般化した。開発による生産力の上昇と経済活動の興隆により、百姓が独立した階層として成長した。荘官や名主は、百姓の在地指導者（土豪や名主）に、荘や郷は全住民から成る多様な惣村群（惣郷・惣荘）や郷村に転化した。惣村の充填により、惣村内部では職人や商人の集住地、まとまりを強めた後の近世行政町村群への分胞がさらに進行した。城下町の建設による町と村の分離、刀狩による武士と百姓の分離、検地による村切りを経て近世を迎える。

近世・近代期の林野制度の変遷

近世期は、中間支配層の排除により、封建領主と百姓が直接的に結合した。両者の利害が一致し、藩は村切りによって石高（村高）に基づく年貢・諸役を村ごとに課し（村請制）、安定した徴税を確保し、石高により領主階級内部の秩序を維持した。村は村請制により年貢・諸役の完納を義務付けられる一方で、村内における徴収額や徴収方法に関する村の自由裁量を保証され、村落共同体はそれを財源に様々な活動を展開することができた。全国的に人口増加と経済社会化が進行したが、耕地中心の土地制度を維持し、検地は耕地（田・畑）と屋敷に対して一筆ごとに丈量し、面積・高・免・名請人を特定して賦課した。山野河海は丈量対象でない高外地に分類され、村ごとに小物成・運上を徴収する方式で、中世後期の方式が継承された。一部の藩では焼畑検地を実施したが、多くの藩は、焼畑、林産物の採取・加工、狩猟などの活動実態を勘案して、耕地の免を高率にするか小物成を設けて村に賦課した。運上・小物成による林野制度のおかげで、用益に基づく特色ある林野利用が各地の山村で展開した。

この頃、幕府や諸藩には、領主の林野が一定程度所在した。治山治水用の保護林や竹藪、御用材や鷹などの資源保護の御立山が存在した。用材を領主経営する藩も存在した。在方を管轄する郡奉行文書（在方諸事控など）には、藩に申請して村が御立山を利用する例や、御立山と村山を交換する例もある。御立山は必ずしも明治期以後の国有林と同じではなかった。御立山は近代以降、官林・国有林となった。

近代期の林野制度は近世期の制度から根本的に変革された。明治政府は林野を他の地目と同じく開発地に位置付けた。明治5年に地租改正を実施し、村請制を廃止し、全ての地目の所有者を確定し、地価・地租を決定して所有者から個別に税を徴収する方式を導入した。これは、それまで確立していなかった林野の私的排他的所有権を強制的に定めた外生的な法制度である。明治6年林野官民有区分は、地盤所有権の証拠を申請者に要求した。国は証明困難な林野を村から収奪して官林・国有林に組み込んだ。国有林野の割合の地域差が大きいのは、このことに由来する。利用実態を無視した地方官人による官林編入が部落有林野（奥山）収奪の主因を成した。土地を自由に売買する資本主義至上主

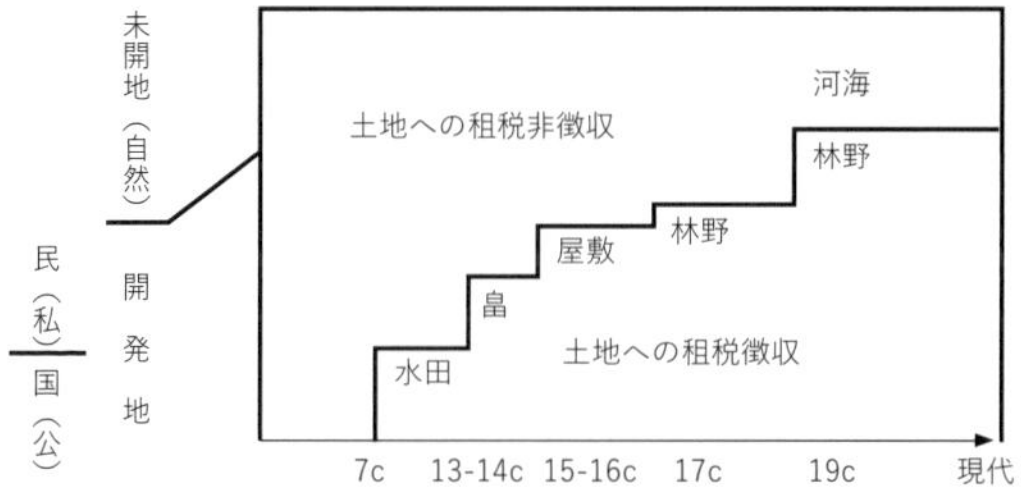

図6-1　村の土地への租税徴収の歴史とその画期・根拠

義は、地価の高騰・地上げなどの土地問題の遠因となった。従来の林野制度は遺制として残存し、近代法により部分的に解体しまたは組み込まれた。戦後の過疎化以後、管理の放棄された林野が国有林と私有林の両方において拡大し、現在に至っている。

以上に述べた土地への課税の歴史は、**図6-1**のとおりである。

3　山地住民と村落

古代・中世期の林野利用と山地住民

山地住民に焦点をあて、林野利用する彼らの存在形態を概観する。

大化前代には天皇直属の山部《やまべ》が全国各地において任命され、狩猟品の貢納・林産加工物の供給を担った。律令制下では品部《しなべ・ともべ》として継承され、官司に隷属した。官立の杣や牧も設置された。『延喜式巻28兵部省』には「諸国馬牛牧」が掲載されている。律令制解体期の平安時代中後期には、杣工や牧童など特定の役を務め、職能を通じて支配層と人的に結びつく寄人《よりゅうど》へと転化する。一方で、住民は、役務者も含め、みずから共同体を組織していた。

中世前期の荘園公領内の行政区画（郷・荘・保・名など）は、住民の共同体とは必ずしも一致しない。国衙は土地支配（田図・図帳）上の納税者を在家として把握した。林野利用は土地支配の対象外のため、行政領域に規定されず展開した。林野における農業生産（山畑・焼畑）や林産加工物（木地製品・杣製品）とその流通は、検注の網の目からこぼれ落ちる部分が多かった（松尾、１９８６ａ）。

12‐14世紀には、一円領支配の進展に対応して、住民は第一次中世村落共同体（惣荘）を結晶化する。第一次中世村落共同体は、土地利用の集約化により、やがてその内部の集落群に村落共同体としての実質を移す。こうして誕生する第二次村落共同体が近世藩政村の原型である。この頃から近代期の市制・町村制までの期間が、住民の共同体と行政村が即応関係にあった時代である。

藩政村に収斂していく村落の充填度が増し、すべての百姓が母村に所属する仕組みが成立した。しかし、このことは村人が常に定着して生活していたことを意味するわけではない。母村に所属し、資源を求めて移動生活を営んだ村人もいる。近世期の検地・村切りを機に、移動が制約されて定着化が進んだとの意見がある一方で、江戸時代の経済社会化の進展が移動の契機を高めたとの意見もある。近世期には多数の移動民が活動し、一方で移動をやめて定住した者も多い（松尾、２０１３）。

近世期の山地住民と村落

江戸時代の行政村（藩政村）と農民集団が形づくる村落共同体（ムラ）との関係は地域差が大きく、日本全体で3タイプの村落構造が併存した。それらは、標準型、煙山村型、須恵村型と命名されている（水津、1955）。煙山村、須恵村は岩手県と熊本県に実在する村名である。標準型は1村1集落つまり1藩政村が1集落から成り、集落が村落共同体をなす。畿内の村々が典型で、北陸や因幡の一部も該当する。煙山村型は1藩政村が多集落（10～20数戸／1集落）から成り、村落共同体の機能を藩政村と集落群が分有する。中国山地の村々が典型で、北上山地にも多い。部落有林野の一部を各集落が管理し、集落ごとに山の神を祀る。一方、藩政村も部落有林野を管理し、村社を祀る。中国山地と北上山地は地形・地質が類似し、たたらや山間部放牧を営むなど土地利用上の共通点が多かった。須恵村型も1村多集落である点は煙山村型と同じであるが、村落共同体の機能は小集落（10戸以下／1集落）に集積し、藩政村は行政上のまとまりにすぎない。九州山地や一部の四国山地に多い。3類型の相違は、近世小農社会への転換を促す村落変動、つまり、山から谷への移動と集村化、土地利用の集約化や成員増加に対応した集落再編、焼畑・畑作から稲作への転換の貫徹度の違いなどによって歴史的に形成された（吉田、1983）。政治の中心地との遠近関係が大きく支配の貫徹度の違いに帰結したといえる。

次に、山地地域では共同体の緊縮が遅れて、元禄年間や享保年間に藩政村が実質化する例も各地にみられる。中世土豪や村落領主の遺制が一部の地域において残存するが、遺制的村落領主が近世を通じて存続し続けたと考えるのは正しくない。公事役など中世以来の役負担とそれに伴う特権が近世まで存続した例も各地にあるが、それを担う家は盛衰によって交替し、公事役の内容も変化した。同一の家が継続した場合も、家々の間に隷属的社会関係が継続し村落共同体が形成されなかったと考えるのは誤りである。近世中後期において共同体機能が未成熟なのは、むしろ開発時期が新しい村である。株小作をはじめ、地主に生活・生産手段の一部を依存する農民が分布するのも、開発に伴う新田村落の一形態であり、村として成熟するまでの過渡的状況に過ぎない。

さらに、山地地域が開発前線として新村を析出させたこと、百姓次三男が独立して家を構える余地があったことは、林野経済活動の進展を物語っており、意外に労働力規定的な弾力的社会構造をもつ山村社会が多い要因でもある。株制を布く地域で、二分の一株など分数株の家が部落有林野の利用権をもつ場合、木地師をはじめ移動性の高い社会において末子相続が行なわれる場合など、新たな分家の形成を可能にする社会組織が、林野資源に富む地域において案出され、近代以降もこの慣習が残った。林野資源を対象にした経済活動のなかには、鉱山業や林業経営のように長期的に大資本を要するものもある。経営規模が大きく特定の階層や村落共同体に経営者が限定されるが、関連業種が多数に及ぶ複合産業のため、多くの住民がそれにかかわり、一般の農村とは大いに性格を異にする村落社会が現出する。しかし、これらの産業もまた、今日以上に地域に埋め込まれて（embedded）営まれた。村方三役が役割を担い、寄合を通じて村落共同体の合意が形成され、あるいは本分家関係による管理体制のもとで、事業は導入された。地元住民の雇用機会の創出（地域振興）のために事業者と議定（契約書類）を取り交わすことは、現在同様江戸時代にも各地で行なわれた。

地租改正の結果、林野の地盤所有権の優越により、毛上の実態（利用の有無）と関係なく林野を売買する権利が確立し、資本家の優位、労働投下に基づく利用や異種・複層的な毛上利用の（権利の）排斥に帰結した。明治政府は、広範な国有林の創出と、警察と法（大審院判決）を活用した国有林入会の否定・国有林野の排他的占有を進めた。村外資本や地主は奥山を買占め、有力な地主が林野所有に走った。その結果、村落共同体による既存の用益に基づく林野利用が阻害され、弾力的・長期的な利用体系が困難になった。宮本常一がつとに指摘したように、山村は疲弊し、村落構造が硬直化して住民や村落共同体は受動的対応を余儀なくされた。

また、林野の地租は小物成と比較して高く、所有者は利用の有無にかかわらず税を支払い続けるため、窮迫的商品生産を余儀なくされた。村落共同体は、部落有林野の利用の仕組みとして、従来の利用後の分収から、入札による前払金の徴収&利用後の分収への転換を余儀なくされた。前払金が払える村民は限られるため、入札権利者を村外民に拡大する例が増え、共同体の物的基盤の実が蚕食された（松尾、１９９０）。

その後も、入会林野の解体を促進する政策や法が施行された。明治30（１８９７）年森林法の公布、明治後期の国有林野払い下げ、大正10（１９２１）年頃の入会林野整備と温故特売による共同体成員への一部払い下げ、昭和41（１９６６）年入会林野近代化法などである。また、明治22年市制・町村制、昭和30年市町村合併も、市町村合併以前のままでの入会林野の存続を困難にした。村落共同体（部落）は、部落有林野を財産区に変更して形式的に行政村を所有主体に据えて実質的に権利を維持する、共同体成員で生産森林組合を組織するなどの対応策をとった。

部落有林野の所有主体を地方公共団体（法人格を有する組織）に限定する民法の規定も、行政村財産の創出と村落共同体の権利の維持との対立、新旧行政村による部落有林野というパイの奪い合いを激化した（松尾、２００３）。標準型村落では村落共同体（藩政村）の権限が強く、藩政村相互の類似性が高いため、村落共同体と新行政村の対立が生じにくい。これに対し、煙山村型村落では藩政村と構成集落群がムラ機能を分有し、藩政村が強い権限をもつ場合もあれば、藩政村が弱い権限しかもたず、構成集落群に権限が分散している場合もあり、藩政村相互の差異が大きいため、村落共同体群とそれにとってかわろうとする新行政村との間で対立が生じやすい。新行政村が権限を吸い上げる例が多いが、共同体機能の強固な藩政村や集落と新行政村との対立が顕在化する。

明治期以後の変革によって各地で上記の問題が生じたが、解決策を得られないまま長年が経過した。過疎化の進行以後、村落共同体や山地住民による林野の管理運営そのものが縮小し希薄になっている。

4　近世・近代期の資源利用と集落景観

資源の種類、利用の分布と林野機能区分の特色

多くが解体し、あるいは解体過程にあるが、近世・近代期にはさまざまな資源利用がクライマックスに達し、各地に特色ある集落景観が誕生した。それらの分布と景観の特色を指摘しよう。

第一に、資源の種類にかかわらず、村落領域は、居屋敷・耕地、里山、奥山内側、奥山外側の4区域に分けられ、山地住民は4区域の機能を使い分けて生産・生活の再生産を果たしていた（**図6-2**の上）。

近世中後期から近代期にかけて、粗放的利用から集約的利用まで、多様な資源利用が各地で営まれ、

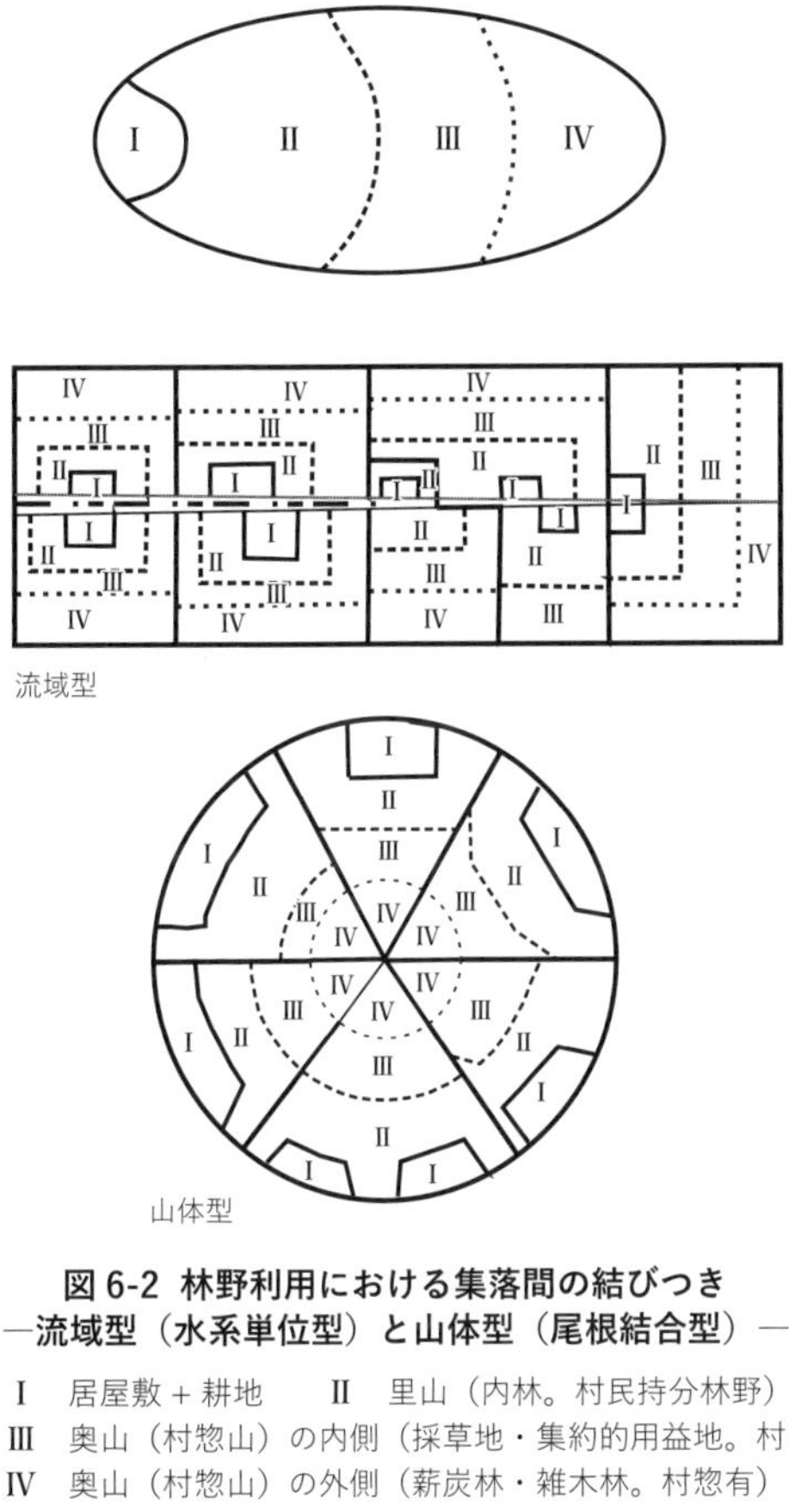

図6-2　林野利用における集落間の結びつき
―流域型（水系単位型）と山体型（尾根結合型）―

Ⅰ　居屋敷＋耕地　　Ⅱ　里山（内林。村民持分林野）
Ⅲ　奥山（村惣山）の内側（採草地・集約的用益地。村惣有）
Ⅳ　奥山（村惣山）の外側（薪炭林・雑木林。村惣有）

複数の資源利用が同一林野で複層的になされることもあった。主な資源利用として、田畑の肥やし草としての採草・生活用の柴草の刈取・茅採取、焼畑・切替畑、山菜・きのこ採取、狩猟、放牧、木地加工、たたら（鉄穴流し・鉄山・薪炭材採取）、木炭生産、天然林伐採、育林生産（木数調べと択伐方式の段階）、育林生産（集約的育成林業の段階）があった。普遍的な自給的資源利用である採草・柴草刈取を除く10種類の資源利用の分布の特色を整理すると、次のとおりである（松尾、２０１２）。

焼畑農家比率は、四国・九州では四国西部、熊本県南部・宮崎県と熊本県北部・大分県西部で高かった。しかし、１９５０年当時、静岡県山間部と岩手県山間部一部を除いて本州の太平洋側では縮小しており、日本海側では山形・新潟・福島３県境、石川県南部から福井県東部・岐阜県北西部で高かった。江戸・明治期の育成林業地帯の分布と高い焼畑農家比率の分布は背反的で、本州の先進林業地帯では焼畑跡地植林による育林生産地の拡大はすでに完了し、四国西部と熊本県北部・大分県西部では焼畑跡地植林による育林生産地の拡大が戦後も行われていた。

製炭地域（１９５０年代後半）と焼畑農家比率の高い地域（１９５０年）は背反的である。製炭地域と木地加工製造の盛んな地域（１８９１年）は、統計時期が異なるが、多くの場合背反的であるものの、島根県・広島県北部・山口県では分布域が広範に重なっている。

江戸期、育成林業地帯は畿内と江戸の都市を取り巻く地帯が中心をなし、それ以外では静岡県天竜川筋、宮崎県飫肥に所在した。飫肥は飫肥藩の造林政策による弁甲材に特化した林業地で、他の民有育成林業地帯と性格を異にする。一方、採取林業地域は木曽（檜）、秋田（杉）など、消費地から遠い天然林が豊富な地域に所在し、飫肥と同じく藩の林業政策による点が大きい。

育林生産への移行の第一段階は、資源管理が主で、多数の樹種から成る林野の中の有用木（天然木・育林木）の財産目録を作成し、樹種を限定して伐採し、跡地に実生苗や伏状苗を補植した。木炭生産の天然更新と大きな差異がない。伐採方法は木地加工に類似する。

育林の第二段階では、里山は村民による、奥山は共同体が主導して主に村民分収方式による植林が行われた。長期にわたる立木の育成期間に任意者への年季売買がなされ、伐採後は、里山では持分や所有権を有する村民が植林し、奥山では村が再び村民分収方式で植林した。第二段階の育林地は、他の資源利用との共存が困難で排他的利用が拡大する。

江戸・明治期の林業地帯と木地加工の盛んな地域（1891年）の分布は、近畿地方・静岡県・鳥取県では隣接ないし一部重なっているのに対し、関東地方では林業地帯が都市に近く、木地加工地域はより遠方に分布し、重なっていない。

たたら生産は中国地方の島根県・広島県北部・鳥取島根岡山広島4県境域と岩手県が全国の約8割を占めた。製鉄は大量の炭を消費するため一帯は製炭地でもあり、同時に牛馬（とりわけ牛）の放牧地帯でもある。たたらは明治期以後衰退し、一帯は製炭と放牧が主な資源利用になった。鉄山経営および鉄山林（薪炭林）の製炭は奥山全域を対象に、村と鉄師（たたら事業者）が議定を結んで営まれた。20年前後の年限契約がある一方で、高殿の耐久性が高まり年限を記さない契約が増えた。広大な鉄山林が必要なため、契約は複数の村の奥山の範囲になる。奥山での薪炭・木炭（大炭）は鉄師が抱える山内《さんない》集団が担当し、里山の内林（個人林）での木炭（小炭）製造は内林の保有村民が行って鉄師に売却した。高殿の改良による稼業の長期化に伴い、鉄師と村々による奥山権利の共有、株制がとられる村での鉄師と村民による奥山権利の記名共有、立毛《りつもう》に対する年限契約証書の鉄師間での売買などの状況が生じた。鉄穴流し跡地に造成された小規模新田は鉄師や村民の新開地として検地登録され、その一部は枝村や藩政村に成長した。鉄師による林野の集積や部落の分胞の影響を受けて、村の部落有林野の細分化・断片化が進行した（松尾、２００７）。

定住による木地加工製造とともに、江戸時代には移動する木地師による木地加工もみられた。木地師と受け入れ村が、奥山外側（深山）の天然林の特定の樹種（ブナ・トチ（橡）・ケヤキ（欅）・クリ（栗）・ホオ（朴）など）の採取を対象に年限契約を結んだ。木地師は木地活動の用益代を移入村に支払い、村はその一部を村請けの軸役運上として藩に上納した。木地師は家族で奥山に小屋を構えて生活した。生活必需品（食料その他）の搬入や木地製品の市場・問屋までの搬出を担った村民は、駄賃稼ぎの農閑余業の機会を得た。木地師は母村を別にもつ出稼ぎ者なので、用益は所有に転化しなかった。岐阜県・福井県・石川県、岡山県・鳥取県、長野県、福島県などに史料が残っている（松尾、２０１３）。

東北地方や新潟・福島県境では山菜採取や狩猟を主とする山村が流域の源流地帯に位置した。山菜採取と狩猟の分布は東北日本では往々一致する。同一の村人が、初春に山菜、夏の終わりから秋にかけて主にきのこを採取し、冬季に熊の狩猟を行った。狩猟（主に猪）は熊本・宮崎など温暖な地域においてもみられたが、やはり秋に獣が木の実等を十分摂取したあとの冬季に行われた。獣の生息地は木の実が豊富にあり、種の繁殖可能なエリアが確保できる広大な奥山を必要とした。狩猟は奥山でなされ、マタギ小屋を立てて林野に泊まることがあった（松尾、２０１５）。

小括

以上を整理しよう。江戸・明治期には育成林業・育林生産地帯は都市近くの山地地域、逆に採取林業地域は遠方・内陸の天然資源の豊富な山地地域に限定されていた。木製品加工は育林地帯の外側地帯に展開した。たたら生産は地質・地形条件に規定されて局地的に分布し、製炭・放牧がその一帯で複層的な林野利用を形成した。１９５０～60年当時製炭が日本各地に広く分布する一方、焼畑は本州では主に日本海側の山間部に残存し、四国・九州の山間部では高い比率での利用を維持しつつ、焼畑跡地植林による育林生産が進行していた。本州の中国地方から東北地方中南部の奥山で江戸後期に移動民の木地加工製造が盛んであった。東北や九州の源流地帯の山村の奥山で山菜採取と狩猟が盛んであった。

資源利用間で併存可能性に次のような相違がある。採草・柴草・薪採取は生活・生産の再生産に不可欠で、他の利用と競合しないように、区域を小字などで細区分して維持してきた。山菜・きのこ採取や狩猟は天然林の奥山でなされ、生態系を損なわない程度での樹木伐採や資源採取を維持するため、天然更新を阻害する大規模の火入れは行わなかった。天然林伐採や育林生産とも相反的である。放牧地帯における火入れの有無は、他の利用との関係で決まった。たたら地帯や木炭・木材利用地域の放

表 6-1　各種の利用が行われる林野内の位置

林野利用	里山	奥山内側	奥山外側	備考
採草・柴草薪採取		採草	柴草・薪採取	
焼畑	夏播き	春播き		
放牧	混牧	混牧	混牧	
	火入れ	火入れ	火入れ	
木地加工			限定樹種年限貸与	*
たたら	小炭	鉄山（大炭年限貸与）	鉄山（大炭年限貸与）	*
		鉄穴流し	鉄穴流し	*
木炭	製炭	製炭（植分・入札）	製炭（植分・入札）	
木材	択伐	択伐	択伐	
	育林	育林（植分・入札）	育林（植分・入札）	
所有者・持分保有者	村民	村	村・地主・領主や国	

注）*は利用者である村外者への貸与が一般的な場合

牧では鉄山利用のため火入れをせず、放牧の重要性が木炭・木材利用より高ければ火入れを行なった。焼畑は火入れをするが、混牧林での焼畑では焼畑エリアを柵で囲み、家畜から作物を守った。木地加工・市場向けの製炭・木材生産（択伐）は、相互に樹種の選定により利用の競合を回避でき、一方でいずれもたたらとは競合する。木材生産（育林特に集約的育成林業）は他のいずれの資源利用とも競合し、最も排他的性格が強い。

林野の里山、奥山内側、奥山外側と各資源利用の利用区域との関係は、**表6-1**のように整理できる。

集落景観の2類型——流域型と山体型

集落景観は流域型と山体型の2類型に大別できる。上掲の**図6-2**と、**図6-3**～**図6-4**を用いて説明しよう。**図6-2**の下は、流域型の集落群のまとまりと山体型の集落群のまとまりの模式図である。流域型では、河川流域の郷などを単位地区にして、郷に所在する集落群が、それぞれ

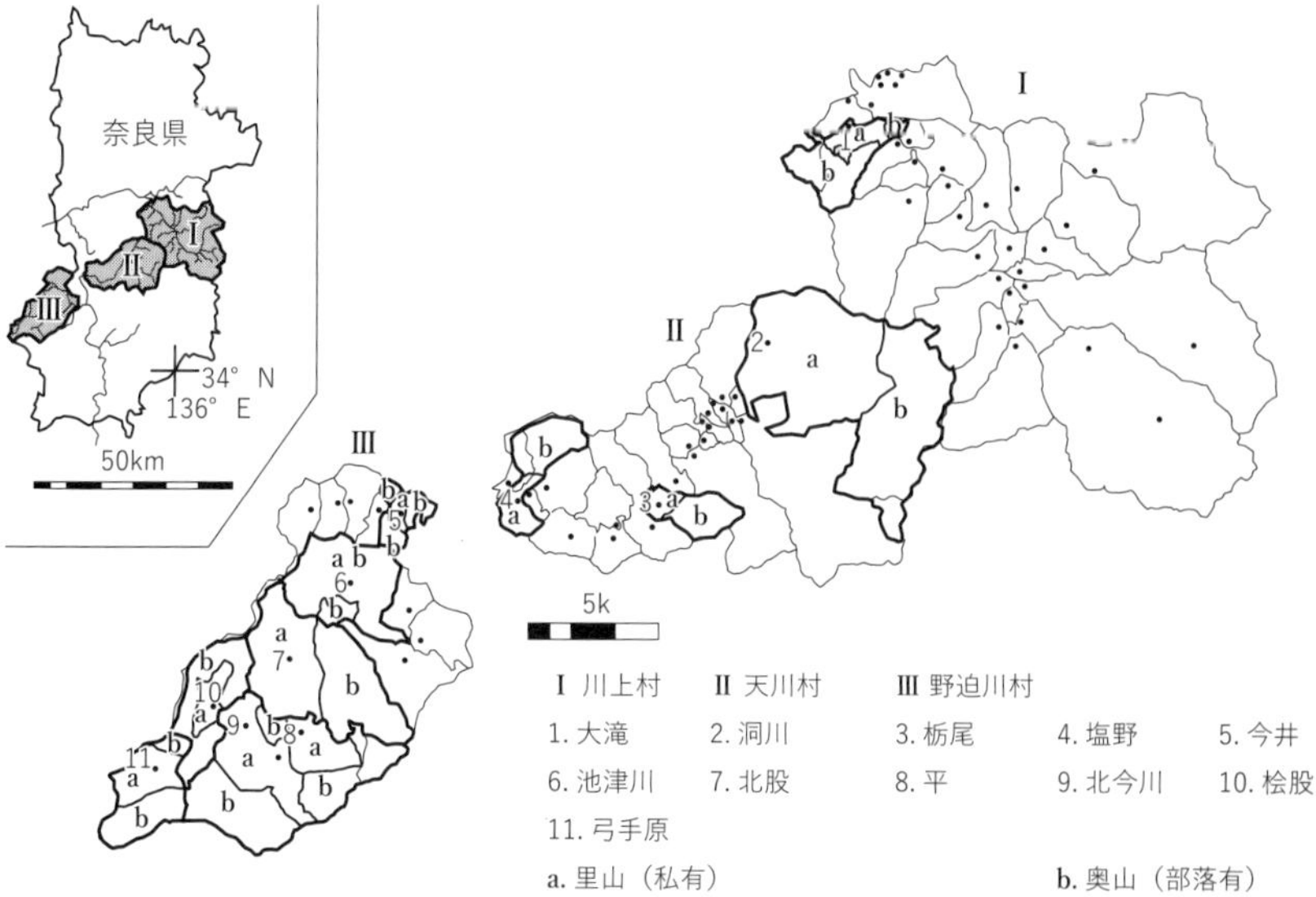

図 6-3 育成林業、育林生産、木製品加工　奈良県吉野郡の 3 か村

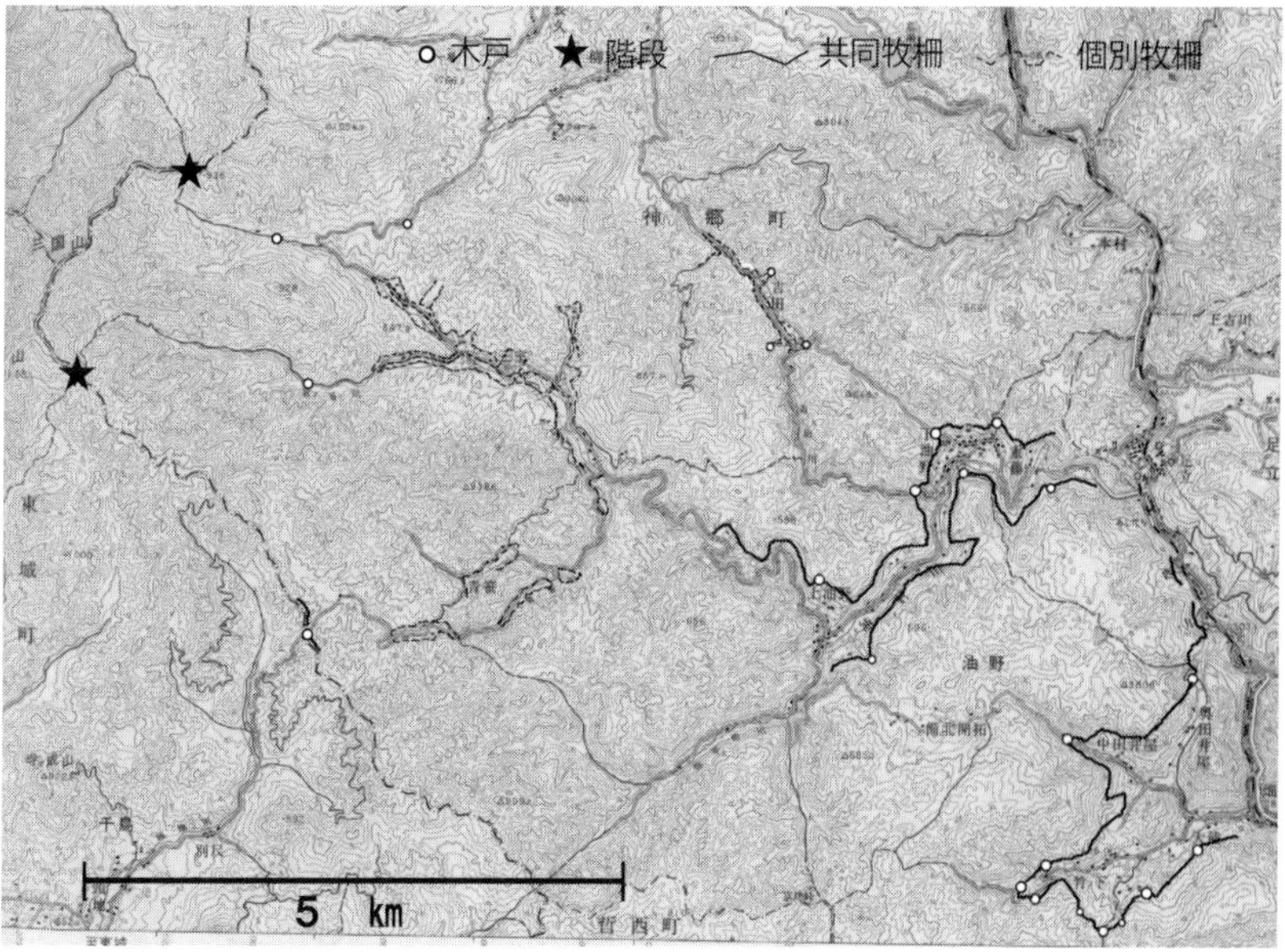

図 6-4 林野の放牧利用　岡山県阿哲郡旧神郷町

河川近くに居屋敷を構えて村域を編成する。山体型では、山体を単位地区にして、山の周りの集落群が裾野に居屋敷を構えて背後の山体を集落群の共通の利用域にして村域を編成し、それが連結される。具体的にみてみよう。

図6-3には奈良県吉野郡の川上村、天川村、野迫川村の3か村を対象に、郷ごとの集落群（藩政村群）のまとまりを示した。川上村は紀ノ川（吉野川）の最上流部に位置し、江戸時代から筏流で木材搬出した先進林業地帯である。天川村と野迫川村は熊野川の最上流部に位置し、中進的林業地帯と後発的林業地帯である。各集落の居屋敷を●で示し、11個の集落（藩政村）について里山と奥山の区域を示した。川上村では、川上郷から下流側に出る吉野川沿いの地点（滑）に検査所を設け、移出する筏の数と筏の上荷の木製品（駄物）を検査簿に記録し、移出税（口役金）を徴収した。天川村や野迫川村は林業の開始が遅く筏流での徴収はないが、1970-80年代、天川村では国道の村境地点でトラックの搬出原木量を検査して賦課金を徴収していた。先進地では、藩政村ごとに育林生産による基盤整備（修羅《シュラ》道、山車道、木馬道など）や林野機能区分（小字ごとの利用の種類や方法）の決定と空間の組織化・実体化に取り組み、同時に郷全体でも移出税の還元金や道税を財源に、筏流水路・搬出道路の整備を実施した（松尾、1986b）。

図6-4は、岡山県阿哲郡神郷町（現新見市）油野において1960年代まで行われた牛（馬）の山間部放牧を示している。藩政村油野には、「奥田井屋・中田井屋・大熊・竹ノ下」「重藤・下油野・上油野」「吉田」「三室」「青笹」の集落群がある。農家は田植えでの役牛の使役が終わると、牛を集

落の木戸から背後の林野に放した。林野所有権よりも住民の放牧権が強固で、里山と奥山を含む一帯を集落群や村々が連携して広域的に放牧利用した。里山は住民の内林（個人林）であるが必要な箇所に牧柵をめぐらした。一般に夏は厩舎に戻し、その後再び11月まで放牧した。共同牧柵は集落ごとに順次隣の集落との境界まで造作した。放たれた牛は牧野（混牧林）を自由に移動する。そのため、吉田、三室、青笹の集落では耕地が牛に荒らされる危険があったが、小さな集落のため、共同牧柵は設けず、戸別に農地を囲って保護した。牛が大尾根を越えて広島県や鳥取県の林野まで行かないように、中腹や県境に木戸や牧柵を設け、人の往来に支障がないように峠道に階段を設けた。

2類型を基本とし、必要に応じて村内林野を小字ごとに用途限定したり、時間配分を組み合わせて同一林野で季節別に複数の利用が可能なように工夫をした。図は略すが、鳥取県日南町宮内では、自給的な利用から商業的利用にいたるまで、刈山（焼畑）、鉄山、放牧、木炭、三椏、林業、林道、採草、茅場、借地の利用を同一林野で組み合わせるまでにいたった（松尾、1993）。

集落景観の2類型——外帯と内帯

西南日本の6町村を対象に、5万分の1旧版地形図中の尾根や谷を参考に、各集落境界を区切り、集落ごとに地目別の土地利用の標高幅を読み取り、それらを低→高順に並べてグラフ化して**図6-5**を作成した。明治期の土地利用と集落景観の地域差を示している。

山陰の3か村は内帯、他の3か村は外帯と地体構造を異にする。山陰の農山村は水田の比重が高い。

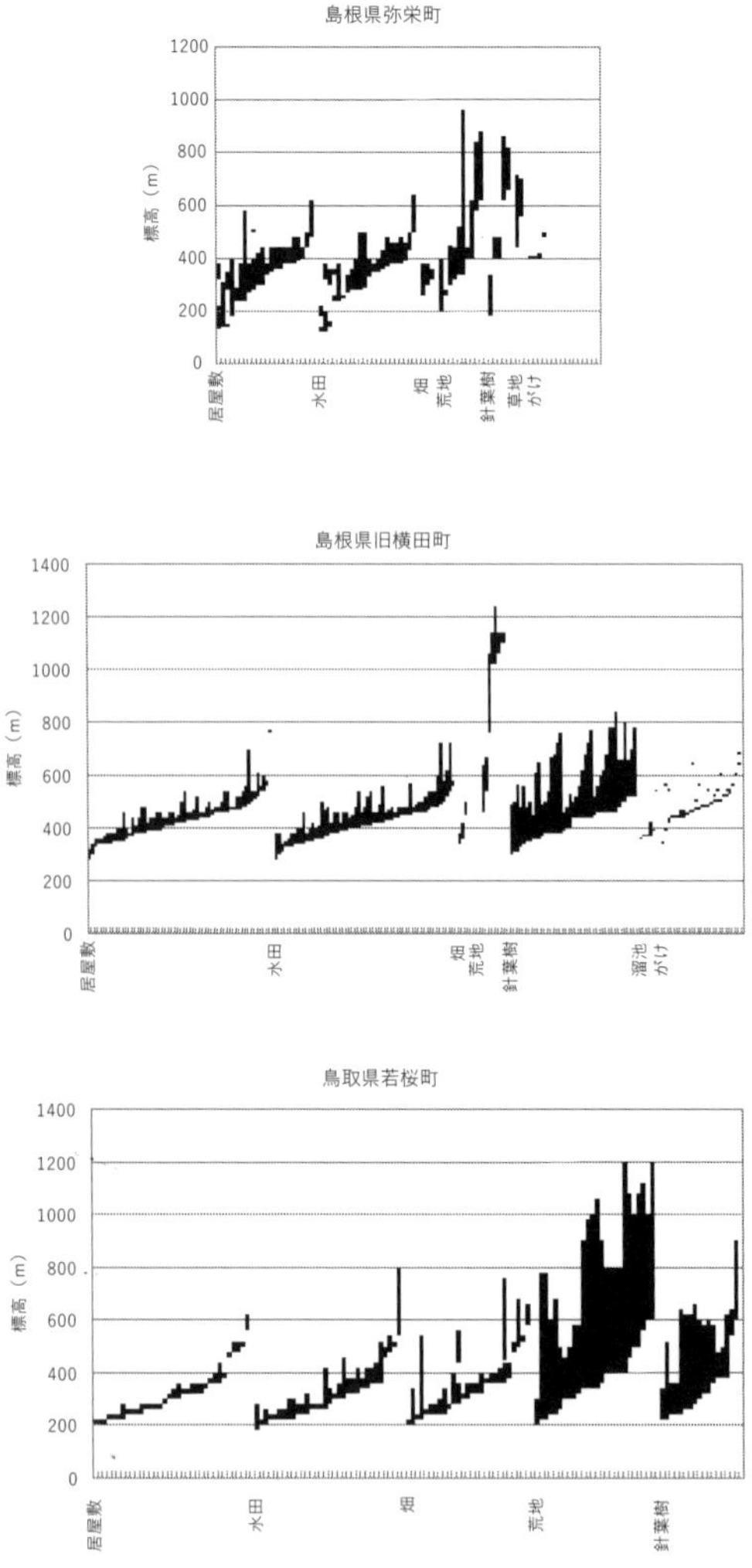

図6-5　5万分の1旧版地形図に見る土地利用・林野利用の地域差
―西南日本６町村の比較―

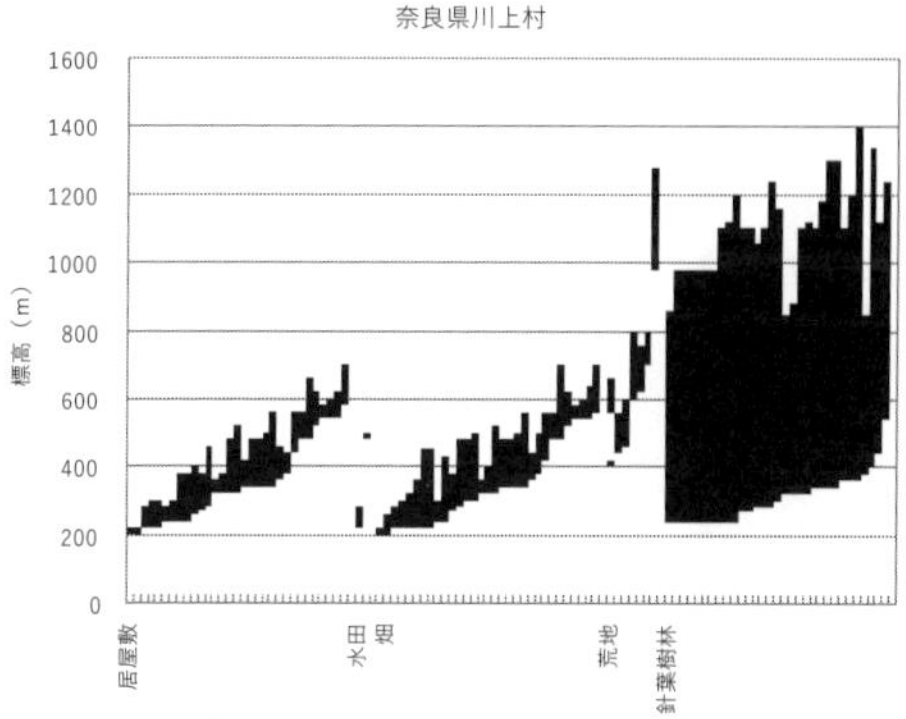
奈良県川上村
1600
1400
1200
1000
800
600
400
200
0
標高（m）
居屋敷
水田
畑
荒地
針葉樹林

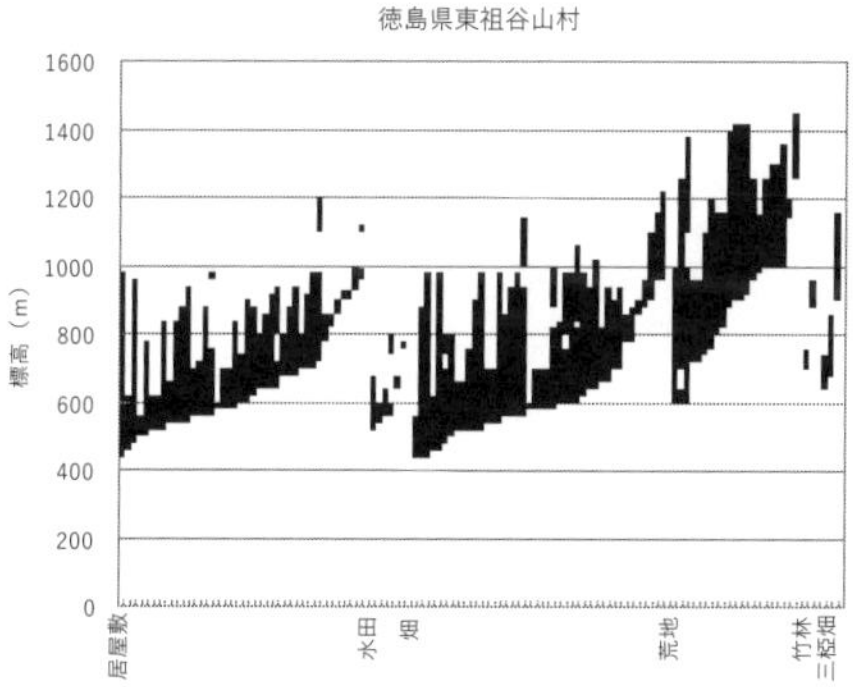
徳島県東祖谷山村
1600
1400
1200
1000
800
600
400
200
0
標高（m）
居屋敷
水田
畑
荒地
竹林
三椏畑

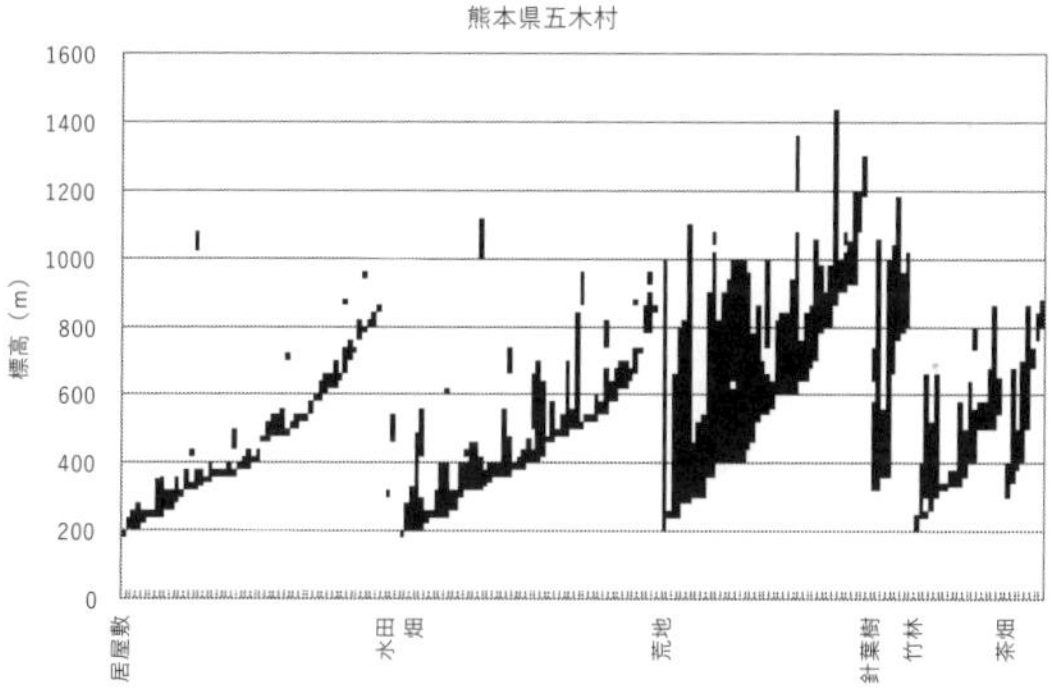
熊本県五木村
1600
1400
1200
1000
800
600
400
200
0
標高（m）
居屋敷
水田
畑
荒地
針葉樹
竹林
茶畑

地形がなだらかな山陰の農山村ではほぼすべての集落に水田があり、居屋敷は水田の近くに位置した。水田を中心に生活が営まれ、林野は従的な場であった。農地・家畜用の採草地・放牧地としての利用（地形図上は荒地）のほか、たたらに端を発した製炭が明治期以後盛んになり、水田経営農家の生計を支えた。山陰の水田比重の高さは、東北、北陸とともに日本海側の農山村に共通する。山陰の3町村を比較すると、島根県弥栄村では荒地と草地が林間放牧地、崖がたたらによる地形改変と推測できる。横田町では溜池とがけが多く、たたらの鉄穴流しによる地形改変や鉄穴流しの技法を用いた新田開発が村内各地で行われた。また針葉樹林は、たたらによる広葉樹の伐採後の植林と推測される。若桜町では水田に隣接して集村が主に谷底平野部に立地し、常畑とともに林野が切替畑（地形図上は荒地）として利用され、林野は農畜用の採草と一部針葉樹植林（焼畑跡地植林）に利用されていた。

一方、外帯の3か村では水田のある集落は少なく、林野が主たる生産生活の場であった。奈良県川上村は半集村が園地畑をもちつつ谷・サコや山地斜面に分布し、針葉樹（杉檜）の植林地が村の最奥部を除く山地斜面を被覆して、荒地も少ない。徳島県東祖谷山村では各集落の家々が標高約400mから1000mまでの山地斜面に垂直的に幅広く分布し、斜面一帯は山頂近くまで畑が広く開かれている。林野を開墾した畑の近くに家々が付着して生計を営んできたことがわかる。地形図中の道の密度は6町村の中でもっとも高く、斜面を縦横に道が走り、家々・畑・集落間を結んでいる。畑地の一部に工芸作物の三椏が栽培され、和紙が製造されていた。熊本県五木村でも水田はほとんどなく、小村が谷・サコや緩斜面に数多く点在し、集落周辺の畑地とともに、高い標高域の出作り小屋＋焼畑が基本的な土地利用を構成した。それゆえ、焼畑に起因する荒地が広範にみられ、一部に焼畑跡地植林、自生する山茶から展開した工芸商品作物の茶畑が確認できる。

このように、西南日本では、林野を主たる経済活動の場とした外帯の山村と、水田を補完する経済活動を林野に求めた内帯の山村とがコントラストをなしていた。

利用の慣習と林野観念の差異

林野に対する観念は、資源利用を通じた経験的な社会的合意によるため、地域差が大きかった。育成林材による木地加工と用材生産が中心をなした奈良県吉野郡野迫川村では、住民が里山に隣接する部落有林野に侵植した立木の権利を、一代に限って認める慣習があった。ところが、地租改正に伴い、村民の侵植地に永代所有権を認めたため、村民の競争的な植林と植林地に対する所有権要求を押しとどめることができず、昭和期に至るまで住民間の競争的な植林とその取扱いをめぐる村内の争いが続いた。住民の林野所有はこの展開を通じて固定化した。

これに対して林野放牧の盛んな岡山県阿哲郡では、内林（百姓個人持山）も牛馬飼草場として利用し、御立山も用材供給地としての機能の低さから放牧林野に含まれた場合が多い。旧上刑部村大井野では、戦前期、奥山の共同放牧利用とともに、里山も村民持分林野として15年ごとの割替を実施していた。15年で権利が喪失する仕組みによって、共通の利益に反する行為として植林などの地盤改変を排除した。放牧権の強さは田畑における刈跡放牧権からもうかがえる。放牧地内に焼畑を行う場合は、焼畑生産者が柵で囲繞して牛馬による被害を防がなければならなかった。鉄師との契約に際しても、年季契約により鉄山林となった一帯での従来どおりの牛馬放牧が保障されていた。強固な利用慣行と粗放的で広域的な林野の共同利用に、放牧利用の特色があらわれている。

2地域の林野観念は明らかに異なる。林野観念はそれぞれの資源利用を通じて形成され、経験や慣習に大きく規定されていることがわかる。

5 林野制度と資源利用の観点からの展望――むすびに代えて

地盤所有権による排他的占有の導入や育成林業の過度の拡大政策が、過疎化以後の林野利用の困難・破綻に帰結した。不可逆的な状況を前提に、持続可能な資源利用と山地住民の持続可能性に有用な分析視点として、「現状の林野権利要件の実態分析と試験的取り組み例」「現状の林野利用の実態分析と試験的取り組み例」「林野が賦存する資源価値群を有効化するための地域・社会システムの枠組み導入の実態分析と試験的取り組み例」「歴史的な集落景観の保全・保護が山地住民にもたらす積極的意義の検討」を指摘して、小文を終える（松尾、２００６）。

参考文献

水津一朗（１９５５）「村落制度」木内信蔵・藤岡謙二郎・矢嶋仁吉編『集落地理講座１』朝倉書店

松尾容孝（1986a）「山林原野の利用と領域化——主に杣山の研究史の整理から」水津一朗先生退官記念事業会編『人文地理学の視圏』大明堂
松尾容孝（1986b）「吉野山村における育林生産の諸類型とその変容系列」『歴史地理学135』
松尾容孝（1990）「育林山村における地籍図・台帳類の作成過程と地租改正の影響」鳥取大学教養部「歴史と社会」研究会編『歴史と社会』
松尾容孝（1993）「第1章」日南町森林組合編『日南町森林組合30年史——奥日野林業の過去と現在』
松尾容孝（1997）「第1章第4節　神護寺絵図、高山寺絵図、主殿寮御領小野山与神護寺領堺相論図」「第2章第7節伯耆国東郷荘下地中分絵図」小山靖憲・下坂守・吉田敏弘編『中世荘園絵図大成 第一部中世荘園絵図の世界』河出書房新社
松尾容孝（2003）「岡山県真庭郡川上村における林野条例とその現代的課題」『専修大学人文科学年報33』
松尾容孝（2006）「林野コモンズを活性化する取り組み——諸問題と景観に注目した実践の展望」『専修人文論集78』
松尾容孝（2007）「たたら地帯における村落の開発と充実」『専修大学人文科学研究所月報228』
松尾容孝（2009）「山陰における農山漁村の生業と生活」『IATSS Review 34-1』
松尾容孝（2012）「日本における育林生産特化以前の林野利用図」『専修大学人文科学年報42』
松尾容孝（2013）「移動職能集団木地師の活動とそれを支えるメカニズム」『専修大学人文科学年報43』
松尾容孝（2015）「焼畑、狩猟、信仰からみた米良地域の生活」『専修大学人文科学研究所月報277』
吉田敏弘（1983）「中世村落の構造とその変容過程」『史林66（3）』

▲**コラム**　フィールドワークの思い出

村の民俗が好きな私は、田植歌が伝承される中国地方の山間部で卒論調査をした。広島県神石郡豊松村では宮司さん宅に計20日間お世話になった。明治24年生まれで14歳の時に嫁いできたおばあさんが私の最古参のインフォーマント。「初年は晴れ着で大田植に参加したでしょ」と、かつての風習を尋ねた。お嫁さん（息子の妻）も初耳でおばあさんの話に聞き入っていた。79歳宅では、サンバイをしたくて山越えまでしたことを懐かしく話された。桜江に民俗研究者の牛尾三千夫さんを訪ね、長居のあまり帰りのバスに乗り遅れてしまった。

その後、山に関心を持ち数か所を訪ねた。大正10年に入会林野を国に収奪された鮮明な記憶を語る故老、カンナ流しの経験者、樽丸生産地での先山のミカン割りの達人。訪ねた木地師に椀を頂戴し、訪問先の農家や国鉄寮に泊まらせていただいたこともある。１９９０年頃からこのような調査は難しくなり、山に生きた人々との出会いも減った。90年代半ばまで定点調査を続けたが、徐々に史資料に頼るようになった。踏ん張れば、まだ不思議の園を垣間見ることができたはずだった。努力が足りなかったのが悔やまれる。

反省すべきは、時々の調査の記録・資料化の怠慢、時代に応じた現地調査の試行の不十分さである。記録の前に記憶が心もとない今の私は、怠慢のつけを減らして、時間を割いて教えていただいた方々に顔向けできるよう努めたい。

第7章

山に住む人の数はどのように変わってきたか
—山村の人口変化—

江崎 雄治

高知県仁淀川町の山間部の集落。人口流出が進み、残る居住者はわずかとなった。

1　はじめに

現代では、「山に住む人の数」といえば、多くの人が人口流出や過疎といった言葉を思い浮かべるであろう。国全体で人口減少が進み、一方で「東京一極集中」などという言葉が一般的となった最近では、なおさらのことと思われる。しかしもう少し長いスパンでみた場合には果たしてどうであろうか。山村にも、若い人が多く住み、人口が増えていた時期もあるのではないか。

本章では、100年間という、人口統計の利用可能性の観点からすると比較的長い期間のデータを集計することにより、山村の人口がどのように変化してきたのか、山村以外の地域と比較しながらみていく。

標高などの地理的条件と人口変化との関係性については、まず、個別の自治体における研究事例を挙げることができる。たとえば岡橋（1997）は、広島県旧加計町における各集落の人口変化と標高との関係性を明らかにしている。一方、国全体や地方別の事例を集めた成果としては小口他（2009）が挙げられる。たとえば第2章では、1920～2000年における5年ごとの市区町村の人口増加率と平均標高との関係を集計し、負の相関が強まったのは20世紀後半であり、それまではほとんど相関がみられないことを示している。また第3章では、1990年代の中国・四国地方を対象とした自然増加と社会増加に分けた集計から、高標高の地域ほど双方の、とりわけ前者の減少率が大きいことを示している。

以上の成果を参考としつつ本章では、日本の山村における1920〜2020年の100年間の人口変化を、高齢化の推移とともにみていく。その中から、戦前・戦後の一時期、山村において比較的人口増加率が高かったことを示し、出生力の指標からその要因について考察する。

2　使用するデータと集計方法

本章では1920〜2020年の100年にわたる人口変化を、総務省統計局による国勢調査のデータから観察する。周知の通り国勢調査は日本の人口に関し基本となる統計である。1920年に第1回の調査が実施され、2020年に100周年となる調査が実施された。この間、太平洋戦争の影響により1945年の調査は行われなかったが（資源調査法に基づく簡易的な人口調査は実施、また1947年に臨時国勢調査を実施）、それを除けば5年ごとに実施されてきた。

国勢調査を用いて、本稿のように長期にわたる変化を観察する場合に問題となるのが、市町村合併による境域変更に伴う時系列比較の難しさである。後述のように、本稿では全国の市町村を「市」「標高300m以上の町村」「標高300m未満の町村」に分けて人口変化をみるが、当然、各年次においてそれらの範囲が（含まれる地域が）同一でなければならない。上記100年間においてとくに合併が盛んであったのが、1950年代の「昭和の大合併」と、2000年代の「平成の大合併」である。前者では市町村数が約3分の1に、後者では約半数となった。合併によって成立した市町村については、合併前の旧市町村の人口を合算しなければならない。たとえば1961年に合併したケースでは、1920年から1960年までのすべての年次について合算の作業を行う必要がある。

一方で、「平成の大合併」においては広域的な合併も多く、都市的な地域、農村部、山林など様々な性質をもつ地域が一つの自治体に含まれることとなったことから、合併後の人口推移だけでなく、構成する旧市町村の人口推移も把握したいというニーズが生じることとなった。このようなことから総務省統計局では、2005年以降、各年次の境域に基づく人口はもちろんであるが、それに加えて2000年時点の市町村境域に基づく人口も公表することとした。

以上をふまえて本稿では、2000年時点の境域に基づく市町村の人口データを1920〜2020年の各年次について整備することとした。これにより「平成の大合併」に伴う合算作業については回避することができる。また、本稿では標高の違いによって人口変化が異なるかどうかを観察するが、「平成の大合併」では、低標高帯から高標高帯にまで広くまたがるような自治体が新たに成立することとなったケースも少なくない。このことからも、最新の2020年時点ではなく、2000年時点の境域に基づいて集計作業を行うことがより望ましいと言えるだろう。

2000年国勢調査時点で、日本の市町村数は3250であった（東京都特別区部はそれぞれカウントしている)。このうち市（東京都特別区部を含む）が６９４であり、町村が２５５８となる。

3　全国の町村が位置する標高帯

データの整備

本章では、山村の人口変化をみるという目的のために、まず位置する標高帯によって町村を区分していく。具体的には、各町村の役場が位置する標高を、各町村の標高とする。むろん各町村は異なる標高の土地から成り立っており、「平成の大合併」の前であっても、その境域内の最高地点と最低地点との間にかなりの差がある町村も存在する。そこで、たとえばメッシュデータなどを用いて各町村の平均標高を求めるという方法も考えられるが、これについては人口希薄なメッシュとそうでないメッシュを単純に平均してよいのか、という問題が生じる。日本の町村においては、一般的に役場付近に多くの人口が集まっており、この地点の標高を各町村の標高とすることには一定の合理性があると考えられる。また、本稿では地方ごとに町村のデータを合算して標高による人口変化の違いをみるので、この方法によっても全体の傾向を把握することは十分可能であると考えられる。以上のことから本稿においては以後、役場の標高を町村の標高として集計を行う。

町村役場の位置については、「全国市町村要覧　平成13年版」（市町村自治研究会編）記載の役場住所を参照した。ここには２００１年１月31日時点の役場の住所が記載されているため、ごくわずかではあるが２０００年国勢調査が実施された10月1日以降役場が移転したケースもある。この場合は「全国市町村要覧　平成12年版」も参照した。以上により得られた住所をもとに、国土地理院がホームページ上で公開している「地理院地図」によりその地点の標高を測定し、「１００ｍ未満」「１００ｍ以上２００ｍ未満」「２００ｍ以上３００ｍ未満」のように１００ｍの幅で分類した。なお、現在までに住所表示の変更があった場合には、日本郵便株式会社のホームページに掲載されている郵便番号検索のサービス等を利用し、現在の住所表示を把握したうえで上記の作業を行った。

各地方における町村の標高帯分布

２０００年時点の２５５８の町村について地方ブロック別に役場所在地の標高帯をみると、**表7-1**のようになる。なお、各地方ブロックは以下の各県からなる。

北海道：北海道
東北：青森県・岩手県・宮城県・秋田県・山形県・福島県
関東：茨城県・栃木県・群馬県・埼玉県・千葉県・東京都・神奈川県
北陸・甲信越：新潟県・富山県・石川県・福井県・山梨県・長野県
東海：岐阜県・静岡県・愛知県・三重県
近畿：滋賀県・京都府・大阪府・兵庫県・奈良県・和歌山県

表 7-1 役場所在地の標高別にみた町村の数
（2000 年国勢調査時の境域に基づく）

地域／標高帯	100m未満	100m以上200m未満	200m以上300m未満	300m以上400m未満	400m以上500m未満	500m以上600m未満	600m以上700m未満	700m以上800m未満	800m以上900m未満	900m以上1000m未満	1000m以上1100m未満	1100m以上1200m未満	合計
北海道	133	25	14	6									178
	74.7	14.0	7.9	3.4									100.0
東北	211	52	40	15	13	4	1			1			337
	62.6	15.4	11.9	4.5	3.9	1.2	0.3			0.3			100.0
関東	192	44	25	11	4	5	4	2	2			1	290
	66.2	15.2	8.6	3.8	1.4	1.7	1.4	0.7	0.7			0.3	100.0
北陸・甲信越	141	23	30	24	11	29	30	19	14	13	3	2	339
	41.6	6.8	8.8	7.1	3.2	8.6	8.8	5.6	4.1	3.8	0.9	0.6	100.0
東海	158	41	12	8	15	8	6	1	1	1			251
	62.9	16.3	4.8	3.2	6.0	3.2	2.4	0.4	0.4	0.4			100.0
近畿	137	62	15	11	3	1	1		2				232
	59.1	26.7	6.5	4.7	1.3	0.4	0.4		0.9				100.0
中国	155	35	33	27	15	4							269
	57.6	13.0	12.3	10.0	5.6	1.5							100.0
四国	133	25	16	6	2	3	1						186
	71.5	13.4	8.6	3.2	1.1	1.6	0.5						100.0
九州	330	57	17	6	14	8	1						433
	76.2	13.2	3.9	1.4	3.2	1.8	0.2						100.0
沖縄	43												43
	100.0												100.0
全国	1633	364	202	114	77	62	44	22	19	15	3	3	2558
	63.8	14.2	7.9	4.5	3.0	2.4	1.7	0.9	0.7	0.6	0.1	0.1	100.0

資料：国勢調査，地理院地図，全国市町村要覧

中国：鳥取県・島根県・岡山県・広島県・山口県
四国：徳島県・香川県・愛媛県・高知県
九州：福岡県・佐賀県・長崎県・熊本県・大分県・宮崎県・鹿児島県
沖縄：沖縄県

表7－1のとくに標高の高いカテゴリーについて、具体的な町村名を挙げると次のようになる。

〔1100m以上1200m未満〕
草津町（群馬県）、川上村（長野県）、開田村（同）
〔1000m以上1100m未満〕
南牧村（長野県）、原村（同）、奈川村（同）
〔900m以上1000m未満〕
檜枝岐村（福島県）、忍野村（山梨県）、山中湖村（同）、鳴沢村（同）、
南相木村（長野県）、北相木村（同）、軽井沢町（同）、富士見町（同）、
浪合村（同）、平谷村（同）、楢川村（同）、木祖村（同）、王滝村（同）、
戸隠村（同）、高根村（岐阜県）
〔800m以上900m未満〕

嬬恋村（群馬県）、片品村（同）、大泉村（山梨県）、小淵沢町（同）、河口湖町（同）、
勝山村（同）、足和田村（同）、小海町（長野県）、御代田町（同）、和田村（同）、
長谷村（同）、売木村（同）、日義村（同）、三岳村（同）、美麻村（同）、大岡村（同）、
荘川村（岐阜県）、野迫川村（奈良県）、高野町（和歌山県）

県別には、とくに山梨県と長野県の町村が多いが、両県は北・中央・南アルプスを擁する山岳県であることから、これについては違和感のない結果であろう。両県を含めた「北陸・甲信越」が、高い標高帯に位置する町村の割合が最も大きく、「関東」「東海」も比較的高標高の町村が多い。一方、それ以外の地方では高標高の町村はそれほど多いとは言えないが、多くの地方では、標高３００m以上でみればそれなりの数の町村が含まれていることがわかる。そこで本稿では次節以降、標高３００m以上の町村を「山村」とみなして、標高３００m未満の町村と比較しながら人口変化をみていくこととする。なお、沖縄においてはすべての町村が標高１００m未満であり、北海道においても標高３００m以上の町村は約３％しかない。そこで次節以降の人口変化の比較は、北海道、沖縄の両地域を除いて行うこととする。

4　標高の差による人口変化の違い

総人口の変化

図7-1は、各地方ブロックにおける「市」「町村（標高300m以上）」「町村（標高300m未満）」の5年ごとの人口増加率を1920〜2020年の期間について示したものである。ただし、1940〜47年および1947〜50年の人口増加率は前後の期間との比較が困難なため示していない。なお前述のように、市町村の境域についてはすべて2000年国勢調査時点のものに組み替えて集計を行っており、上記3つのカテゴリーに含まれる地域の範囲は、すべての年次において統一されている。

本稿において山村に相当するとしている「町村（標高300m以上）」の変化をみると、おおむねどの地域においても、戦前にはプラスの値で推移しており、また1950〜55年も多くの地域で人口増加となっている。しかしながらその後は1960年代を中心に大幅なマイナスとなり、その後1975年からの四半世紀は人口減少がやや落ち着くものの（「北陸・甲信越」「近畿」ではプラスで推移）、今世紀になってからは減少率が拡大を続けている。このような変化については、前述を含めた既存研究によって以下のように理解されている。

まず、高度経済成長期の大幅な人口減少については、若者を中心に就職、進学のための他出が続い

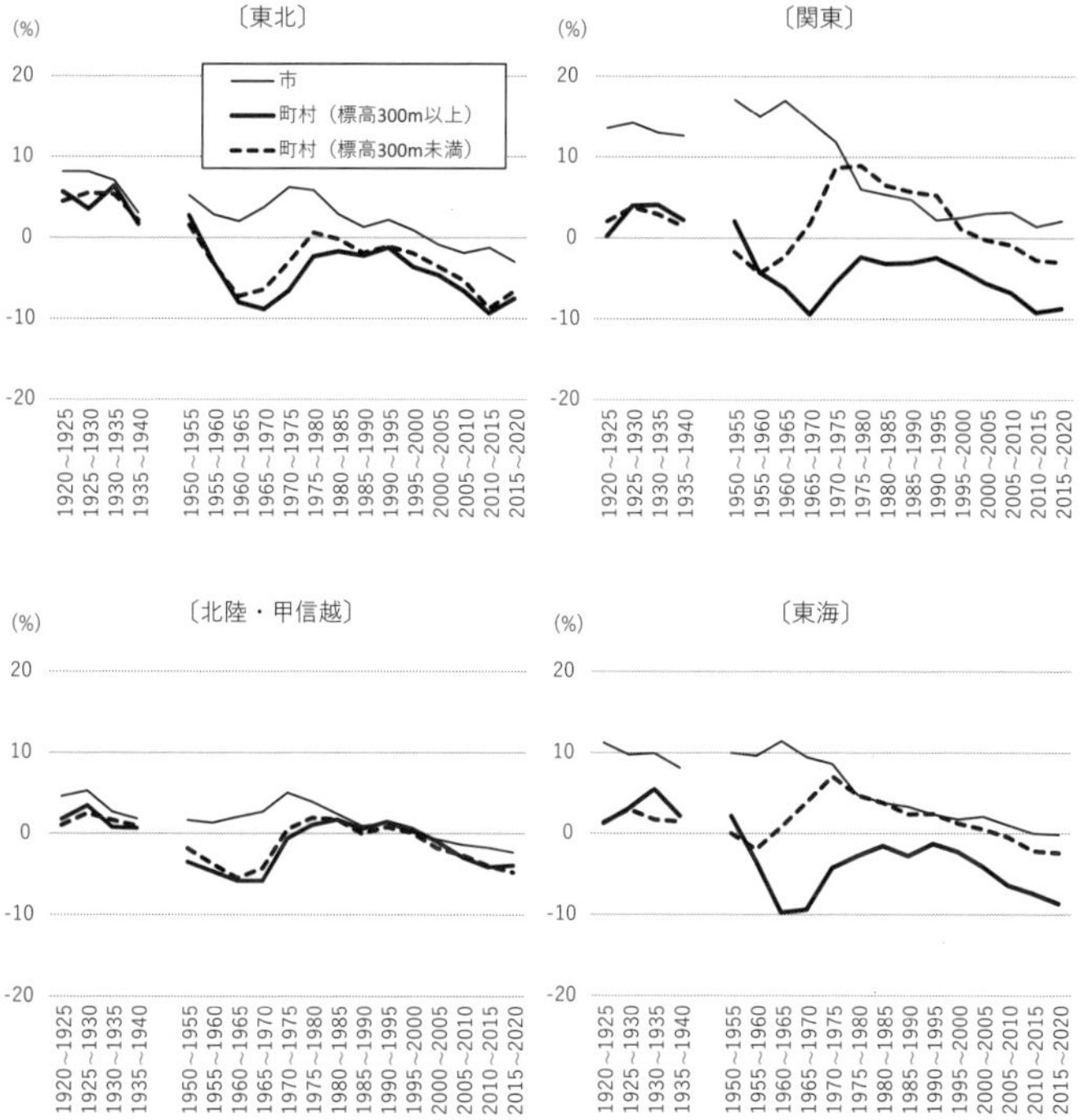

図 7-1 市・標高 300m 以上の町村・標高 300m 未満の町村における人口増加率の変化

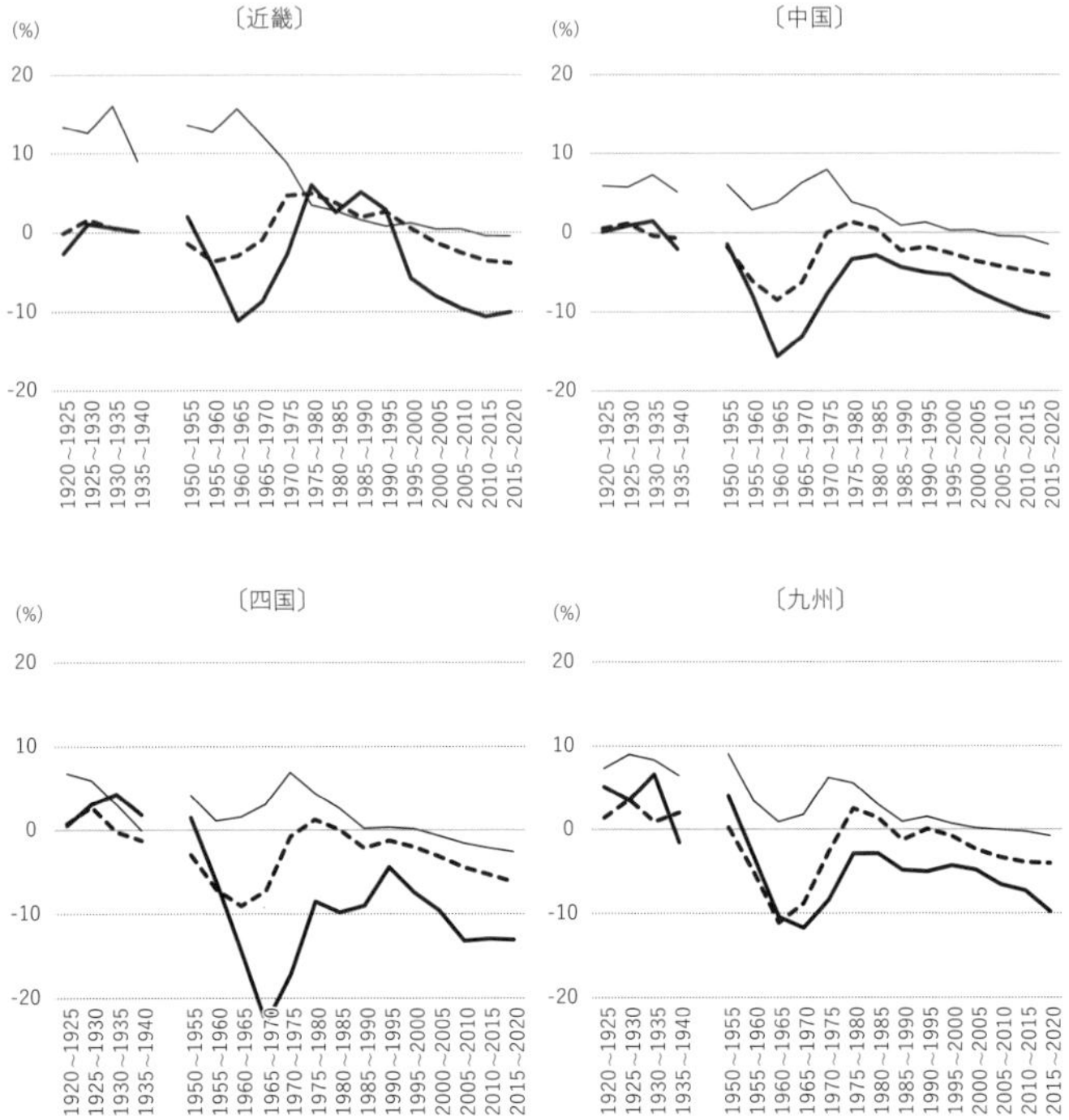

※町村（標高 300m 以上）の 1965 ～ 1970 年の
人口増加率は -23.0%

図 7-1 市・標高 300m 以上の町村・標高 300m 未満の町村における人口増加率の変化（つづき）

たことが要因である。とくに「中国」「四国」では人口増加率の低下が著しく、他の地域では最低の期間であってもマイナス10%程度であるのに対し、「中国」では1960～65年にマイナス15・7%、「四国」では1965～70年に実にマイナス23・0%を記録している。この背景としてはいわゆる「東日本型過疎」「西日本型過疎」の議論を挙げることができる。これは、東日本ではもともと出稼ぎ等が多く、人口が減っても世帯数はあまり減らなかったとされているのに対して、西日本では挙家離村が多く、世帯数も減ったがゆえに人口がより大きく減少した、というものである（小川・深田、1977、堤、2019など）。

一方、近年においては、他出せずに残った住民が加齢し寿命を迎えることによる自然減で人口減少率が拡大している。これについては地域間の差はそれほどみられず、多くの地域で2015～20年においてマイナス10%程度まで低下している。

なお「町村（標高300m未満）」については、「町村（標高300m以上）」と同様の変化をたどりつつも人口減少の幅は小さい、という地方が多いが、「関東」「東海」のように市部に匹敵するような高い人口増加率を記録していた地域もある。

以上より、「町村（標高300m以上）」の100年間の人口変化をまとめると、

戦前・戦後：人口微増（停滞）
高度経済成長期：大規模な人口流出

1975年以降の四半世紀：人口減少の緩和
今世紀（2020年まで）：自然減の拡大による人口減少の加速

とすることができるだろう。

高齢化の進行

1950年以降の老年人口割合（総人口に占める65歳以上人口の割合）の変化を地域ブロック別にみたものが**図7-2**である。

老年人口割合は、1950年時点ではすべての地域において、「市」「町村（標高300m以上）」「町村（標高300m未満）」の3つのカテゴリー間の差は僅少であった。その後すべての地域のいずれのカテゴリーにおいても上昇しているが、多くの地域で「町村（標高300m以上）」がより大きく上昇している。全般的に西日本において上昇幅が大きく、2020年時点では「近畿」以西においてはすべて40%を超えており、とくに「中国」「四国」では50%近い値となっている。一方で「東北」「北陸・甲信越」では「町村（標高300m以上）」と「町村（標高300m未満）」の差はほとんどみられず、さらに「北陸・甲信越」では「市」との差もほとんどない。

以上より、山村に相当する「町村（標高300m以上）」では、西日本を中心に高齢化が大きく進行したことが確認された。一方で、戦後すぐの段階ではそれ以外の地域との差はみられなかったこと

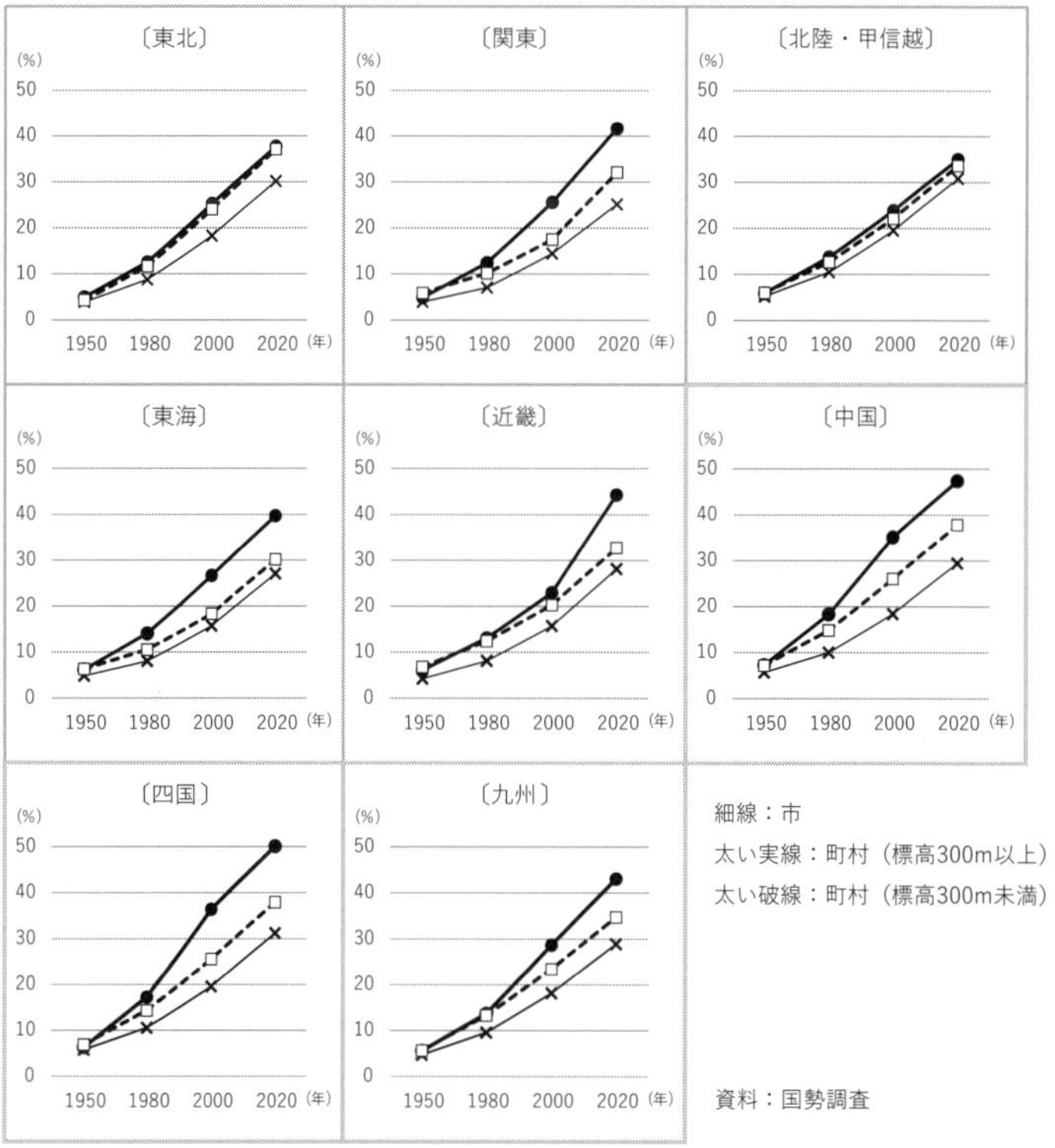

図7-2　市・標高300m以上の町村・標高300m未満の町村における老年人口割合の推移

も付言しておきたい。

「北陸・甲信越」地域の標高帯別の人口変化

以上の地域ブロック別の集計から、「北陸・甲信越」においては、人口増加率の変化、老年人口割合の変化ともに、「町村（標高３００ｍ以上）」と「町村（標高３００ｍ未満）」との差が非常に小さいことがわかった。**表7-1**でみたように、「北陸・甲信越」においては、そもそも全般的に町村の位置する標高が高く、標高３００ｍ以上に位置する町村は一般的な存在であり、３００ｍでの区分では差が生じにくい可能性が考えられる。そこで「北陸・甲信越」については、さらに６００ｍと９００ｍで区分し比較することとした。**図7-3**に１９２０〜２０２０年の人口増加率の変化を示す。ここから、まず高度経済成長期を中心に市と町村の差は大きいものの、標高の違いによる町村の差はやはり小さいことがわかる。最も高い「町村（標高９００ｍ以上）」であっても他の標高帯と同様の変化であり、１９３０〜35年、１９３５〜40年においては、他の標高帯の町村はもとより市をも上回る人口増加率を記録していたことがわかる。

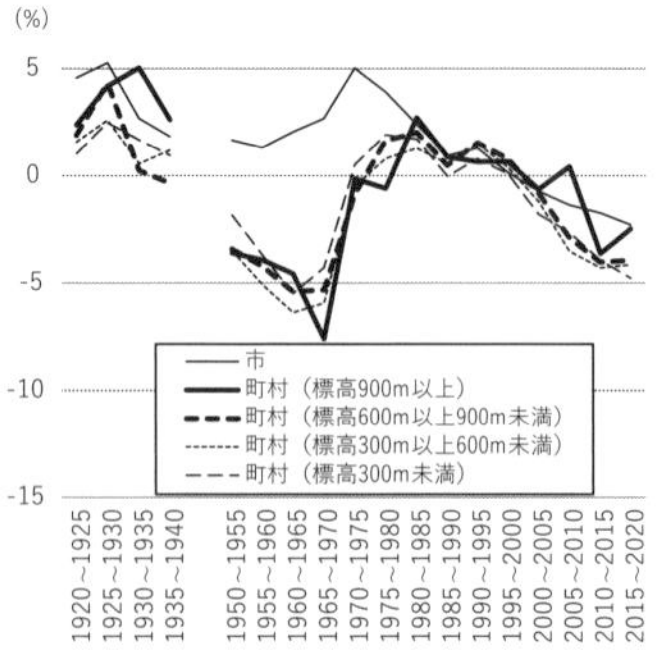

図 7-3 北陸・甲信越における標高帯別の人口増加率の変化

また同様に３００ｍ、６００ｍ、９００ｍで区分して町村の1950〜2020年の老年人口割合の変化をみても（図は省略）、標高帯による差は小さく、1950年には老年人口割合は5・4％から6・1％の間に、2020年においても33・6％から35・1％の間に収まっていた（市は1950年が5・2％、2020年が30・8％）。

以上より、「北陸・甲信越」においては、900m以上というかなり標高の高い町村を含めて、標高の差による人口変化の違いはほとんどみられないことがわかった。

5　戦前・戦後における山村の人口増加

前節でみたように、本稿で山村としている標高300m以上の町村においても、戦前・戦後の時期には多くの地域で人口が増加していた。しかも標高300m未満の町村より増加率が高い場合も少なくない。1930〜35年および1950〜55年には、「北陸・甲信越」を除く7地域で「町村（標高300m以上）」の増加率が「町村（標高300m未満）」を上回っていた。現在においては、条件不利地域であり、人口減少が大きく進む地域との印象が強い山村であるが、このように人口増加率が高い時期もあったことを指摘しておきたい。

このように山村において人口増加率が高かった理由としては、「多産多死」から「多産少死」を経て「少産少死」に至る、人口転換におけるステージの違いを挙げることができる。この人口転換は、世界各国の人口増加の状況を説明する際の基本となるものである。先進国ではすでに「少産少死」のステージに達しているために人口増加は停滞しているが、いまだ「多産少死」の段階にある発展途上国では人口増加が著しい。当然、一国の内部にあっても人口転換の進行には差が生じる。これについては、たとえば小池（２０２１）が１９５０年における国勢調査と人口動態統計の市町村別データをもとに、都市部において農村部よりも出生力（具体的には標準化出生比）が低いことを示し、人口転換が都市部において先行したと述べている。

そこで本稿においても同様の観点から、標高帯による出生力の違いをみていく。出生力の指標としては合計特殊出生率（合計出生率）がよく用いられるが、本節で対象とする時期についてはデータの制約上市町村別の値を得ることは難しい。そこでここでは、０～４歳男女人口を15～49歳女子人口で除すことで得られる子ども・女性比を用いることとする。具体的には１９６０年の男女５歳階級別人口を用い、地域ブロック別に「市」「町村（標高３００ｍ以上）」「町村（標高３００ｍ未満）」の子ども・女性比を算出して比較する。

子ども・女性比は、合計特殊出生率と高い相関を示すことが知られている。１９６０年においても都道府県別には合計特殊出生率の値を得ることが可能なため（ただし沖縄県を除く）、両者の関係を散布図で示したものが**図7-4**である。一見して強い相関があることがわかるが、実際相関係数を算出すると０.９６６５という高い値となる。

１９６０年の子ども・女性比を地域ブロック別、「市」「町村（標高３００ｍ以上）」「町村（標高３００ｍ未満）」の別にまとめたものが**表7-2**である。参考のため、**図7-4**の46都道府県の散布図

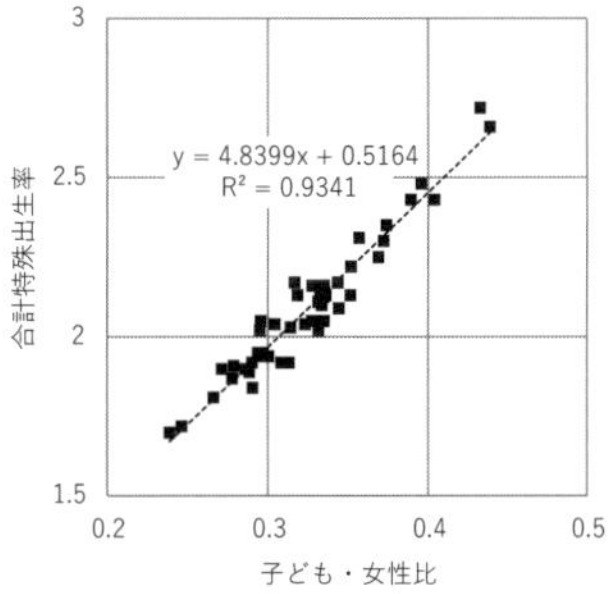

資料：国勢調査
　　　国立社会保障・人口問題研究所『人口統計資料集』

図 7-4 都道府県別の子ども・女性比と合計特殊出生率との関係（1960 年）

表 7-2 市・標高 300m 以上の町村・標高 300m 未満の町村における子ども・女性比（1960 年）

	市	町村（標高300m 以上）	町村（標高300m 未満）
東　北	0.332 (2.12)	0.486 (2.87)	0.398 (2.44)
関　東	0.271 (1.83)	0.407 (2.49)	0.362 (2.27)
北陸・甲信越	0.293 (1.93)	0.329 (2.11)	0.344 (2.18)
東　海	0.284 (1.89)	0.375 (2.33)	0.325 (2.09)
近　畿	0.263 (1.79)	0.403 (2.47)	0.323 (2.08)
中　国	0.284 (1.89)	0.362 (2.27)	0.336 (2.14)
四　国	0.287 (1.91)	0.503 (2.95)	0.347 (2.20)
九　州	0.330 (2.11)	0.446 (2.68)	0.428 (2.59)

注）括弧内は都道府県別の関係から算出した合計特殊出生率の推定値
資料：国勢調査

から得られる回帰式を用いて推定した合計特殊出生率も付記している。

3つのカテゴリーについては全地域で「市」が最も低くなっており、また「北陸・甲信越」を除き「町村（標高300m以上）」が最も高くなっている。とくに「東北」「近畿」「四国」では標高による差はかなり大きい。参考値の合計特殊出生率をみると、「四国」の「町村（標高300m以上）」では2・95であるが、これは46県中第1位の長崎県（2・72）をも上回る値である。一方「町村（標高300m未満）」は2・20であるが、これは第10位の栃木県（2・22）に近い値となっている。

以上より、戦前・戦後の一時期において、標高の高い地域で人口増加率がより大きかったことについては、高い出生力がその要因であると言うことができる。今回は1960年のみの観察であったが、この前後において人口転換の進行に伴って各地域とも出生力が低下したことは間違いなく、その進行が早かったか、遅かったかの違いによって人口増加率に差が生じたことが考えられる。

6　おわりに

現代においては条件不利地域とみなされ、過疎化が進行する地域としてのイメージが強い山村であるが、100年間という比較的長いスパンでみれば、人口が増えていた時期があり、また標高の低い地域よりも増加率が大きい期間があった。これはひとえに人口転換という、人類史上におけるきわめて大きな出来事に、その要因を求めることができる。死亡率が先んじて低下し、出生率との差が拡大した「多産少死」局面においては、都市はもちろん人口が大きく増加したが、町村においても、さらにはそのうち山村に限ってみても、都市部への流出を差し引いても人口が微増あるいは停滞で推移した。それらの総合として、初回の国勢調査が行われた1920年には約5600万人に過ぎなかった日本の人口が、わずか半世紀後の1970年には1億人を突破することとなったのである。「多産少死」の局面においては、大都市も、地方も、全国津々浦々で人口が増えたとさえ言うことができるだろう。そのような中で、山村と呼ばれる地域であっても、戦前・戦後の一時期ではあるが、人口増加を経験することとなったのである。

参考文献

岡橋秀典（1997）『周辺地域の存立構造――現代山村の形成と展開』大明堂

小川一夫・深田博己（1977）「過疎地域青年の生活意識――在都市青年のUターン可能性」『広島大学教育学部紀要（第一部）25』

小口　高・伊藤史子・青木賢人・江崎雄治・堀　和明・財城真寿美・香川雄一・小池司朗・山内昌和・村山祐司・藤田和史・森本健弘・山下亜紀郎・渡邉敬逸・伊藤香織（2009）『人口・居住と自然――GISによる分析』財団法人統計情報研究開発センター

小池司朗（2021）「空間的観点からみた人口転換の地域パターン――一九五〇年の出生力・死亡力の市区町村別分析」『社会学雑誌（神戸大学）38』

堤　研二（２０１９）「ポストアーバン時代における縁辺地域の持続可能性」『グローバルビジネス学会２０１９年度発表会予稿集』

▲コラム　なぜ高度経済成長期に大規模な人口流出が起き、その後おさまったのか

本文中において述べたように、1960年代を中心とした高度経済成長期には、「標高300m以上の町村」からは（地域によっては「標高300m未満の町村」からも）大規模な人口流出がみられた。

この要因については、もちろん都市部と農村部の間の経済格差（就業機会や所得の格差）があったことは事実であるが、忘れてはならないのは、以下に述べるような人口学的視点である。つまりは、いくら格差があったとしても、「移動適齢期」の若者が少なければ大きな移動流は発生しない、ということである。

現実に、高度経済成長期には就職・進学の年齢に達した大量の若者が存在した。それは、1947～49年に生まれた第1次ベビーブーム世代が、1960年代に15歳あるいは18歳に達することから明らかであろう（実際には移動したのは第1次ベビーブーム世代だけでなく、やはり規模が大きかった戦前・戦中生まれの世代も含まれる）。第1次ベビーブームの後は地域によって遅速はあるものの、出生率が急減した。その結果1970年代には必然的に大都市に向かう人口移動は減少したのである。

また当時の農村部には、単に若年人口が多かったというだけでなく、「潜在的他出者」が存在していた、という視点も重要である。耕地が限られる日本の農村では分割相続してしまうとそれぞれの生活が立ち行かなくなるので、単独相続（多くは長男が相続）が基本である。その場合農家の跡取りとなる男子1名、他の農家に嫁ぐ女子1名の2名のほかは余剰人口となるのである。第1次ベビーブーム期には全国で合計特殊出生率は4を超えており、ここから単純におおよそ4人きょうだいと考えれば、そのうち2人は「潜在的他出者」だったということになる。その後出生率が下がって各農家の子どもが2人程度にまで減ったことで、理論上「潜在的他出者」は消滅した。図7-1でみた、「町村（標高300m以上）」における

高度経済成長期後の人口増加率急回復の背景には、以上のような人口学的な要因があったことを理解する必要がある。

第8章

人はなぜ山に登ろうとするのか

山本 充

高尾山山頂から富士山を眺める人々。

1　聖なる山を登る

崇拝の対象としての山

山地に居住するものにとって、山地はまさに生活の舞台であり、彼らは山地が与える様々な恵み、資源を求めて山中を渉猟してきたことであろう。一方で、平地に住む人々は、仰ぎ見る山々をどのように見てきたのであろうか。時に雪を被り白く輝く峰々、時に火を噴き煙を立ち上げる独立峰は、見るものにある種の恐れ、畏怖の念をもたせ、崇高で近寄りがたい存在であったかもしれない。また、そこは雲を湧き立たせ、農耕に欠かせない雨をもたらす恵みの源泉であるとされたかもしれない。

日本各地には、荒神山、神明山、龍神山、阿弥陀岳、妙高山、薬師岳など、神仏に関わる山名がよくみられる。実際、日本では古来より山を崇拝してきた。山は水田を潤す水の源であり、水の神が宿るところであるとみられてきた。山梨県と滋賀県にある雨乞岳と名付けられた山は、それぞれ雨を乞う人々が祈る対象であり、その成就のために登ったものである。同じように、雨乞いを祈願し、登山が行われてきた山は全国各地に存在する。

そしてまた、山は死者の霊魂が赴くところ、先祖の魂が宿るところとも考えられてきた。こうした見方を「山中他界」という。恐山や月山、白山や立山、高野山などは、亡くなった人の魂が集まるとされた。山形県庄内地方では、地蔵盆に山上に登って死者供養をしたりするという（鈴木、2015）。

修験道における修行の場

修験道は、こうした土着の山岳信仰を起源とする。修験道とは、超常的な能力、験力を習得するための道であり、山中で修行することに重きをおき、道を究めるために修行する人を山伏や修験者と呼ぶ。修験道は、土着の山岳信仰に加えて、仏教と道教の影響も受けている。6世紀に仏教が伝来し、9世紀初頭には、真言宗と天台宗の2つの密教が日本に伝来した。そして、密教は、山中に多くの寺院を建立して修行に励み、俗世間からの脱却を図った。修験道は、この密教の影響も受けている（Oda 1991）。

11世紀後半以降になると、山伏の一部は正式な宗教団体として組織されるようになり、同時に各山で地方団体も組織される。この山伏の組織には、19世紀まで天台宗と結びついた本山派と、真言宗と結びつく塔山派の二大宗派があった。本山派の総本山は聖護院、塔山派の本山は三宝院で、いずれも19世紀まで京都にあり、江戸時代には全国の山伏を指導していた（Oda 1991）。

山伏は当初、孤独な修行をしていた。一人一人が、山中に、特に洞窟にこもって、何日もかけて祈り、経典を読み、また、修験道の聖地を巡礼した。このような肉体的、精神的な鍛錬によって、超常的な能力が身につくと信じられていた。しかし、組織化されるにつれて、修験道の方法とその教義は次第に統一されるようになっていったという。修験道は神道と仏教の両方の要素を持つため、1872年（明治5年）、政府によって合法的に廃止された。修験道の寺院は、神道や仏教への改宗を迫られたが、修験道の伝統は、密教の中で維持され、修験道の再構築を図る動きもみられる（Oda 1991）。

庶民による登山

一方、江戸時代になって、庶民の移動が容易になってくると、修験道の霊山を目的地とした、講と呼ばれる集団による巡礼が盛んになってきた。こうした信仰の対象となった山は全国に広く分布しており（**図8-1**）、神奈川県の大山を訪れる大山講、御嶽講、埼玉県秩父の三峯講などがあった。

江戸において流行した講の一つに富士講がある。富士講においては、先達、講元、世話人と呼ばれる講を率いる人がいた。先達は、富士講における信仰上の指導者であり、一方、講元は経済的な世話役であり、金銭面の責任者でもあった。そして、世話人は、その他の雑用を受け持ち、複数人からなる。経済力に応じて、毎年、あるいは3年、5年といった周期で、講員は富士山に登拝した。富士登拝においては、富士講員は、先達に率いられ、現山梨県富士吉田市などにある御師《おし》の住居へ向かい、そこから富士山頂へ登拝する。御師とは、夏には登拝者へ宿泊施設を提供、登拝を案内し、冬には札などを配る宗教者である（河井、2001）。江戸後期には、富士山への登拝者は数万人を数えたという。こうした登拝に加えて、月拝みといって、定期的に講員が集まってお祈りをした。また、旧暦6月1

日は、富士山のお山開きの日であり、関東一円の富士塚でも祭礼日とされ、登拝された。富士塚とは文化・文政期を中心に造られた、富士山を模した人工的な築山であり（松井・卯田、２０１５）、江戸の人々は、遠く仰ぐ富士山を、身近に設えて祈ろうとしていた。

娯楽・教養としての登山

信仰している山に登ることは、講員にとって信仰の一部であったとともに、一種の旅であり、楽しみでもあったろう。江戸時代、既に享保期において、参詣一般の遊楽化が生じていたとも指摘される（新城、１９８２）。前述の富士講においても、往復の道中に、大山や高尾山、江ノ島弁財天、川崎大師などを巡るようになっていった（松井・卯田、２０１５）。

当時の文人や画家たちも、盛んに山を題材としている。例えば、１８０４（文化元）年に、谷文晁による『名山図譜』が刊行された。文晁が描いた画を医者である河村錦城が愛蔵しており、彼の所蔵品から選んだ１００余りの作品を、文晁が縮写して出版

図8-1 日本における聖なる山の分布
（Oda, 1991）

したものである。その序において、文晁は、「自分は幼いときから山水を好み、方々を漫遊し、名山・大川を写生し蓄えてきた。すぐれた山岳の景色は遠いところにしか求められないものであり、その形、姿には尽きることのない意味が含まれている。」（宮崎、２００６）と書き記している。その後、１８１２年になって、『日本名山図会』として、江戸、京都、大坂の版元から刊行され一般に流布した（宮崎、２００６）。彼は、**図8-2**にみるように、主として想像上の風景を描く山水図ではなく、実際の風景を忠実に描く真景図を描いている。たとえ山に登らずとも、山に美を見いだして一幅の画に描くことが行われ、また、版を繰り返したように、こうした山の画集を求める一般の人々もいた。

江戸期において、山地を仰ぎみたり、実際に訪れて描かれた画集や紀行文は、ことのほか多い。伊勢の医師、橘南谿は、全国、五年にわたる旅の記録を『東西遊記』（１７９５-１７９８）にまとめ、この中で「名山論」の一節を設けて、日本の山を評価しランク付けをしている（**表8-1**）。また、富山藩の藩医であり歌道方を務め、旅好きの文人であった佐藤英昌の『立山紀行』（１７９８年）があり、十返舎一九は、富士山や立山、白山など、当時、名山とされた山々を『諸国名山往来』（１８２４年）で紹介している。一方、本草学者は、薬草を求めて山に入った。尾張の本草学者、水谷豊文による、信濃、木曽、美濃の山地で採薬の旅をした記録である『木曽採薬記』（１８１０（文化7）年）、富山藩主である藤沢周が、立山の高山植物を主として収録した『奇草小図』（１８５４年）などがある（住谷、１９９５）。ここに、風流、美を求めて山に向かい、画や文にしたためる人々、本草学という学術の対象として、また、薬という実利を得るために山に面する人々の存在をうかがい知ることができる。

図8-2　『日本名山図会』に描かれた浅間山
（国立国会図書館蔵）

表8-1　橘南谿が選ぶ日本の名山（1795年）

1	富士山
2	白　山
3	立　山
4	霧島山　雲仙岳　駒ヶ岳　鳥海山 月　山　岩城山　岩鷲山
5	彦　山　阿蘇山　久住山　姥ケ岳 海門岳　高峯　恵那岳御嶽 伊吹山　妙高山 戸隠山　地蔵岳　筑波山　幸田山　御駒ヶ岳

大山、妙義山は未だ見ず　桜島山は景色無双なる
（溝尾、2014）

2　スポーツとしての登山のはじまり

来日欧米人による登山

幕末から明治にかけて、多くの欧米人が日本を訪れ、中には山に登るものも現れた。幕末の1860年、イギリス初代駐日公使ラザフォード・オルコックが、外国人で初めて富士山に登る。彼は、その登頂記を王立地理学協会の機関誌に寄稿し、「景観はアルプスに及ばないにしても、植生ははるかに多様で豊かである。」（Alcock 1861）と記している。オルコックは、イギリスの山岳会に所属しており、アルプスと比較するこの記述からは、既に、アルプスを訪れていたことがみてとれる。

さらに、1866年には、スイス総領事カルバール・ブレンワルト、米国代理公使A・L・C・ポートマンが、1867年には、オランダ公使ディルク・ファン・ボールスブルックと英国人フェリクス・ベアトが、続いて、英国公使ハリー・S・バークスが夫人とともに富士山に登っている（三井、2007）。このように幕末において、主に外交官が富士山登頂を果たしている。外国人の移動が制限される中で、彼らは外交特権を利用して登山をしていたといえる。

また、当時のイギリスをはじめとするヨーロッパにおいて、既にアルプスなどへの登山が行われており、彼ら外交官の多くも、登山を既に経験していたと考えられる。17世紀頃から、イギリスでは、社会的エリート層である貴族の若者を、長期にわたって大陸ヨーロッパへ、とりわけ、イタリアへ旅をさせ、芸術や科学、文化の素養を身につけさせることが行われていた。これをグランド・ツァーと呼び、そのピークは18世紀後半であった。彼らが、イギリスからイタリアに向かう際に立ちはだかるアルプスは、それまで未開の民が住む荒涼とした恐ろしいところとされていた。ところが、19世紀初頭におけるロマン主義の潮流の中で、人々の意識は変わり、アルプスの風景に崇高な美を見いだし、アルプスが訪れるべき場所になっていく（Williams and Lew 2015）。イギリス人にとってアルプスが目的地となり、やがて彼らはアルプスの山々に登り始める。１８５４年にアルフレッド・ウィルスがヴェッターホルンに初登頂したことをはじめ、イギリス人はアルプス登山をリードした。そして、１８５７年に山岳会がイギリスで設立され、その後、１８６２年にはオーストリアで、翌年にはスイスとイタリアで設立されている。訪日したエリートである外交官らは、イギリス、そして、ヨーロッパにおけるこのような時代状況にいたわけであり、彼らにとって、富士山に登ることは、千載一遇の機会であったろう。

明治になって、外交官だけではなく、国の機関や大学で働くために、研究者や技術者らも来日する。彼らの中には、単に山に登るだけではなく、学術的な調査を目的として登山をするものもいた。例えば、植物学者ヴィルヘルム・デーニッツは、１８７５年に男体山と富士山へ植物採集のために登っている。フランス人神父ウルバン・フォリーは、１８７３年に宣教師として日本に派遣されたが、八甲田山や浅間山、妙高山、富士山、阿蘇山など日本中の山を登り、大量の植物標本をえている（三井、２００７）。また、ドイツ人地理学者Ｊ・Ｊ・ラインは、プロイセン王国政府の命で、日本の産業を調査するため、1873年に来日した。日本各地を回り、『日本（2巻）』を表している。彼は、浅間山、白山、箱根山などにも訪れ、地形、地質、植生などの記録を行い、日本の分水界をなす中部山岳地帯を地形区分し、それぞれの特徴も示している（山田・矢島、2018）。さらに、同じドイツ人ナウマンは、1875年に来日し、東京大学で地質学を教えつつ各地を旅行し、日本列島が重要な弧状山脈であり、中央構造線によって内帯と外帯にわけられ、かつ、フォッサマグナで東北日本と西南日本にわけられることを明らかにした。元来一等航海士であったクニッピングは、1871年に来航し、内務省で天気予報・暴風警報事業に従事している。1887年に、正戸豹之助と富士山頂で3日間観測を行い、山岳気象観測の先駆けとなった。合わせて、彼は、金沢における異常な高温と乾燥を観測し、それが「フェーン現象」であることを示した（吉野、1985）。彼らにとって、山は堪能すべき美しい場所であることにもまして、観察し記録すべき対象でもあった。

一方、明治期の軽井沢には、高原の避暑地として多くの欧米人が訪れたが、彼らにとって、身近にあって比較的、手頃に登ることのできる山が浅間山であった。浅間山は、富士山と並び活火山としても、既にその存在が学術的にも注目されており、欧米人の間でも最もよく知られた山であったという（櫻井、2021）。

山に登る上で欠かせない地図の作成も進められる。ドイツ人シュットは、地質調査所の地形掛長となり、実測による縮尺40万分の1と20万分の1の地形図を作成した。カラー印刷であり、日本語版とともに英語版も発行され、後に来日する外国人が利用することができた（水野、2007）。一方で、明治20年代から明治40年代にかけて、地図作成のために日本人自身による、測量のための登山が行われた（荒山、１９８９）。

ガイドブックの刊行と「日本アルプス」の命名

イギリス人ウィリアム・ガウランドは、１８７２（明治５）年に来日し、大阪造幣寮（後の造幣局）で指導にあたった。冶金技師でもあり、考古学研究者でもあった彼は、日本各地を精力的に旅し、槍ヶ岳などいくつかの山で外国人初登頂を果たしている。１８８１年に刊行された日本に関する最初の外国人向け案内書である『マレーの旅行案内』において、彼が無記名で書いた記事に「日本アルプス」という呼称がはじめて使われた（ハミルトン、１９９９）。そこでは、ルート30「越中と飛騨」の案内の中で、「（越中と飛騨の）東に隣接する山脈は帝国で最も大きく、日本アルプスと呼ぶにふさわしい。多くの峰は秋口まで雪帽子をかぶったり、雪で覆われたりしている。しかし、雪が太陽の光から部分的に遮られている峡谷や窪地では、雪が完全に消えることはない。南北に69～70マイル、幅は5～10マイルと長く、南と東からのコミュニケーションを阻む障壁となっている。」（Satow and Hawes 1881: 265）と記されている。１８８３年の同旅行案内第2版では、ルート7「富士山とその近隣」において、富士山頂からの眺望が記載されており、その中で、「さらに右、北に向かって、飛騨と信州を隔てる大きな山脈、日本アルプスがあり、その中には、乗鞍岳、槍ヶ岳、さらに奥の越中には立山の火山峰がある。」（Satow and Hawes 1883: 117）と、「日本アルプス」が使われている。序において、この箇所が大幅に書き換えられ、拡充されたとされるが、ガウランドが富士山に登頂したという記録はないので、他の執筆者が引用したのであろう。

また、1870年代に日本で過ごしたイギリス人ディクソンが、これら初版と2版の間の1882年、日本を紹介する『朝の国』(Dixson 1882) の中で「日本アルプス」を用いている。かくして、日本アルプスという呼称が用いられるようになり、広く定着していくこととなる。それまでは、日本の山といえば富士山であり、富士山に登ることが外国人にとって大きな目的とされてきたところがある。こうして、日本アルプスと名付けられ、喧伝されることで、ヨーロッパ・アルプスと同等の地位が与えられ、ヨーロッパ・アルプスに匹敵する堂々とした山並みが日本に存在することが知らしめられた。当時、ヨーロッパにおいて登山の主要な目的地といえば、いうまでもなくアルプスであり、俄然、ヨーロッパの人々は、日本アルプスへとかき立てられたことであろう。

ところで、この『マレーの旅行案内』は、旅行案内と銘打ってはいるものの、単に旅行のルートの様子や宿泊所を示した案内にとどまらない。例えば、ルート7「富士山とその近隣」においては、富士山の高さについての様々な見解や、噴火の歴史、植生の変化などが事細かに記載されている。それまでに日本を訪問し、各地を回った外国人が収集した科学的知見の集大成としてもみることができる。それは、彼らにとって、旅、そして登山は、物見遊山的な楽しみだけのものではなく、科学的な目で学び、発見するものでもあった。それは、当時のヨーロッパにおける旅、登山のあり方を反映したものでもある。

ラスキンがつなぐウェストン・小島・志賀

英国人宣教師ウォルター・ウェストンが訪日するのは、1888（明治21）年のことであった。来日前に、彼はヨーロッパ・アルプスを三度、訪れた経験がり、マッターホルンやアイガーにも登頂している（ハミルトン、1999）。ウェストンは、来日にあたり、日本アルプスについての記述を含むガイドブックに目を通していたにちがいない。彼は、まず熊本に滞在し、1889年には神戸に移り、1894年に帰国した。この間、1889年に、富士山や阿蘇山に登頂している。1896年に、これまで各所に書いてきた文をまとめて、イギリスで『日本アルプスの登山と探検』(Weston 1896)を出版した。その「序」において、ウェストンは、動植物や地質学については、ガウランドの手記を参照し、風俗についてはチェンバレンに聞き、写真を、ベルチャーやハミルトンから拝借したとしているが（ウェストン、1995）、山地の地形・地質や動植物に関する科学的な記載はそう多くなく、後述のラスキンの一文や詩歌を引用しての叙情的な表現が散見される。一方で、出会った人々とのエピソードや各地の衣食住、風俗に関わる記載は詳細にして興味深い。

1902年、ウェストンは再来日を果たす。その翌年、文筆家である小島烏水が、槍ヶ岳にともに登った友人、岡野金次郎とともに東京のウェストン宅をたずねた。というのも、岡野が、偶然にウェストンの『日本アルプスの登山と探検』を目にし、かつ彼が在京であると知ったからである（「ウェストンをめぐりて」昭和十一年七月）小島、1996）。ウェストン宅において、「ウェストンが、私たちに話して聞かせたのはラスキン先生の『近世画家論』第四巻「山の栄光」という名文の一節であった。(「山岳会の設立まで」昭和五年十一月)」(小島、1996)と語る。この一節とは、"For, to myself, mountains are the beginning and the end of all natural scenery"(Ruskin 1856)、「何となれば私自身にとって山は凡ての自然的景色の始であり終であるからだ」(ラスキン、1933)であると推定される。そして、「私自身は、その頃は、ラスキンに傾倒し、『近世画家論』第四巻をEverman's Library本ではあるが、懐中に離さず旅行したものである。(「『日本アルプス』の憶い出」昭和十一年七月)」(小島、1996)とまで語るように、19世紀のイギリスの美術批評家ラスキンは小島の愛読書となる。そして、彼の著『日本アルプス』(小島、1975)において「ラスキンの山岳論」を展開している。

ところで、小島烏水が槍ヶ岳に登ったのは、「志賀重昂先生の『日本風景論』の感化を受けて、自然に対する好尚を、山の一路へと驀進した。(「日本アルプス早期登山時代」昭和十一年七月十五日)」(小島、1996)からである。この志賀重昂の『日本風景論』は、1894(明治27)年に刊行され、当時、ベストセラーとなった。志賀は、この著作において、1892年刊のジョン・ラバック『自然美と其驚異』(ラバック、1933)の中の、イングランドの風景の美しさを称えている箇所を引用している。自然を讃える詩歌の引用と、自然の要素に関する科学的説明など、志賀の『日本風景論』はラバックの著作を下敷きとしている側面があり、ラバックが描くイングランドの自然を日本のそれに置き換えたかのようである(山本・上田、1997)。ラバックは、第6章「山岳」を、ラスキンからの引用ではじめ、山岳の風景をことさらに賛美している。ラスキンの言葉が多用され、「山岳は風景美の初めであり終りである。私の心酔するところは此の山岳と、而して山岳に連なる第二次の風景である。」と、ウェストンが小島に示したと思われる『近世画家論』の一節もみられる。

志賀は、ラバックの著作を通して、ラスキンの自然観、山岳観に触れ、小島は、その志賀の著作を通して、ラスキンを知っていた。そして、ウェストンもまた、初対面の日本人に聞かせるほどに、ラスキンに傾倒し、小島は、ウェストンを通して再度、ラスキンを認識したことになる。ここに、ヨーロッパにおいて、19世紀に広まったロマン主義の風潮の日本への流入をみることができる。それは、山地の全く新たな見方の移入というよりも、従来より日本に存在していた山岳観に重なり合った、融合したといえるかもしれない。

小島がウェストンを訪ねた際に、ウェストンは、英国の山岳雑誌「アルパイン・ジャーナル」などを示し、「英国の山岳会が世界における山岳会の鼻祖であり、世界の文明国はことごとくといって可なるほど、山岳会を有している（「山岳会の設立まで」昭和五年十一月）」（小島、１９９６）と述べている。ウェストンの進言により、小島は山岳会設立に向かう。そして、１９０５年、高山植物採集を行うものらの博物館同志会の支会として山岳会は発足する。

会報である『山岳』第1号に山岳会規則が掲載されており、その第2条に「本会ハ山岳及ビ山岳ニ隷属セル森林湖沼渓流高原瀑布植物動物岩石天象等ニ関スル科学文学芸術其ノ他一切ヲ研究スルヲ以テ目的トナシ且ツ全国ニ登山ノ気風ヲ奨励シ一般登山者ニ便宜ヲ与ヘンコトヲ期ス」と、会の趣旨、目的が示される。同号の冒頭において、小川琢治が「山獄の成因に就て」、山崎直方が「高根の雪」と、それぞれ地理学者が執筆し、そして地質学者である神保小虎が「北海道ノ火山」と、記事を書いている。規則にある「科学」を指向する意図が見受けられる。7人で創立された後、植物学や人類学など多様な分野の研究者、島崎藤村、田山花袋、島木赤彦といった文学者、画家などが入会をしており（日本山岳会百年史編纂委員会編、2007）、多彩な人々の山岳に対する関心の高さがうかがえる。イギリスの山岳会という組織が、ウェストンを通して、日本に移入され、山岳会というかたちになったといえる。その後も、ウェストンを通して日英の山岳会の交流は続いていった。

3　山地への新たな誘い

信仰の山から娯楽の山へ

山地に多くの人々が訪れるようになるには、山地へのアクセス、すなわち交通手段の確保が必要となる。山地へ気軽に行くことができるようになってはじめて、平地の都市に居住する人々は、山地に出向き、山地の風景や山地における活動を楽しめる。この点において、明治以降の工業化の進展ともに鉄道網が拡大し、平野の都市から山麓まで鉄道で容易にアプローチできるようになった。こうした水平方向への移動だけではなく、山地においては、山地の上方に向かって、垂直方向へも移動手段があれば、労なく誰もが山に登ることができる。通常の鉄道であれば不可能であり、これを可能にするのが、ケーブルカーやロープウェイである。これらはいずれも、ロープに繋げられた車両を巻き上げ

写真 8-1　開通当初の生駒鋼索鉄道ケーブルカー
（近畿日本鉄道株式会社編、1960）

て引っ張り上げることから、索道あるいは鋼索鉄道といわれる。

日本におけるケーブルカーの最初は、1918（大正7）年に開業した奈良県の生駒ケーブルである。その4年前、1914（大正3）年に、大阪電気鉄道（現近畿日本鉄道）が大阪上本町駅と奈良駅間に開業したことを受けて、生駒鳥居駅（隣接の鉄道駅名は生駒駅）から真言律宗の大本山・生駒山宝山寺のある宝山寺駅まで建設された（**写真8-1**）。その後、1927年には生駒山上まで延長され、この山上には、山上遊園地が開設されている（近畿日本鉄道株式会社、1960）。

同じように、昭和前期において、寺社が位置し、信仰の対象となってきた山地に、ケーブルカーの敷設が進展した（**表8-2**）。それは、とりわけ奈良県、京都府、兵庫県といった関西における都市近郊において顕著であった。こうしたケーブルカーが敷設さ

表 8-2　昭和戦前期における霊山を対象としたケーブルカーの開業状況

霊山名（所在府県）／社寺	標高（m）	開業年月
生駒山（奈良県）／宝山寺	641	1918.8
信貴山（奈良県）／朝護孫子寺	437	1922.5
摩耶山（兵庫県）／天上寺	699	1925.1
妙見山（兵庫県）／妙見宮	660	1925.8
朝熊山（三重県）／金剛證寺	555	1925.8
筑波山（茨城県）／筑波山神社	877	1925.1
比叡山（京都府）／延暦寺	843	1925.12
男　山（京都府）／石清水八幡宮	143	1926.6
高尾山（東京府）／薬王院	599	1927.1
比叡山（滋賀県）／延暦寺	843	1927.3
稲荷山（岡山県）／最上稲荷	287	1929.2
生駒山（奈良県）／宝山寺	641	1929.3
屋島山（香川県）／屋島寺	292	1929.4
愛宕山（京都府）／愛宕神社	924	1929.7
箸蔵山（徳島県）／箸蔵寺	633	1930.6
高野山（和歌山県）／金剛峯寺		1930.6
信貴山（奈良県）／朝護孫子寺	699	1930.12
五剣山（香川県）／八栗寺	375	1931.2
大山（神奈川県）／大山阿夫利神社	1252	1931.8
御岳山（東京府）／武蔵御嶽神社	929	1934.12

（卯田、2015）

れた山地には、各宗派の本山や名刹など、古くから信仰されてきたものが多い。ケーブルカーの開業により、生駒山では開業後の３日間で１万２０００人が、その後も月間10万人が訪れ、妙見山では開業から２ヶ月で６万９０００人の乗降客数を数えたという（卯田、２０１５）。このように、信仰の対象となってきた山地、中でも都市近郊の山地が、ケーブルカーという交通手段をえて、参詣に加えて散策やハイキングの場となっていった（**写真8-2、写真8-3**）。

山地におけるケーブルカーは、１８７９年にスイスのギースバッハで開通後に、その利用が進んだ。

日本におけるこの時期のケーブルカーは、信貴山以外は、スイスの技術によるもので、多くはテオドール・ベル社製であった。やがて、箱根強羅における強羅鋼索線（1921年）など、寺社以外でもケーブルカーが設置されていくが、この強羅鋼索線もスイスのテオドール・ベル社製であった（斎藤、

写真 8-2　1927 年に開設された高尾山ケーブルカー
（著者撮影）

写真 8-3　高尾山山頂から富士山を眺める人々
（著者撮影）

1985）。

一方、空中における索道といえるロープウェイとしては、1912（明治45）年の大阪の遊園地「新世界ルナパーク」におけるものが最初であった（**表8-3**）。これは、1894年のミラノ博覧会場で運行されたイタリアのセレッティ・タンハニー社のロープウェイが売り渡されたものであるという（斎藤、1985）。これよりも前の1890年に、足尾鉱山で、アメリカのハリジー社による貨物用のロープウェイが運用し始めている。このように、欧米の技術の導入によって、日本におけるロープウェイの敷設が進められた。旅客用のロープウェイとしては、三重県の尾鷲から南へ、矢ノ川峠を越える道路の危険箇所に設けられた矢ノ川旅客索道が最初となる。これは、峠越えの一般的な交通を補完するものであったが、一方で、山上の寺社や行楽地へのアクセスのためにもロープウェイが建設されていった。1928（昭和3）年、福岡市の愛宕山上の鷲尾愛宕神社へ向けて愛宕索道が、同年、比叡山で、先のケーブルカーの終点から山頂に向けて叡山索道が建設されている。

ちなみに、こうしたロープウェイの技術もヨーロッパに由来し、その発展に第一次世界大戦が寄与したといわれる。当時、アルプス山中のドロミテで、ドイツ・オーストリア同盟軍とイタリア側連合軍が山岳戦を展開した。その際、双方とも物資の補給と兵士の輸送のために、軍用の索道を建設し、索道技術が向上した。イタリア側技術者ツェック兄弟が開発した技術が、イタリアで採用されたばかりでなく、ドイツのガルミッシュ・パルテンキルヘンのクロイツエック索道にも採用されるなど、ブライヘルト・ツェック式として、ドイツやオーストリアでも標準になっていったという（斎藤、

表 8-3 第２次大戦前における架空旅客索道

建設年	名　称	場　所
1912 年　7 月	新世界ルナパーク、ロープウェイ	大阪府
1914 年　4 月	大正博覧会不忍池空中ケーブルカー	東京市
1927 年　5 月	紀伊自動車矢ノ川旅客鉄道	三重県
1928 年　2 月	愛宕索道	福岡県
1928 年　4 月	東北産業博覧会架空索道	仙台市
1928 年 10 月	京都伝灯叡山索道	京都府
1929 年　3 月	吉野山架空索道	奈良県
1931 年 10 月	六甲登山架空鉄道	神戸市
1932 年　6 月	浅草松屋屋上遊覧索道	東京市
1932 年　7 月	二見浦旅客索道	三重県
1933 年 11 月	日光登山鉄道明智平架空索道	栃木県
1939 年　2 月	三峯登山架空索道	埼玉県

（斎藤、1985）

１９８５）。

大正登山ブーム

以上みてきたように、多くの人々が、都市近郊の山に、ケーブルカーやロープウェイを使って気軽に登るようになるとともに、遠方の山地、高山に自らの足で、まさに登山をするようにもなる。大正期において、労働者が「休日」をとることが認められ、それに伴う余暇へのニーズの増大があった。また、鉄道網の拡充によって、限られた層だけではなく、国民の多くが遠方に旅行し、そして登山を行う環境が整えられたからである。

こうした中、１９１２年に、外国人観光客の誘致・斡旋を目的とする「ジャパン・ツーリスト・ビューロー」が設立され、一方で、１９２４年には、国内旅行推進を目的とする「日本旅行文化協会」が発足する。同協会の設立の背景には、当時、全国に様々な旅行団体や旅行倶楽部があり、これらを全国的に連携させようという動きがあったという。こうした旅行団体の一つが、1914（大正3）年に、大阪で設立された登山旅行団体「日本アルカウ会」である。この「日本アルカウ会」に倣って、東京でも、1921年に、田山花袋が顧問となって、「東京アルカウ会」が設立された。これら団体の全体像は明らかではないが、『大坂旅行団年鑑　附記幹部名簿』によると、大坂、神戸、京都だけで134団体があった。各団体は、会費を徴収して、鉄道や船舶を用いた団体旅行だけではなく、登山もまた積極的に行っていた（赤井、2016）。

この時期の旅行、そして登山は、近世における講による宗教的な、そして共同体による登山とは異なる性格を有するとして評価される（赤井、2016）。しかし、近世において、既に遊興的な登山の萌芽がみられており、また、地縁的なまとまりから職場などの組織による団体へ、かたちを変えての講の延長としてとらえることもできよう。

当時、登山の導き手となったのが、書籍や雑誌といったメディアであった。会員にのみ配布される日本山岳会の『山岳』のような会誌だけではなく、高頭式『日本山嶽志』（1906年）や小島烏水『日本アルプス全4巻』（1913年）などに加えて、実際の登山ガイドとなるような、矢沢米三郎・河野齢蔵『日本アルプス登山案内』（1923年）、平賀文男『日本南アルプスと甲斐の山旅』（1926年）などが刊行されていく。さらに、登山を愛好する文筆家らが執筆した山岳紀行が人々を山に誘った。その中には、窪田空穂『日本アルプスへ』（1916年）、田部重治『日本アルプスと秩父巡禮』（1919年）、富田砕花『登高行』（1924年）などがある（布川、2005）。

一方で、登山者を顧客とする鉄道会社や、彼らを受け入れる市町村や観光業者が競うように観光パンフレットを発行した。そして、登山者を受け入れる側の整備も進でいく。それまでは、信仰登山者のための室（むろ）や、天然の洞、猟師などの小屋を借用していたが、登山者用の山小屋が設置されていく。山小屋は、１９０７（明治40）年の白馬山荘を皮切りに、槍沢ロッジ（１９１８年）、常念小屋（１９１９年）、燕山荘（１９２１年）と開業し、登山道の整備と相まって、高山登山のハードルを下げていった（布川、２００５）。また、登山ガイドである山案内人も増え、組織的に登山客に対応するために、各地で登山案内組合が設立されていった。１９１７年に、22名でもって大町登山案内者組合が、１９１８年には、14名で駒ヶ岳登山者強力組合が、翌１９１９年には、25名で白馬岳登山案内者組合が設立されている。近世においては、信仰登山の講中における先達がいわばガイド役であり、江戸後期から明治における外国人の登山においても、猟師や杣人が山案内人として彼らをサポートしていた。この大正期中頃になって、ヨーロッパに倣い、「山岳ガイド」と呼ばれるようになったという（五十嶋、２００７）。１９３２年には、北アルプスだけでも、山小屋が83軒、案内人組合は19に上っていた。

スキーの受容と拡大

１９１０（明治43）年11月に来日したオーストリア人レルヒによって、日本にスキー技術が導入された。既にスキーそのものは日本に持ち込まれて利用されてはいたが、体系的なスキー技術の移入は彼による。レルヒは軍人であり、新潟県高田町（現上越市）の高田五十八連隊に配属され、高田や旭川で、軍人に、そして一般人にスキーの指導を行った。レルヒの離日後も、日本スキー倶楽部高田支部によるスキーの講習会が開催され、全国の積雪地帯から参加者をみて、彼らがスキー技術を普及させた。そして、さらなる普及には、積雪地帯のスキークラブや学校、都市部の大学のスキー部や山岳部が貢献したという（呉羽、２０１７）。

当初、スキーは積雪時の移動や登山の手段であった。スキー場は、技術獲得のためのスキーの練習場であったが、やがて、この練習場、いわゆるゲレンデにおけるスキーが主となっていった。**図8-3**は、大正末期におけるスキー場の分布を示している。スキーをするための積雪量が多く、斜面を確保できる日本海側の山地地帯で多く立地していることがみてとれる。合わせて、宿泊施設のある温泉地にスキー場はつくられた。大正から昭和初期にかけて、１９１４年に赤倉温泉（新潟）（**写真8-4**）、１９１５年に越後湯沢温泉（新潟）をはじめとして、五色温泉（山形県）、大鰐温泉（青森県）、野沢温泉（長野県）、小野川温泉（山形県）、布場（新潟県）などで、地元の旅館経営者といった小資本によって、スキー場の開設がなされていく。こうした温泉地において、スキーに欠かせない積雪のある冬季には、湯治客が大きく減少したためであり、その穴をスキー客が埋めてくれ、また、スキー客もまた、既存の温泉宿を宿泊に利用することができたからである（白坂、１９８６）。

例えば、志賀高原においては、昭和初期、発哺に2軒、熊の湯に1軒、計3軒の温泉旅館があるだ

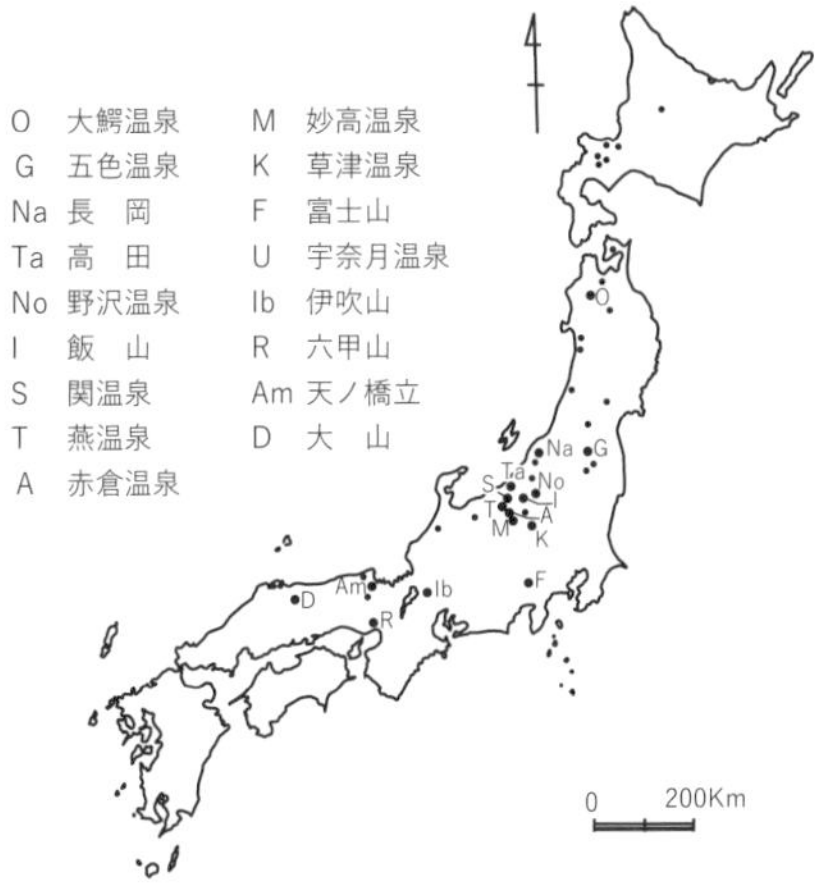

図8-3 大正末期におけるスキー場の分布
（白坂、1986）

写真 8-4 赤倉温泉スキー場と 1950 年開設のリフト
（著者撮影）

けで、しかも冬季の積雪量は３ｍに及ぶため、夏季のみに営業をしていた。１９２０年後半から、スキー客が入り込むようになり、発哺では１９２９年から、熊ノ湯では１９３１年から冬季も営業を始め、その後、発哺に日本大学工科山の家（１９３４年）、文藝春秋社高天ヶ原ヒュッテ（１９３７年）、熊の湯に国鉄山の家（１９３７年）ができ、通年での利用が進んでいく。１９３０年代になって、スキー客はますます増加し、熊ノ湯では、冬季と夏季の収入比率が同等となるほどであった。さらには、周辺の丸池や硯川においても、新たにホテルや旅館が建設されていった（白坂、１９８６）。

実は、今日のスイスにおける世界的なスキーリゾートも、かつては温泉保養地であったところが多い。サン・モリッツには温泉があり、１８３２年にはじめて温泉施設クアハウスが建設され、１８６０年代から１８８０年代にかけてホテルが建てられていく。また、アルプスの空気が健康によいという見地から空気療養地が誕生した。特に結核治療のための療養地として知られたのが、ダボスやアローザ、モンタナであり、同時代に、ホテルやサナトリウムが建設された（河村、２０１３：Barton 2009）。このように、アルプスでも日本でも、冬季スポーツであるスキーの普及とともに、温泉療養施設が、スキー客の滞在施設となり、周辺への宿泊施設の拡大をもたらしている。また、１９２７年にスキー場が開設された乗鞍高原では、母村から離れた作小屋と呼ばれる出作り小屋を改修してスキー客向けヒュッテとしていたが（市川・白坂）、これは、アルプスの夏の高原牧場におけるアルプ小屋の観光利用と重なるものである。

4　だれもが山へ——より遠く・より高く

高度経済成長期以降の登山ブーム

第二次大戦後の1956年、日本山岳会の登山隊が、ヒマラヤのマナスルに初登頂を挑み、今西壽雄が山頂に立った。この経験が、その後のヒマラヤ登山に活かされていき、エベレストなど世界の高山に日本人も次々と挑んでいくことになる。一方で、マナスル初登頂は、日本で大きな話題となり、マナスル登山報告会や記録映画が開催されれば超満員となり、登山ブームをもたらした（水野、2007）。日本は高度経済成長期を迎え、多様なレジャーが楽しまれるようになる中で、登山はその一つとなった。

1960年代、北アルプスにおいても登山者は急増する。当時、1200人の登山者にアンケート調査が行われており（加藤ほか、1963）、その結果によると、20代が多く、2日から4日の日程で、2人から4人のパーティーで有給休暇や連休を利用して訪れている。北アルプス登山が初めてで、登山経験年数もわずかなものが多く、登山ブームにのって新規の登山者が増えていることがうかがえる。加えて、登山に関するクラブに所属していないのは、男子66％、女子88％であり、従来のクラブ、山岳会を基盤とする登山のかたちからの変化もみてとれる。当時は、大学や学校の山岳部に加えて、「三人寄れば山岳会」といわれるほどに、山岳会やハイキングクラブが結成された。こうした傾向は、大正期の登山ブームの際の旅行・登山倶楽部を継承するものともいえる。

　翌年のアンケートでは、登山の動機についても聞かれており、最も比率が高いのは「自然の美しさに魅せられて」で2割弱あり、1割前後で「人工的に作られた美しさから自然の美しさにひたりたい」、「困難を克服して強い意志を作りたい」、「都会の混雑から離れたい」、「身体をきたえるつもりで」が続く（山口ほか、1965）。この時期に、登山の第一の動機として挙げられる「山の自然の美」は、過去において人々が山に惹かれ訪れてきた動機でもあり、連綿として受け継がれていることがわかる。また、身体と精神の鍛錬が挙げられていることは、スポーツとして登山が位置づけられていることもまた示していよう。加えて、都市化、工業化が進展し、都市の中での生活する人々にとって、登山は日常からの脱却であった。

　同時期、これまでは、主として参拝の対象であった山地にかけられてきたロープウェイが、高山において観光目的で敷設されるようになった。1960年代には、阿蘇山ロープウェイ（1958年）、谷川岳ロープウェイ（1960年）、那須ロープウェイ（1962年）、箱根駒ヶ岳ロープウェイ（1963年）、天元台ロープウェイ（1963年）、中央アルプス駒ヶ岳ロープウェイ（1967年）が敷設されている（松本、2016）。これまでのロープウェイよりも、より高い場所での、より標高差のあるものであった。その後も、立山ロープウェイ（1970年）、新穂高ロープウェイ（1970年）などと設置されることで、これまでベテランの登山家や若年層しか接することができなかった高山の雄大な風景を、子どもから高齢者まで誰もが楽しむことができるようになった。むろん、景観を損ねたり、安直な登山を助長したりするという批判もあろう。こうした高山へのロープウェイの設置・普及もまた、アルプスなどにおける動向と軌を一にするものでもある（コラム参照）。

さらに、多くの人に山を身近にしたのは、自ら登山も行う文筆家、深田久弥の著書『日本百名山』（1964年）の刊行である。百山の選定の基準として「山の品格」、「山の歴史」、「個性のある山」を挙げ、さらに付加的な条件として「大よそ千五百米以上」を挙げているが、前述の谷文晁『日本名山図会』が名山を選び描き、そして評価したことに通じるものがある。出版の翌年に読売文学賞を受賞するなど話題を呼んだ。同書は、北アルプスにある著名な山ばかりではなく、知られていない山、上りやすい低山も掲載されていることから、とりわけ中高年層を登山に向かわせるきっかけとなった。さらに、1994年にNHK衛星放送で、番組として「日本百名山」が放映されて、中高年登山ブームに火がついたとされる。

戦後の登山ブームでは、若い世代が中心であり、多くは山岳部など組織に属し、北アルプスなど高山を目指すような登山が指向されてきた。この中高年登山ブームにおいては、年代が上がるだけではなく、ツアーで、あるいは単独で、高山だけではなく登りやすい低山も好まれる。2017年の『生活基本調査』によると、年齢階級別にみた「登山・ハイキング」の行動者率は、65歳から69歳でもっとも高くなっている（**図8-4**）。また、「登山・ハイキング」を行う日数も、60歳以上でそれ未満の年齢層よりも明らかに多くなっている。このように、中高年による登山は引き続き盛んに行われている。

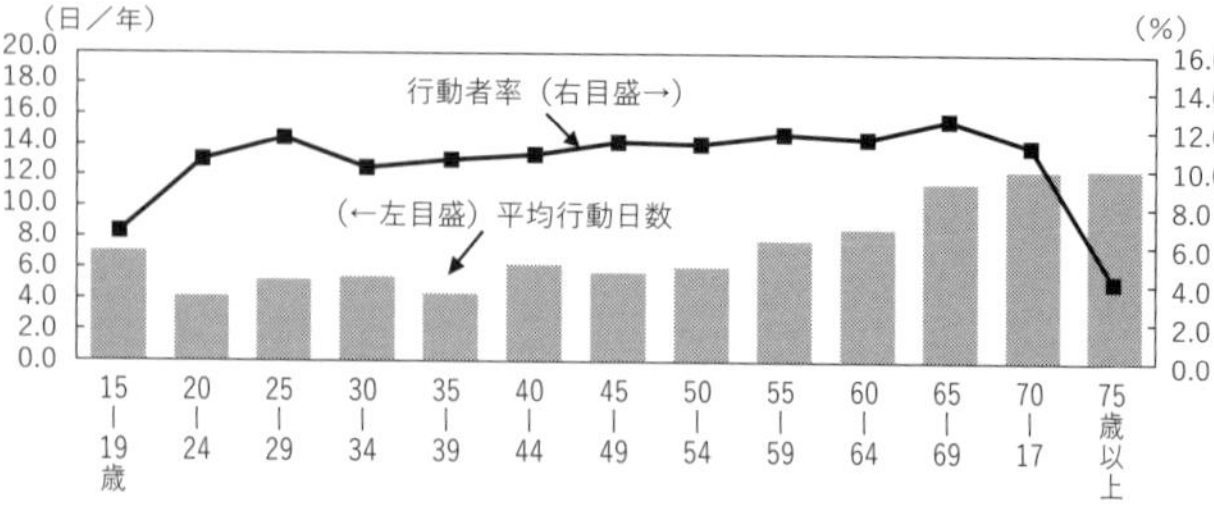

図 8-4 年齢階級別「登山・ハイキング」の行動者率と平均行動日数（2016 年）（社会生活基本調査）

戦後スキー・ブームの到来

第二次大戦後の１９４６年、進駐軍が、札幌藻岩山と志賀高原丸山でスキーをするために、スキーリフトを設置した。これが、日本における最初のスキーリフトであり、その後、各地でリフトの設置が進んでいく。１９４８年に、草津温泉にスキーリフトが設けられ、１９５０年代には、山形蔵王、妙高赤倉、越後湯沢、野沢温泉、宇奈月など、温泉地に隣接したスキー場において、温泉旅館経営者などの地元資本によってリフトが設置された（白坂、１９８６）。

高度経済成長期を迎えて、新たなスキー場の開発も進んでいく（**図 8-5**）。１９５０年代後半からスキー場の開設が増え、１９６０年代から１９７０年代初めまで、年間20カ所程度のスキー場が開設されている。この時期、それまでもスキー場がみられた長野県、新潟県、群馬県で増加がみられ、その密度が高まり、一方でまた、北海道や南東北や近畿地方でもスキー場の開設が相次ぎ、スキー場は全国に分布していく。それまでは、温泉地に立地していたが、新たに、そして、より大規模なスキー場が、既存の山村の背後にある草地な

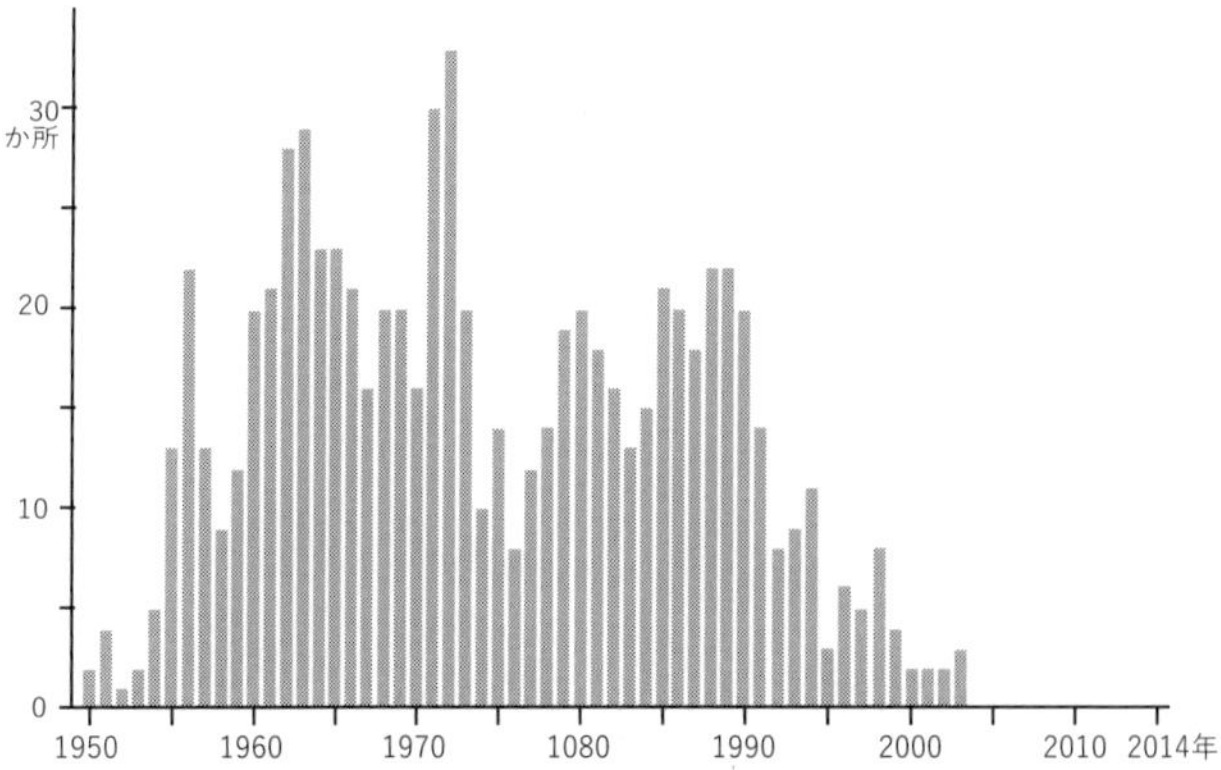

図 8-5　日本における新規スキー場開発の推移
（呉羽、2017）

どを利用して開設されていった。そして、オイルショックにより、1970年代後半以降のスキー場の開発は減少するが、これまで居住がされていなかった山地にスキー場が設けられていく。従来のスキー場は、鉄道による移動を前提としていたが、モータリゼーションの進展とともに、鉄道駅から離れた場でもスキー場が設置されていった。合わせて、新たな宿泊施設として、農家が家屋の一部を宿泊施設として提供する民宿が普及していく。この民宿は、スキー場の立地する村々の農家にとって重要な副業として位置づけられるようになっていった。また、スキー場に隣接して、洋風の民宿といえるペンションが、時に集積を伴いつつ開設されていき、アルプスにあたかもあるような建築様式を伴って、新たな風景をつくりだすことになる（呉羽、2017）。

1980年代から1990年代初めにかけて、スキー・ブームが到来する。**図8-6**にみられるように、

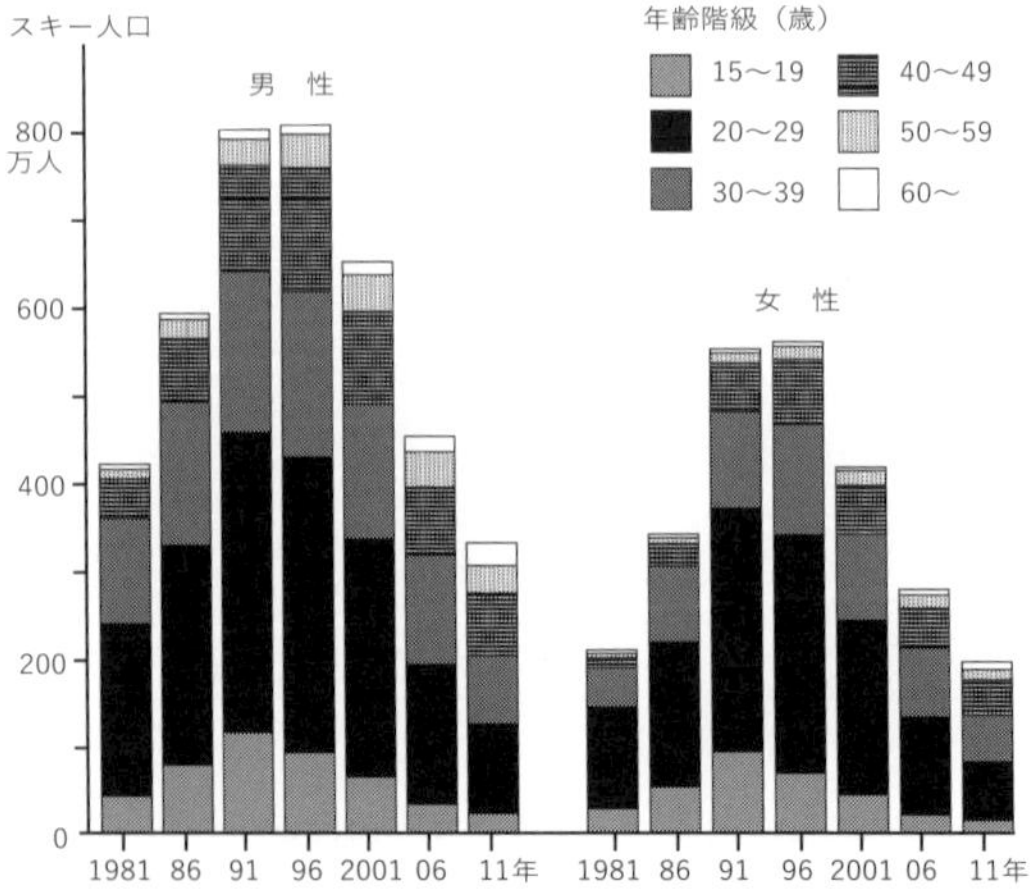

図 8-6 日本におけるスキー人口の性別・年齢別変化
（呉羽、2017）

１９８０年代にスキー人口は男女とも急増し、中でも20代の比率が高い。そして、１９８１年から１９９１年にかけては、男性が2倍ほど増加しているのに対して女性は3倍増加しており、女性の増加が顕著であった。とりわけ都市部の若い女性にファッショナブルなスポーツとしてスキーが浸透していく。この時期、再びスキー場の開設が続いていくが（**図8-5**）、多くは国有林野を利用したものであった。そこでは、より標高の高い奥山で、より規模の大きなスキー場が開設され、輸送能力の高いスキーリフトにより、急増するスキー客に対応した。また、関越自動車道をはじめとする高速道路の整備により、大都市圏からスキー場地帯へのアクセスが良くなったことも大きい。

　こうして急成長を遂げたスキー観光も、１９９０年代半ばから、大きく凋落していった。**図8-6**をみても、20代のスキー離れが著しい。

こうしたスキー客の減少に伴い、スキー場の中には、閉鎖や休業せざるを得ないものもでてきた。閉鎖・休業したスキー場には、市町村経営で規模が小さく、高低差の小さいものが多い（呉羽、２０１７）。残されたスキー場においても経営が厳しいところが多く、生き残りをかけた様々な模索がなされている。

山岳リゾートの形成

日本において海外からの観光客の誘致を図ろうとすることは、第二次大戦前において、実は既に行われていた。１９３０年に鉄道省に国際観光客が設置される。そして、集客のできるような国際リゾート地と国際観光ルートの選定にとりかかった。１９３５年に、13カ所の「重要観光地点」が「一次選定」として発表され、その中には、箱根地方、富士山麓地方、長崎雲仙が入っており、さらなる候補地として、阿蘇地方や中部山岳地方も含まれていた（砂本、２００８）。このように、当時の海外向け観光振興においても、日本の山地が、魅力ある観光資源として認識されていたことがみてとれる。

この国際観光政策のもとで、「国際観光ホテル」が建設された。山岳地域では、上高地ホテル（１９３３年）、雲仙観光ホテル（１９３５年）、志賀高原温泉ホテル（１９３７年）（**写真8-5**）、赤倉観光ホテル（１９３７年）、阿蘇観光ホテル（１９３９年）などである。これらは、スイスの山小屋のデザインを意識したものであった。それ以前にも、同様のスイス風の建物は、登山家などによって建てられていた。そして、前述のように、登山やハイキング、スキーを通して観光化が進展する中で、ホテ

写真 8-5 1966 年に立て直された赤倉観光ホテル
（著者撮影）

ルやペンションなどに、アルプスで典型的にみられるようなスイス風あるいはチロル風のデザインが採用されるようになっていく。

スイス国外において、シャレー様式と呼ばれるスイスの山小屋風の建物が建てられ始めたのは、18世紀末のイギリスである。その後、19世紀に大陸ヨーロッパで、20世紀初頭には、アメリカやカナダに拡散していく。スイスの雰囲気を身近で感じようとしたことから、別荘や湖畔、海岸の小屋に、スイス風の建物を建てることが流行したという（河村、２０２２）。こうした流行が日本にも押し寄せる。例えば、八ヶ岳周辺において、スイス風の建築の嚆矢は、蓼科高原における１９０５年築の旧渡辺千秋邸（現・トヨタ蓼科記念館）であるという。１９７０年代になって、スイスやチロルの建物を模したホテルやペンションが増えてくる。原村には、１９７４年に日本で初めてのペンション村が造られ、シャレー様式のペンションが多くみられる。

一方で、「シャレー・グリンデル Chalet Grindel」や「モルゲンロート Morgenrot」など、施設の名前がアルプスやスイスにちなむが、建築様式はスイス風ではないものもある（河村、2021）。

今日再び、日本政府は「観光立国」を掲げ、インバウンド観光を振興しようとしている。そうした中、前述のように衰退したスキー場にも外国人が訪れるようになってきた。中でも、2000年頃より、北海道ニセコ地域ではオーストラリア人を中心として、外国人の訪問が増加した。彼らは、当初、既存のホテルやペンションに滞在していたが、彼らの嗜好に合った宿泊施設を建設するようになる。アパートメントと呼ばれる、長期滞在可能な自炊施設を有するものである。アパートメントのスタイルとして、5階前後でマンション風の外観をもつコンドミニアムと、3階前後で戸建て風のコテージがあり、これらが立ち並ぶ風景が、新たなニセコの風景となってきた（呉羽、2017）。こうしたアパートメントの増加もまた、アルプスで生じてきたことでもある。

参考文献

赤井正二（2016）『旅行のモダニズム――大正昭和前期の社会文化変動』ナカニシヤ出版
荒山正彦（1989）「明治期における風景の受容――『日本風景論』と山岳会」『人文地理41』
五十嶋一晃（2007）「日本の山案内人――生い立ちと組織化をめぐって」日本山岳会百年史編纂委員会編（2007）『日本山岳会百年史［続編・資料編］』
市川健夫・白坂　蕃（1978）「乗鞍火山東麓における山地集落の変貌」『新地理26』

ウォルター・ウェストン著、岡村精一訳（１９９５）『日本アルプス――登山と探検』平凡社（Weston, W.(1896)*Mountaineering and Exploration in the Japanese Alps*. London:J. Murray)
卯田卓矢（２０１５）「比叡山における鉄道敷設と延暦寺」『歴史地理学57』
生方良雄（１９９５）『特殊鉄道とロープウェイ』成山堂書店
加藤橘夫・神田順治・西尾貫一・山口　晃（１９６３）「登山の動向に関する研究 第一報――最近の登山におけるブーム的傾向に関する一考察」『体育学研究7』
川合泰代（２００１）「富士講からみた聖地富士山の風景――東京都23区の富士塚の歴史的変容を通じて」『地理学評論74』
河村英和（２０１３）『観光大国スイスの誕生――「辺境」から「崇高なる美の国」へ』平凡社
河村英和（２０２１）「長野県内に派生したスイス風建築とスイス的なる風景（1）」『跡見学園女子大学 コミュニケーション文化15』
河村英和（２０２２）「日本の山岳・高原リゾート地における疑似スイス風シャレー建築と英国風・チロル風ハーフティンバー様式」『跡見学園女子大学　観光コミュニティ研究1』
近畿日本鉄道株式会社編（１９６０）『近畿日本鉄道80年のあゆみ』
呉羽正昭（２０１７）『スキーリゾートの発展プロセス――日本とオーストリアの比較研究』二宮書店
小島烏水（１９１０）『日本アルプス　第一巻』前川文榮閣
小島烏水（１９９６）『アルピニストの手記』平凡社
斎藤達男（１９８５）『日本近代の架空索道』コロナ社
櫻井文子（２０２１）「深淵をのぞく――明治期の浅間山と欧米人登山者」『専修大学人文科学研究所月報３１２』
志賀重昂（１９７６）『日本風景論（上）（下）』講談社（志賀重昂（１８９４）『日本風景論』政教社）

白坂　蕃（１９８６）『スキーと山地集落』明玄書房
新城常三（１９８２）『新稿社寺参詣の社会経済史的研究』塙書房
鈴木雅光（２０１１）「英国詩人・作家の詠ったスイス」『dialogos 11』
鈴木正崇（２０１５）『山岳宗教──日本文化の根底を探る』中央公論新社
砂本文彦（２００８）『近代日本の国際リゾート──一九三〇年代の国際観光ホテルを中心に』青弓社
住谷勇幸（１９９５）『江戸百名山図譜』小学館
高野靖彦（２０１４）「近世における立山名所の形成に関する試論」『富山県「立山博物館」研究紀要21』
日本山岳会百年史編纂委員会編（２００７）『日本山岳会百年史［続編・資料編］』
布川欣一編（２００５）『目で見る日本登山史』山と渓谷社
ヴァレリー・R・ハミルトン（１９９９）「日本山岳会設立前史──ガウランド・志賀重昂・ウエストン・小島烏水」日本山岳会百年史編纂委員会編『日本山岳会百年史［続編・資料編］』
J・ヘルマント編著、山縣光晶訳（１９９９）『森なしには生きられない──ヨーロッパ・自然美とエコロジーの文化史』築地書館
松井圭介・卯田卓矢（２０１５）「近世期における富士山信仰とツーリズム」『地学雑誌１２４』
松本晋一（２０１６）『ロープウェイ探訪』グラフィック社
水野　勉（２００７）「日本山岳会の百年」日本山岳会百年史編纂委員会編『日本山岳会百年史［本編］』
溝尾良隆（２０１４）「観光資源、観光地の魅力評価の系譜──誰が評価してきたのか」『観光文化２２２』
三井嘉雄（２００７）「明治の外国人による登山」日本山岳会百年史編纂委員会編『日本山岳会百年史［続編・資料編］』
宮崎克則（２００６）「シーボルト『ＮＩＰＰＯＮ』の山々と谷文晁『名山図譜』」『九州大学総合研究博物館研究報告４』

安川茂雄（１９７０）『近代日本登山史』あかね書房
山口　晃・加藤橘夫・西尾貫一（１９６５）「登山の動向に関する研究（第III報）――登山者の登山動機に関する実態」『体育学研究10』
山崎紫峰（１９３６）『日本スキー発達史』朋文堂
山田直利・矢島道子（２０１８）「J・J・ライン著「ライン博士の１８７４年日本旅行」邦訳」『地学雑誌１２７』
山本教彦・上田誉志美（１９９７）『風景の成立――志賀重昂と『日本風景論』』海風社
横川善正（１９８３）「ジョン・ラスキンと自然――「ピクチュアレスクなるもの」を背景として」『金沢美術工芸大学学報27』
吉野正敏（１９８５）「ドイツ人による日本の自然地理研究」石田　寛編『外国人による日本地域研究の軌跡』古今書院
ジョン・ラスキン著、御木本隆三訳（１９３３）『世界大思想全集81 近世画家論（四）』春秋社
ジョン・ラバック著、板倉勝忠訳（１９３３）『自然美と其驚異』岩波書店
Alcock, R. (1861) Narrative of a Journey in the Interior of Japan, Ascent of Fusiyama, and Visit to the Hot Sulphur-Baths of Atami, in 1860. *The Journal of the Royal Geographical Society of London* 31
Barton, S. (2009) *Healthy Living in the Alps: The Origins of Winter Tourism in Switzerland, 1860-1914*. Manchester Univ Press
Dixon, W. G. (1882) *The Land of the Morning: An Account of Japan and its People, Based on a Four Years' Residence in that Country*. Edinburgh: James Gemmel
Ion, H. (2015) Mountaineering in Japan: British Pioneers and the Pre-war Japanese Alpine Club. Cortazzi, H. ed. *Britain and Japan: Biographical Portraits* Vol.9. Amsterdam University Press
Oda, M. (1991) Geographical Perspectives on the Study of Shugendo, A Japanese Mountain Religion. *Regional views*, 4

Ruskin, J. (1873) *Modern Painters, Volume 4*. Smith, Elder And Co.

Satow, E.M. and Hawes, L.A.G.S. (1881) *A Handbook for Travellers in Central & Northern Japan*. Yokohama: Kelly & Co.

Satow, E.M. and Hawes, L.A.G.S. (1884) *A Handbook for Travellers in Central & Northern Japan*, Second Edition. London: J. Murray and Yokohama:Kelly & Co.

Williams, S. and Lew, A. A. (2015) *Tourism Geography: Critical understandings of place, space and experience, Third edition*. Routledge

▲コラム　より高く・より快適に――アルプスにおける索道

ロープウェイやケーブルカーといった索道の敷設により、平地に住む人々は、山地に容易にアクセスすることができるようになった。これは、ヨーロッパ・アルプスにおいても同様である。**図a**は、アルプスの中でも、オーストリア・チロル州において、索道の建設にあたり、その最高点と最低点が、年代によって、どのように変化してきたのか示している。1970年以前においては、最低点が1400m強、最高点が、1700m弱であったのが、年を経るにつれて、最低点も最高点も徐々に上昇している。そして、2000年から2010年においては、最低点が1600mを越えて、最高点は2000mにまで達している。このように、チロルにおいては、山地のより高いところへと開発が進んできたことがみてとれる。

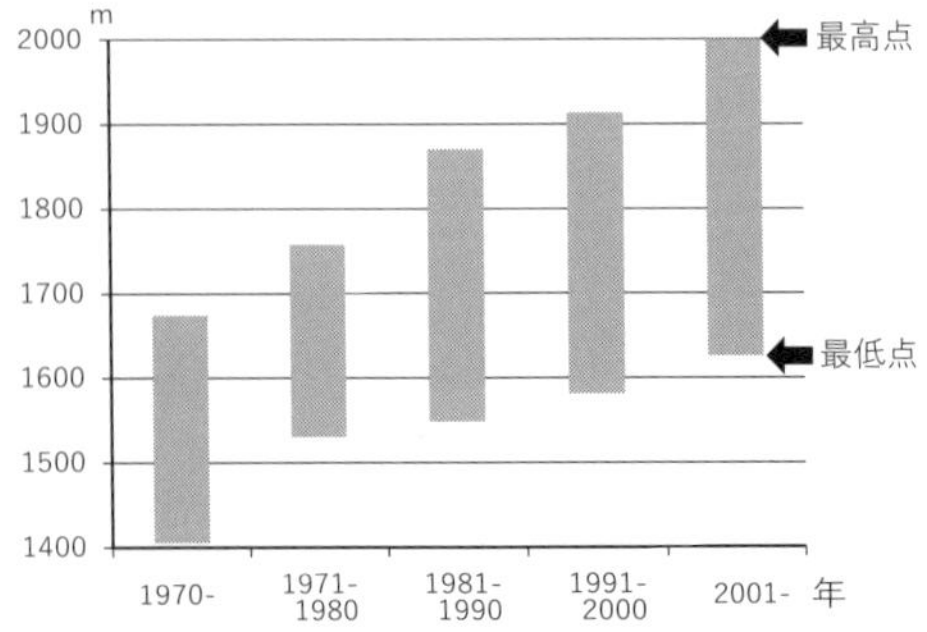

図a　チロル州における建設年代別索道の平均標高
(Seilbahnbericht Tirol 2010により作成)

こうした索道は、冬にはスキーをする人々を、夏には、登山やハイキングを楽しむ人々を運ぶ。索道によって、より標高の高い空間が利用されるようになっただけではなく、年間を通して長期にわたり山地が利用されるようになったといえる。チロル州オーバーグルグルからのロープウェイと、登った先のレストハウスについて、**写真a**は夏の、**写真b**は冬の様子を示している。ロープウェイが冬にも夏にも利用され、レストハウスが、冬にはスキー客を、夏には登山・ハイキング客を受け入れていることがわかる。

　加えて、**写真c**にみるように、多くの客を運ぶことのできる高性能で現代的なロープウェイが建設され、その終着点は3000mを越えるにもかかわらず、ガラス張りのモダンなレストランとカフェテリアを有する。そこで、ゆったりと食事を楽しみながら、あるいはワインのグラスを傾けながら、アルプスの雄大な風景を楽しむことができる。むろん、こうした施設、人工物の建設は、アルプスの自然景観の破壊としてとらえることができる。一方で、ロープウェイの敷設によって、従来は一部の登山家しか触れることができなかった素晴らしい風景を、老若男女、誰しもが享受できるようになったと評価することもできよう。

写真a　チロル州オーバーグルグルにおけるロープウェイ（夏）

写真b　チロル州オーバーグルグルにおけるロープウェイ（冬）

写真c　チロル州セルデンにおけるロープウェイのターミナル

第9章

人はなぜ山に移り住もうとするのか
―山への移住の魅力と課題―

久木元 美琴

長野県の「信州やまほいく」認定保育園。子どもたちは、山や森などの野外をフィールドに過ごす。

1　いま、山に住むということ

「山に住む」と聞いて、どのようなイメージが思い浮かぶだろうか。ある人は、都市から遠く傾斜が厳しい地形に「不便」、または「過疎」や「高齢化」といったキーワードを思い浮かべるかもしれない。ある人は、豊かな自然環境やアウトドア、お互いに顔の見える親密なコミュニティを想像するかもしれない。

山に住むことのイメージや現実は、時代によっても大きく変化してきた。近年では、農山村への移住を含む「田園回帰」に注目が集まっている。この章では、主に戦後高度経済成長期から現在までにかけて、特に他地域から「山」への移住に注目しながら、「山に住むこと」をめぐる主体や政策の変化について、整理してみたい。

2　戦後日本の地域政策と近年の「田園回帰」の傾向

戦後日本の地域政策

	一全総	新全総	三全総	四全総	21世紀のＧＤ（五全総）
目的	都市の過大化防止と地域格差の縮小	高福祉社会を目指し、人間のための豊かな環境を創出	地域特性を生かし、人間住居の環境の整備	多極分散型の国土の形成	多軸型国土形成の基礎づくり
開発方式	拠点開発構想	大規模プロジェクト構想	定住構想	交流ネットワーク構想	参加と連携
内閣	池田勇人内閣	佐藤栄作内閣	福田赳夫内閣	中曾根康弘内閣	橋本龍太郎内閣

（出所）国土交通省各種資料、報道発表等資料から大和総研作成

図9-1 戦後日本の地域政策の展開
（鈴木・長内、2019、68頁より引用）

本論に入る前に、戦後日本の地域政策の展開（**図９-１**）を確認しておく。

日本では、特に高度経済成長期に農山村からの人口流出によって過疎や集落消滅に直面し、その後も山村の人口減少と高齢化は多くの山村で継続した。地域間格差や地方の停滞への対策として「全国総合開発計画」などの地域政策がとられ、拠点開発や工場・オフィスの地方分散、地方におけるハード整備等が行われてきた。しかし、グローバル化や産業構造の転換、少子化の進行のもとで、農山村の人口減少や高齢化は続き、１９９０年代以降には人口の東京一極集中傾向が加速化している。

こうした現状から、国は２０１４年に「まち・ひと・しごと創生総合戦略」、いわゆる「地方創生」政策を開始した。地方創生政策では、従来の地域政策よりも人口減少対策に踏み込んだ内容となっており、東京圏から地方都市や農山村へ移住する人々への支援などが盛り込まれている。地方創生政策の開始により、各自治体では地域内の人口維持や

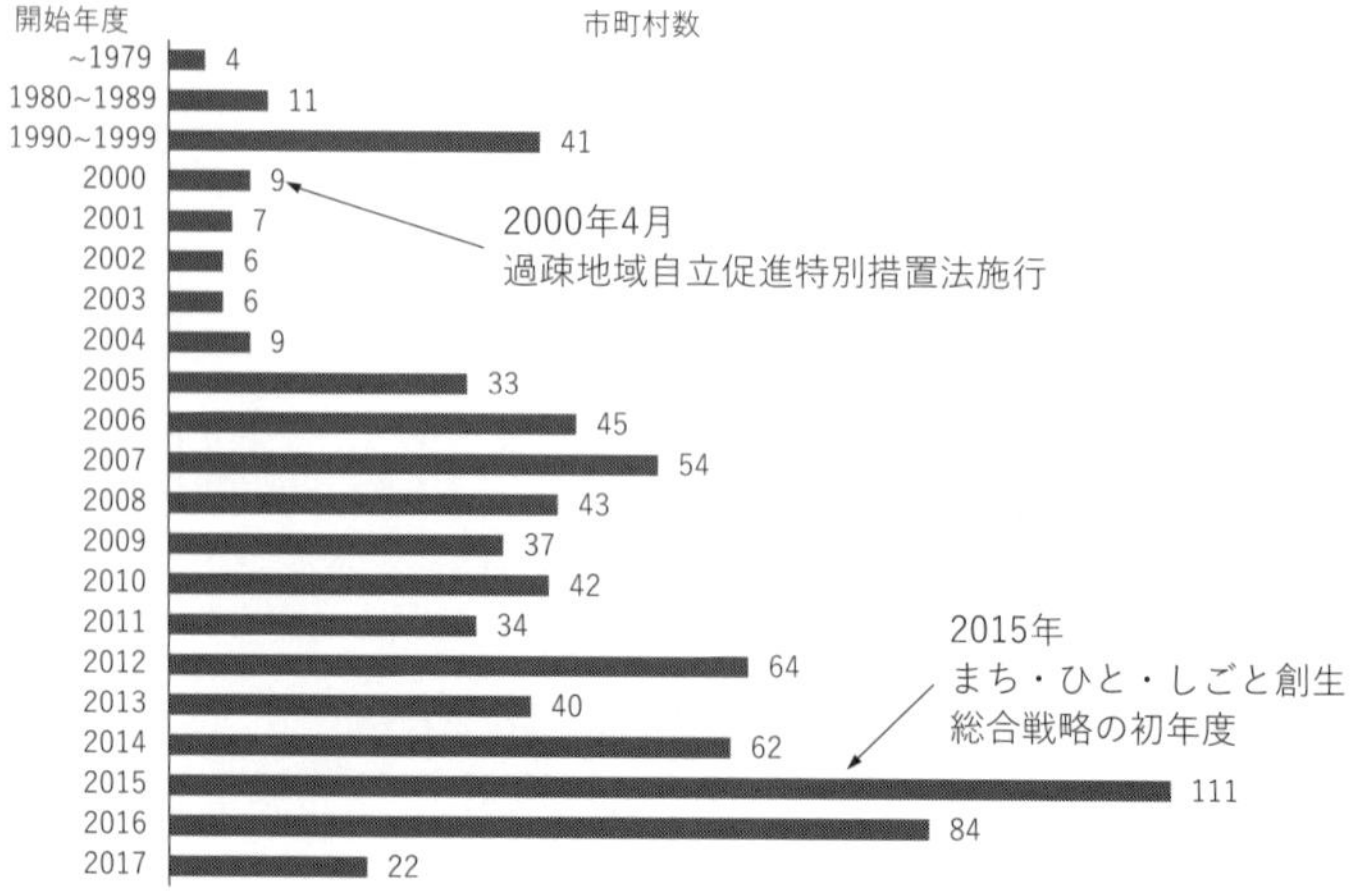

図9-2　過疎関係自治体（市町村）が移住・定住支援施策を開始した時期
（「「田園回帰」に関する調査研究報告書」より作成）

増加に向けた具体策を示す必要が生じ、多くの自治体ではその一環として移住支援に力を入れている。

こうした中で、農山村でも移住・定住促進事業がさかんに行われている。ここで、総務省地域力創造グループ過疎対策室が2017年に行った全国の過疎関係自治体（全817市町村）に対する調査（以下、総務省調査）から、過疎市町村が移住・定住支援施策を開始した時期（**図9-2**）を確認する。1989年以前には少数だった移住・定住支援施策は、1990年代に先発的な増加があり、その後、2005年以降に増加して地方創生政策（まち・ひと・しごと総合戦略）の初年度にあたる2015年に開始した市町村数が最も多くなっている。

同調査によれば、過疎市町村全体が実施している移住・定住支援施策上位3項目は「子どもの医療費助成」「移住相談窓口の設置」「保育料（保育園・幼稚園）の軽減、免除」であり、特に子ども・子育て関係の経済的支援が目立つ。移住定住支援のなかで「特に力を入れているもの」の設問でも、「出産・子育てに係る費用の支援」が最も高い割合（51.5パーセント）を占め、これら過疎市町村の移住・定住支援施策において子育て世帯へのアピールが強く意識されていることがうかがえる。

「田園回帰」と農山村への移住

人々の価値観の変化や政策の後押しもあって、「田舎暮らし」や「田園回帰」に対する関心の高まりが指摘されている。通勤時間の長さや高い住居費、慌ただしい生活を強いられる東京ではなく、自然環境の豊かさ、仕事だけでなく自分や家族の時間を持てる暮らし、生活費の安さなど、「田舎」ならではの暮らしを重視して移住する若者や子育て世帯もいる。

かつては「不便」「辺鄙」と敬遠されがちだった山村での暮らしは、高度経済成長期以降の地域政策の効果やモータリゼーションの影響で変化してきた。少なくとも現在残っている山村では、道路や上下水道・通信といった各種インフラは都市部に大きく遜色のない水準に整備されているところが多い。インターネットの普及が進み、様々な業務をインターネット上で行えるオンライン化やリモートワークが広がった。職場への通勤頻度を減らすことができるのであれば、都心近くにこだわらず住環境の良いところに住みたいという動きもある。「住まい」を一つの場所に決めてしまうのではなく、都市と農山村との「二地域居住」をしたり、「ふるさと納税」やリピーター訪問などを通じて農山村と関係を持つ「関係人口」になったりと、居住のあり方は、多様かつ流動的なものになってきている。

前述の総務省調査では、都市部からの移住者の増減を経年度で算出して地図化している（**図9-3**）。2000年、2010年、2015年の3時点の間のいずれかで移住者が増加した区域（地図中では黒でプロットされた区域）は、中山間地域でもみられている。同調査では、2015年国勢調査の移住者数を2010年国勢調査と比較した場合に、人口規模の小さい区域の方が、移住者が増加している区域の割合が高いことも指摘されている（**表9-1**）。

もちろん、こうした動きは全体からみればごく少数の動きであり、「田園回帰」を東京一極集中や過疎問題に対する夢の解決策のように捉えることは適切ではない。2021年9月に発表された内閣府による「農山漁村に関する世論調査」では、都市に住む人に対し農山漁村地域への移住願望（定住および二地域居住）を尋ねているが、「（移住願望が）ある」「どちらかというとある」をあわせた割合は26・6パーセントであった。実際に移住する意欲や条件のそろった人であることを考えれば、移住が実現する割合はもっと低い。とはいえ、もともと人口規模の小さい集落にとって、少数であっても移住による人口増加が持つインパクトは大きいということも、見逃すべきではない。過疎といわれる農山村の集落の中には、他地域からの移住者を増加させ、集落を維持・活性化している地域もみられるのである。

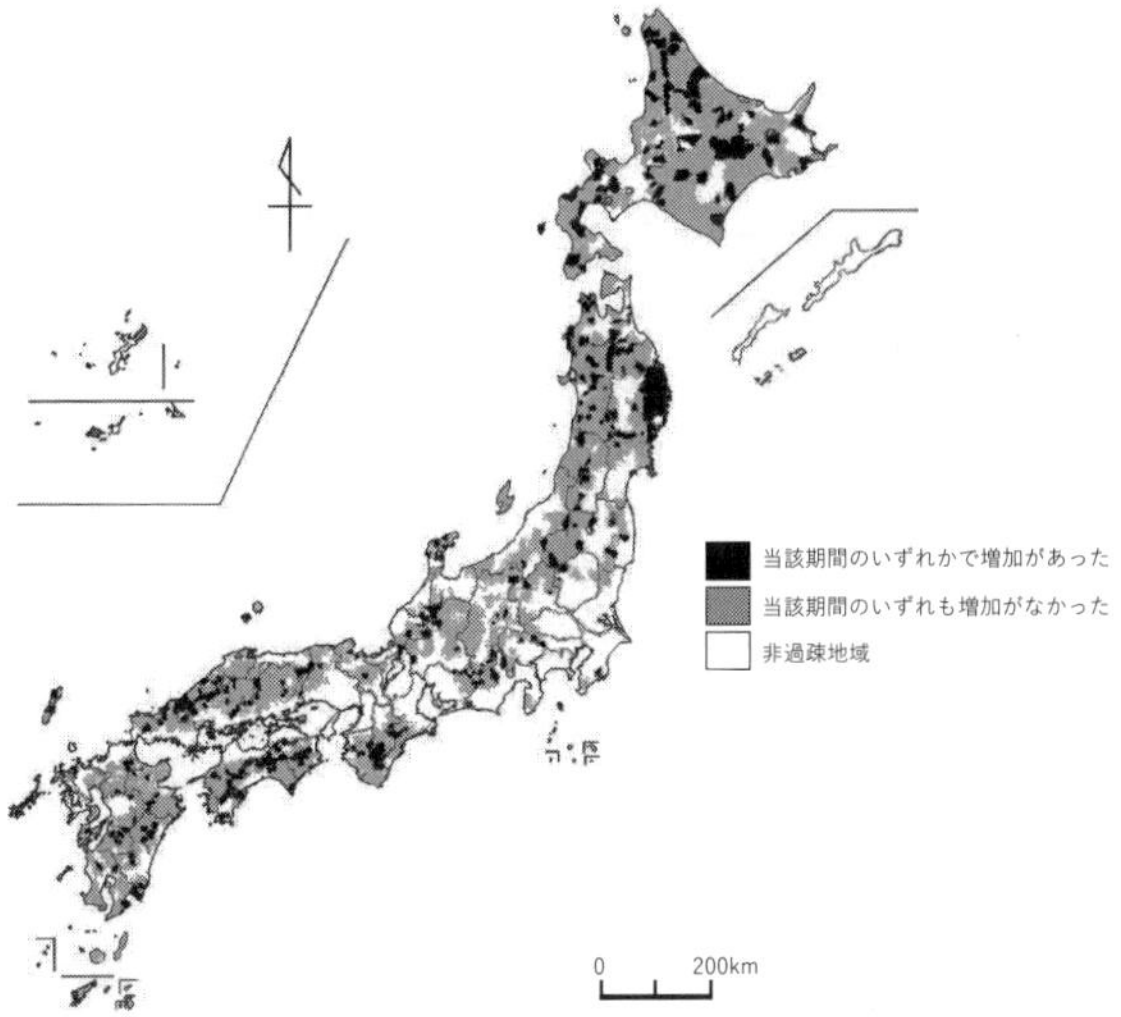

※ 2000～2005年、2005～2010年、2010～2015年の各期間における増減

図9-3 2000年以降における都市部からの移住者の増減傾向
（「「田園回帰」に関する調査研究報告書」80頁より引用、一部改変）

表9-1 区域の人口規模別にみた移住者増加区域の割合
（「「田園回帰」に関する調査研究報告書」より作成）

人口規模	移住者が増加した区域の割合＊（％）
2,000人以下	35.3
4,000人以下	31.1
6,000人以下	23.6
8,000人以下	19.5
10,000人以下	15.1
20,000人以下	19.2
20,001人以上	20.0

＊各人口規模の区域数に対する移住者が増加した区域数の割合

3 「山に住むこと」の過去と現在

山間部に人が住むこと、山の集落やそこでの人の営みには長い歴史があった。しかし日本の近代化や経済成長にともなって、山での暮らしが経済合理性を失うと、賃金収入・雇用機会の乏しさや都市部への隔絶性・不便性から、山の集落からは人口が流出した。

一方、都市から隔絶された山という場所をあえて選んで移り住んでくる人は、少数ながらも一定程度存在していた。特に、1960年代以降、高度経済成長の負の側面として「公害」に代表される環境汚染が問題視され、行き過ぎた産業化や利益追求に偏重する資本主義体制への疑問から、自然志向的な理念を持つ運動が活発化した。都市から隔絶された山は、そうした理念を実践する場所としても選ばれてきた。

以下では、和歌山県色川地区の事例を通じて、自然志向的な理念を持つ人々の移住とその後の展開を概観したい。

移住「先発」地域の経験——和歌山県色川地区を事例として

ここで取り上げる和歌山県色川地区（以下、「色川」）は、和歌山県東牟婁郡那智勝浦町に位置する山間部の集落である（**図9‐4**）。高度経済成長期に入るまで、色川は林業や鉱業、茶業で生業を立て、戦後一時期は人口３０００人を超えたが、その後は他の山村と同様に過疎化した。しかし、１９７０年代から移住者を受け入れ始めた色川では、子育て世代を中心に移住者の割合が増え（**図9-5**、**図9-6**）、２０２１年現在では人口の5割以上を移住者が占める。このような田園回帰「先発」地域の一つとして知られる色川の移住受け入れについて、以下では、春原（２０１６）をもとにまとめてみる。

図 9-4 色川の位置
（春原、2016、26 頁より引用、一部改変）

（1）自給自足をめざすグループの移住：１９７０年代

色川で現在につながる移住者受け入れの動きが生じたのは、１９７０年代のことである。１９７５年に、のちに「耕人舎」と名乗るようになるグループが色川を訪れた。かれらは東京近郊に住む当時20歳代から30歳代の男女で、有機農業を軸とする共同体での自給自足生活を志し、過疎の農村をまわって移住候補地を探していた。グループの中心人物の男性は東京の大学を卒業後に入社した新聞社をほどなく退社し、7年間海外を放浪する間に「先進国の日常生活が発展途上国からの搾取のうえに成り立っているという認識を強め、こうした構造に組み込まれずに生きたい」と考えるに至った。彼の弟も化石燃料に頼る近代農業に疑問を抱いており、「自然との共存を目指し『農』を

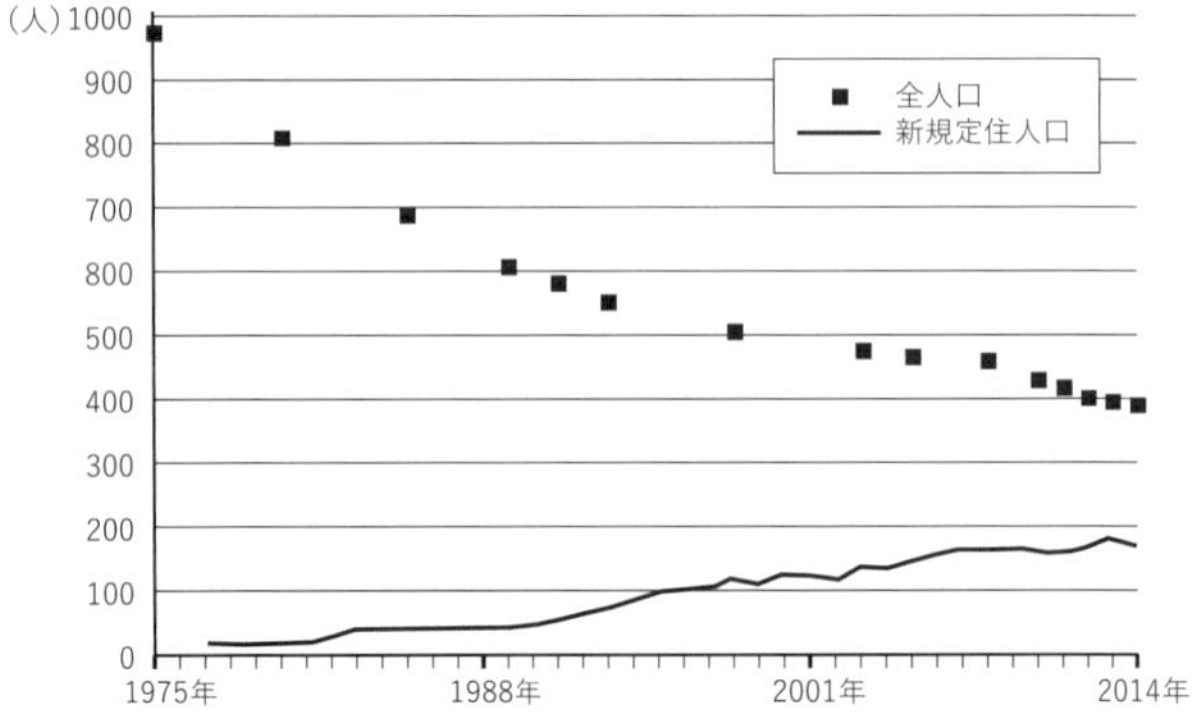

図9-5　色川の人口および新規定住人口の推移
（春原、2016、27頁より引用）

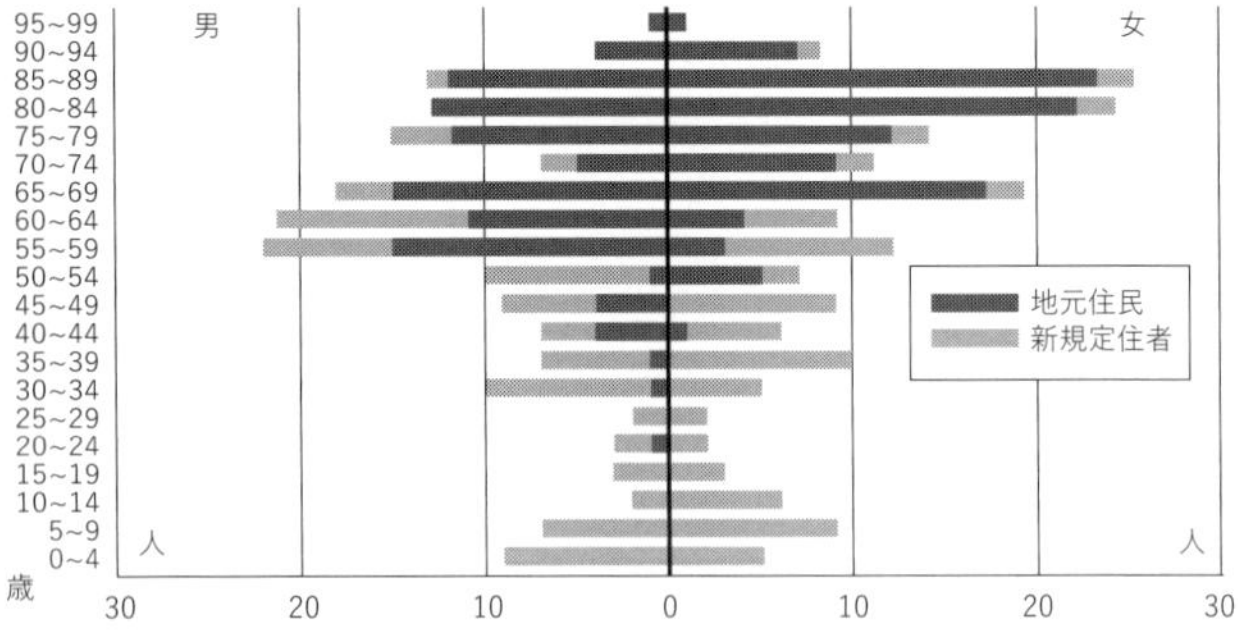

図 9-6　色川の年齢別人口ピラミッド（2015 年）
（春原、2016、27 頁より引用）

中心とした生活の場を再生したい」という思いを共有する仲間とともに活動を開始した。当初は伊豆へ通い週末農業を行っていたが、より本格的な自給自足生活のできる場所が欲しいという希望が高まり、メンバーの知人の紹介で色川を訪れた。

「田舎暮らし」という言葉が一般的でなかった時代でもあり、色川の地元住民は当初警戒心を抱いていたが、信頼できる知人からの紹介があったことに加え、彼らが2年間に30往復も色川を訪れる姿をみて、徐々に信頼するようになった。

(2) 移住者による有機農業実習と定住受け入れ：1980年代

1980年代になると、「耕人舎」の移住や生活がメディアに取り上げられたこともあり、脱都会、有機農業、共同体などに関心を持つ人々が、色川の移住者を訪ねるようになった。耕人舎は、こうした訪問者を実習生として受け入れ、この時期に実習生として色川に長期滞在し、その後定住した男性2名も出てきた。耕人舎は1982年に理念に賛同する都市住民からの出資を募り、それを資本金として株式会社を設立し、購入した民家を会員宿泊施設兼本部とした。さらに、東京に連絡所を設け、色川の産品を販売したり田舎暮らしに関心を持つ人の相談に乗ったりした。耕人舎のこうした活動により、移住者は1990年代初頭までに10数世帯までに増えたという。移住の実例が増えることで家や土地をよそ者に譲ることに地域の側も慣れ、定住への時間短縮やハードルの低下につながった。

この時期の移住者の多くは30歳代で大都市圏出身の夫婦や子連れ世帯が多く、有機農業・環境問題・

食の安全性・田舎暮らしなどへの関心がある人々であった。自給自足的な生活を望むため、安定した就業機会を外に求める者はおらず、なるべく支出を抑えた質素な暮らしをする。移住者の分布が色川の限られた集落に集まっていたこともあり、地元住民の中には移住者をひとくくりに「耕人舎さん」と呼ぶ人もあった。もちろん、地元住民とも集落の共同作業を通じて交流があったものの、地元住民と移住者との間には物理的・心理的に一定の距離があったといえる。

（3）地域全体の取り組みによる受け入れ体制：1990年代〜現在

移住者による有機農業実習の延長線上にあった色川の定住受け入れは、1990年代になると、移住者や移住者と近い一部地元住民のみならず地域全体での取り組みへと展開し、行政による支援も加わってきた。

1991年の第4期山村振興計画の策定をきっかけに、色川では、「色川地域振興推進委員会」が発足した。約30名の委員の中には8人の移住者も含まれており、移住者の委員の提案を受けて、定住受け入れを委員会の活動とすることが決定した。1992年には委員会内に「体験班・実習班・定住促進班」が設置され、田舎暮らしや移住に興味を持つ人に体験・実習・物件斡旋等を行うようになった。問い合わせには役場が対応し、体験プログラムでは地元住民との接触機会を、定住に際し地元住民との集団面接を、それぞれ設け、地元住民も定住プロセスにかかわるようになった。このほか、ハード整備として、旧小学校を改修した体験・実習のための滞在施設が設置されたほか、町営の定住促進住宅も建設された。

ここで、前掲**図9-2**の全国の過疎関係市町村における移住・定住支援施策の開始時期のグラフを再度参照すると、1991年に公的な取り組みを開始した色川は、「先発」グループであったことがわかる。1970年代から移住者を受け入れてきたバックグラウンドが、早い段階での行政による移住・定住支援の導入につながったといえよう。

公的な定住受け入れにともなって、それまでの自然志向的な移住者グループを中心とした移住者像にも変化が生じた。那智勝浦町の市街地や近隣市町村に通勤して現金収入を得るという移住者の割合は増加した。しかし、農的暮らしへの志向は依然として強く、可能な範囲で無農薬の米や野菜づくりに取り組む世帯が多いという。

1970年代以来の有機農業や自給自足的生活への実践も引き継がれている。たとえば、**写真9-1**に挙げた「そこそこ農園」では、有機農業を実践する移住者の農家が、滞在希望者を受け入れている。体験できることは「野良仕事」や「薪炭での調理」のほか、希望や季節に応じて「藁草履づくり」「保存食作り」などである。「そこそこ農園の農業」の欄にみるように、規模や収益の拡大よりも環境負荷の低い農業を重視し、宿泊料・体験料を受け取るのではなく「食材費相当～のカンパ歓迎」のスタンスがとられている。

2000年代には、国や県による制度・政策を通じた定住もみられるようになった。和歌山県が開始した林業従事者育成のための「緑の雇用」事業によって、色川にも研修生が採用され、元研修生の

そこそこ農園 でできること

【日課】
野良仕事
薪炭で調理
鶏の世話、卵集め
牛の世話、牛耕の練習
薪風呂
家のお掃除
子どもと遊ぶ
音楽　etc...

【ご希望に応じて】
薪割り
鶏さばき
藁草履づくり
家の前の川で遊ぶ
ご近所さんとお喋り、一緒に食事
郷土料理作り(茶粥、めはり寿司、おまぜ等)
散歩、生物観察、山歩き、滝めぐり、のんびり、etc...

【タイミングが合えば】
保存食作り(漬物、梅干、味噌、なれ寿司等)
山菜採り
茶摘み、製茶
猪・鹿の解体
石垣積み
田舎の行事に参加(祭り、出役等)
にわか大工
満天の星空　etc...

そこそこ農園 の農業

田んぼ3反、畑2反(果樹含む)、茶畑4反
鶏200羽(平飼い有精卵)、牛1頭(牛耕用)
無農薬、無化学肥料。畑は不耕起栽培。
もっとたくさんとか、もっとよいものとかいうより、
なるべく環境に負荷をかけないことを大切に考え、
そこそこの手間でそこそこの質・量の収穫を目指し、
機械やビニール資材等は極力使いません。
鶏小屋は、間伐材や廃材主体の手作りで、
鶏の餌は、国産穀物と食品残渣主体の自家配合。
畑で使う肥料は、牛糞と鶏糞です。

【種をとる作物】
コメ(やまびこ・代官モチ)
大豆(青・黒)　小豆
ささげ(黒・赤)
そらまめ(青・赤)
うすいえんどう
スナップえんどう
絹さやえんどう
さやいんげん
らっかせい　四角豆
小麦(農林61号)
たかきび　金ごま
里芋　さつまいも
じゃがいも
つくねいも
ごぼう　かぼちゃ
伏見甘長とうがらし
辛いとうがらし
オクラ　モロヘイヤ
モチトウモロコシ
ほうれん草　高菜
コウサイタイ　春菊
しょうが　にんにく
にら　ねぎ　わけぎ
らっきょう　へちま
れいし　しそ(赤・青)etc...

【種を買う作物】
たまねぎ・なすび・ピーマン・トマト・きゅうり・とうもろこし・空芯菜・白菜・キャベツ・レタス・ブロッコリー・大根・人参・かぶ・小松菜・青梗菜・アスパラ菜・タアサイ　etc...

【果樹等】
梅　レモン
ゆず　お茶
栗　キウイ
甘柿　渋柿
ブルーベリー
ポポー
たらの芽
etc...

そこそこ農園の野望
牛耕・精米水車・乳ヤギ・オフグリッド　etc...

ご利用の手引き

- 健康で、平和に対話できる、共同生活が可能な方に限らせていただきます。不安な点はご相談ください。
- 滞在希望の半月前くらいまでにご連絡ください。たいていいつでも歓迎ですが、滞在期間はご希望に添えない場合もございます。なお、5月は超繁忙期のためリピーターに限らせていただきます。
- 滞在中の過ごし方は、こちらのスケジュールに準じ、相談して決めていきましょう。左記「できること」を参考に、ご希望があれば事前にお知らせください。
- 食事は、皆で一緒に作って食べる、が基本です。自給の米、野菜、卵、廃鶏、猪鹿等。アレルギー、菜食主義等は可能な限り対応します。
- 滞在中の事故等の責任は負いかねます。スポーツ安全保険へのご加入をお勧めします(800円/年、手続きはこちらでいたします)。
- 宿泊施設の許可はありません。宿泊料・体験料等はいただきませんが、食材費相当～のカンパ歓迎します。
- 築150年の古民家で、「昔の暮らしを体験できる資料館」のつもりで暮らしています。設備は整っておらず、お客様扱いはできませんが、不便も楽しみ、家族の一員のように過ごしていただければと思います。
- 楽器の持ち込み、演奏、大歓迎です。うちには、ギター複数・ベース複数・ウクレレ・木琴・キーボード・フルート・トランペット・ピアニカ・リコーダー・ハーモニカ・ジャンベ等あります。

写真9-1「そこそこ農園」パンフレット（一部抜粋）

うち8名が色川に住み世帯を構えている。そのほか、国による過疎地域への人的支援制度である「地域おこし協力隊」や「田舎で輝き隊！」を通じて都市から色川へ転入し、任期終了後に定住した6名がいる。他方、初期に移住してきた人々も定年世代となり、それに関連する他地域への流出が生じてきた。移住者の子どもが大学進学で色川を離れたり、移住者の親が都市部に住んでいる場合、親の介護のために色川を離れたりするケースもある。その一方で、移住者2世の定住もみられており、今後の動向が注目されている。

4 「田園回帰」する人にとっての農山村の魅力

自然環境、働き方、子育てのしやすさ

現在、実際に過疎地域に移住した人は、どのような意識や背景から移住に至ったのか。第2節で示した総務省調査では、2017年に過疎関係市町村に移住した人に対し、アンケート調査を行っている。まず、転居の際に「地域の魅力や農山漁村地域（田舎暮らし）への関心が、転居の動機となったり、地域の選択に影響した」と回答した人は全体の27・4パーセントであった。これらの人に対し、現在の地域に移住した理由を尋ねたところ、「気候や自然環境に恵まれたところで暮らしたいと思った」、「それまでの働き方や暮らし方を変えたかった」「都会の喧騒を離れて静かなところで暮らしたかった」が上位を占めた。転入前の居住地別にみると、都市部からの移住者の方が、それ以外の地域からの移住者よりも、上位3つの理由を挙げた割合が10ポイント以上多かった。また、30代、40代では「豊かな自然に恵まれた良好な環境の中で子どもを育てたかったから」が23・0パーセントと比較的高い割合を占めている。

また、移住する際に最も重視したことでは、「生活を維持できる仕事（収入）があること」「子育てに必要な保育・教育施設や環境が整っていること」「買い物や娯楽などの日常生活に必要なサービスや生活関連施設があること」を挙げる割合が高かった。男女別にみると、女性では「子育てに必要な保育・教育施設や環境が整っていること」の回答割合が全体よりも高い。

都市に住む人が地方移住に際し子育て環境を挙げる傾向は、内閣官房まち・ひと・しごと創生本部による2020年調査でも確認されている。この調査は東京圏以外の地方への移住を想定しており、必ずしも過疎地や農山村を想定したものではないが、地方移住に関心を持つ東京圏在住者にとって、何が「魅力」として映るのかを把握するうえでは参考になる。東京圏在住者のうち地方で暮らすことに関心があると回答した人に「地方での暮らしのどのような点（魅力）に関心を持ったのか」を尋ねたところ、上位には「山・川・海などの自然にあふれた環境」「空間的・時間的に余裕のある生活」、「生活コストが安価であること」に続き、「子育て環境（保育、教育、子育て支援など）の良さ」が挙げられた。

このように、移住に関心をもつ都市住民にとって、農山村の自然環境や喧騒から離れた静けさ、働き方や生き方が、魅力として認識されている。特に女性や子育て世帯において、保育・子育て環境は、最上位ではないにせよ、無視できない要素となっているようだ。

自然保育への公的支援――長野県における「信州やまほいく」事業

魅力としての「子育て環境」には、行政による保育サービスの充実度や経済的支援のほか、自然豊かで穏やかな環境のなかでのびのびと子育てできることも含まれている。地方農山村の子育て環境への関心の高まりを受け、「自然環境」と「子育て」の組み合わせである自然保育を公的事業として位置付け、アピールする自治体もみられるようになった。

長野県では、２０１５年から「信州やまほいく」（信州型自然保育認定制度）を開始し、県が独自に定めた24項目の基準をクリアした、自然保育に取り組む団体を認定している。県の「信州やまほいく」のウェブサイトには、「長野県は県土の78％が森林であり、全国に誇る豊かな自然環境を有しています。さらに、長野県は南北に長く、標高差もあることから、地域ごとで多様な文化が育まれています」と山林を多く含む自然特性をアピールし、「子育て先進県ながの」を実現するために創設したとされている。

そもそも日本における自然保育や野外保育の実践には「青空保育」や「おさんぽ会」などの歴史がある。さらにデンマークやドイツなどヨーロッパを中心に普及した「森の幼稚園」は、森や自然を活用して保育や幼児教育を行う手法で、子どもの感性や主体性を引き出す保育として日本でも注目されるようになった。長野県でも、野外保育や自然保育の実践が蓄積されていた。こうした民間有志により蓄積されてきた自然保育の実践を基盤として公的支援事業に位置付け、自然環境とくみあわせて地域ならではの価値として認定・発信したのが、「信州やまほいく」だといえるだろう。

なお、長野県以外にも、鳥取県の「とっとり森・里山等自然保育認証制度」（２０１５年）のほか、広島県の「ひろしま自然保育認証制度」（２０１７年）、滋賀県の「しが自然保育認定制度」（２０２０年）などの同様の制度がある。２０１８年には、長野県、鳥取県、広島県の3県知事の共同宣言により、「森と自然の育ちと学び自治体ネットワーク」が創設され、行政として自然保育に取り組む際の情報交換がなされている。

信州やまほいくの概要と推移

信州やまほいくに申請できる団体は保育所、幼稚園、こども園で、これには自然保育や野外保育を実践する認可外保育所も含まれている。認定されると、県主催の各種研修会や交流会への参加、自然体験や安全管理の専門指導者の県からの派遣、自然保育のポータルサイトでの自園の活動内容のアピールのほか、公的支援を受けていない団体への人件費の助成や「長野県森林づくり県民税」を活用した活動フィールド等整備の補助が受けられる。２０１５年の創設以来、認定園数は増加しており（**図9-7**）、２０１９年9月末時点で長野県内37市町村の２１０団体が認定を受けている（**図9-8**）。

やまほいくは認定基準の異なる「特化型」と「普及型」とに分かれている。普及型は「一週間で計5時間以上の屋外を中心とした体験活動」が基準となるのに対し、特化型は、より本格的な自然保育

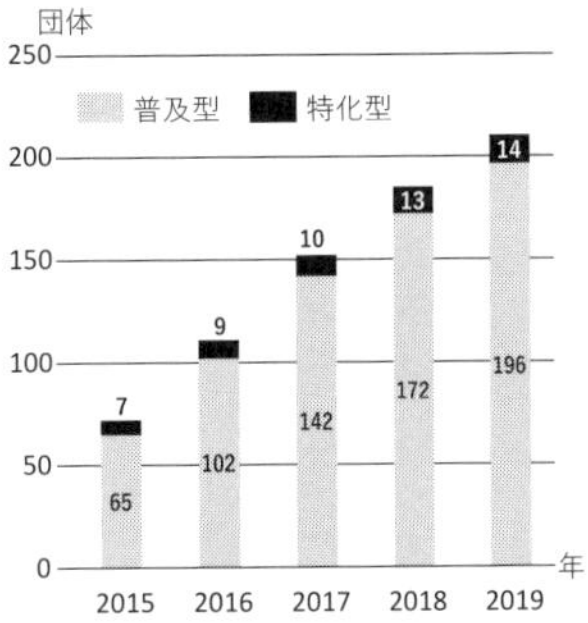

図 9-7 長野県における「信州やまほいく」認定園数の推移
（『信州型自然保育（信州やまほいく）認定制度創設後 5 年間の流れ』より作成）

（野外保育）の活動で、「一週間で計15時間以上の屋外を中心とした体験活動」「通算2年以上の自然体験活動の指導経験がある常勤保育者が半数以上」「安全管理の専門講習を受講した常勤保育者」といった基準をクリアする必要がある。これらの基準をクリアした特化型の認定園は、２０１９年時点の認定団体２１０団体のうち14団体となっている（**図９-７**）。

信州やまほいくの移住・定住への影響

信州やまほいくの情報発信は、県外の子育て世帯と保育者に向けても行われている。長野県の首都圏情報発信拠点である銀座ＮＡＧＡＮＯでは２０１４年度から年に2回の定期セミナーが開催されている。県によれば、信州やまほいくへの注目度が上がるにつれ、特化型園を中心に移住希望者が増加しており、中には在園児のほとんどが移住者という園もあるという。県が認定園に対し２０２０年に行ったアンケートでは、「県外から移住してきた世帯があるか」という設問に

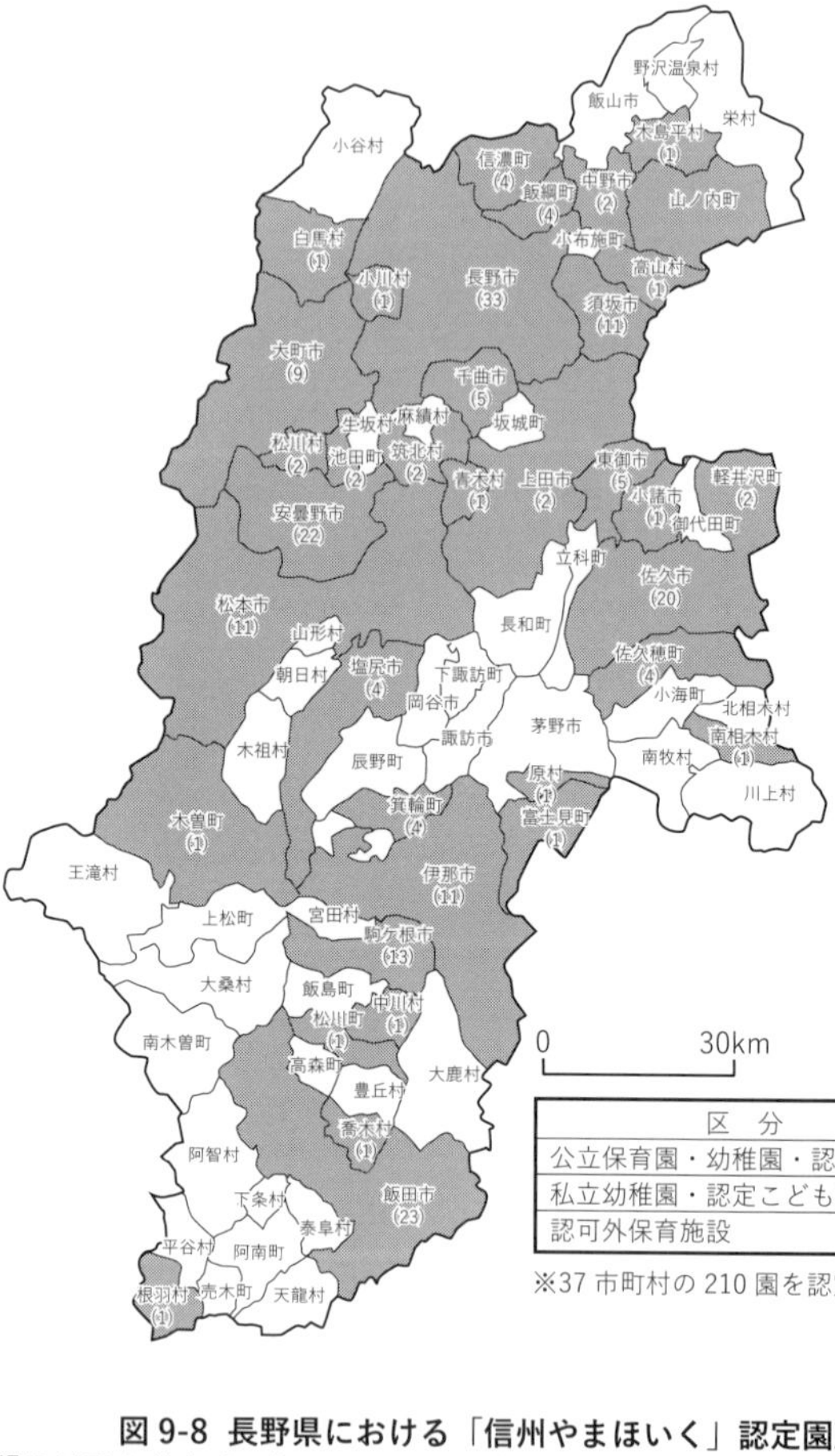

区　分	認定園数
公立保育園・幼稚園・認定こども園	157
私立幼稚園・認定こども園	38
認可外保育施設	15

※37 市町村の 210 園を認定している。

図 9-8 長野県における「信州やまほいく」認定園所在市町村
(『信州型自然保育（信州やまほいく）認定制度創設後 5 年間の流れ』より引用)

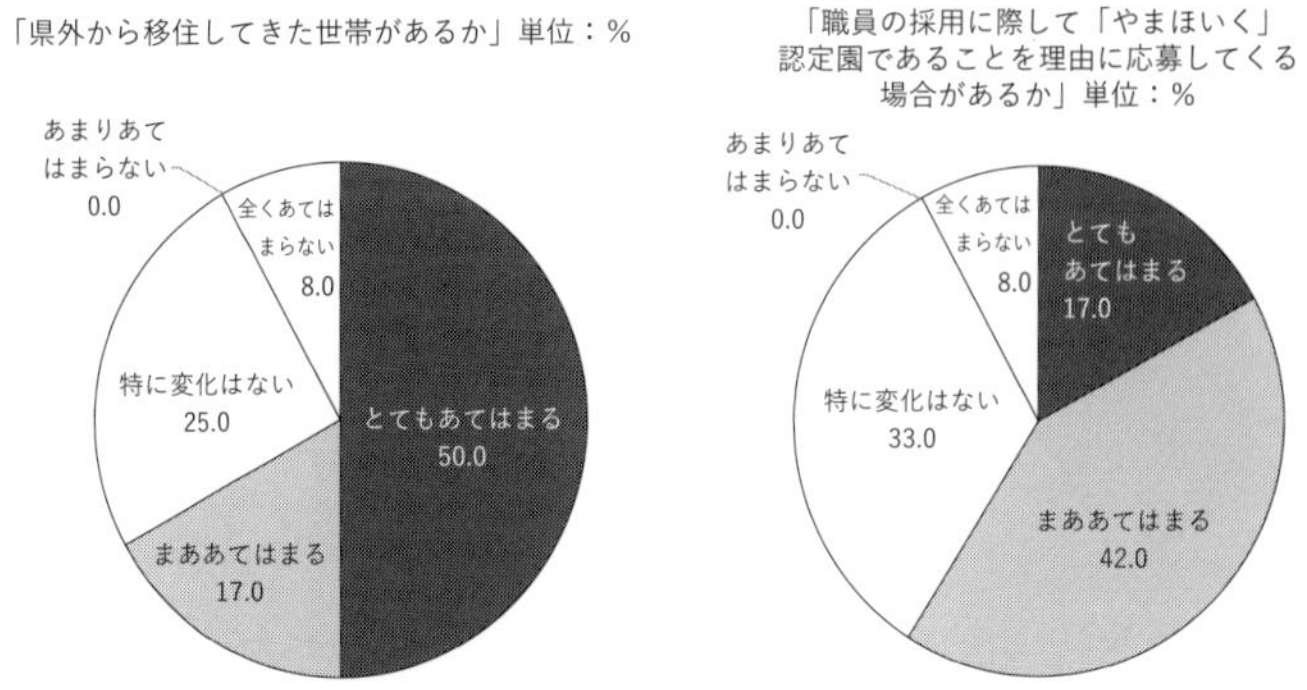

図 9-9　信州やまほいく認定園（特化型）における
県外からの移住や「やまほいく」を理由とした職員応募の状況
（『信州型自然保育（信州やまほいく）認定制度創設後 5 年間の流れ』より作成）

対し、本格的な自然保育・野外保育を行う特化型の園では67パーセントが「とてもあてはまる」「まあてはまる」と回答した（**図9-9**）。普及型の園でも、認知が進んできたと考えられる認定5年目の団体では26パーセントが「とてもあてはまる」「まあてはまる」としている。

自然保育は、保育所等を利用する側だけでなく、保育士など保育スタッフにも魅力的に映る部分があるようだ。県が認定園に行ったアンケート調査では、「職員の採用に際して、「やまほいく」認定園であることを理由に応募してくる場合があるか」という設問に「とてもあてはまる」「まああてはまる」の割合が特化型では59パーセントあり（**図9-9**）、認定5年目の普及型でも42パーセントを占めた。近年、保育士や介護士などのケア労働力が東京圏へ流出し地方農山村でのケア人材が不足することが懸念されている。山間部や過疎地の環境を生かし、公的事業として位置づけられた自然保育は、そうした保育実践に魅力ややりがいを見出し、そこで働きたいと思う人々の受け皿としても機能する可能性がある。

5「山暮らし」の課題と希望

この章では、特に都市からの移住という観点で「山に住むこと」の変化や事例をみてきた。都市化と都市的生活様式が広い範囲でいきわたっている中で、山は豊かな自然環境に加え、都市とは違った働き方や暮らし方のできる場所として魅力となっている。

ただし、行政による移住・定住支援の観点からは、課題も残されている。三重県は２０１９年に、全国の都市部（一都三県、愛知県、二府二県及び人口１００万人以上の政令指定都市）から地方への移住経験者（20~30歳代の男女２００人）に対する意識調査を行っている。移住後の理想と現実のギャップを尋ねた質問に対し「ギャップなし」が５２・５パーセントと最も高かったものの、「物価の高さ」（「都市部よりも地方のほうが生活費が安くなると想像していたが、実際は物価の高さや車の燃料費など想定よりも生活費がかかった」、１４・５パーセント）を、「インフラや都心へのアクセスの不便さ」（「自然環境の豊かな田舎暮らしに憧れていたが、実際に住んでみるとインフラや都心へのアクセスなど生活が不便に感じることがあった」、１２・０パーセント）が選択していた。また、内閣府（２０２１）の世論調査では、農山漁村に住んでいる人が「農山漁村地域の生活で困っていること」の上位３項目は、「都市地域への移動や地域内の移動などの交通手段が不便」「後継者がいない」「買い物、娯楽などの生活施設が少ない」であった。

さらに、2000年代以降に進んだ「平成の大合併」では、市町村の範囲が広域になることで、中心部から遠い縁辺地域において閉鎖や統合などによって、福祉施設や医療施設が遠くなり、通所や送迎に困難をもたらすことが懸念されている。移住・定住支援として保育・子育て系の経済的支援が注目されているが、特に農山村が位置する縁辺部での施設や拠点へのアクセスやインフラの維持にも注視する必要がある。色川の事例でみたように、移住者自身の加齢にともなって、子どもの教育や親の介護など生活上の課題も変化してくる。移住・定住後のライフコースを念頭においた中長期的な支援のあり方を継続的に検討していく必要があるだろう。

最後に、長野県伊那市の移住ガイドブック『伊那市移住ガイド』の中の文章を紹介して、この章を閉じたい。伊那市もまた、山林に囲まれた山間の地域である。このガイドブックは、東京、千葉、大阪、京都、新潟からの移住者5名と地元出身者1名とが中心となって作成され、伊那市に関心を持つ人に向けたガイドとなっている。その冒頭に記された以下の文章には、移住者がライフスタイルとしてこの場所を選び暮らしていくことの価値が、端的に表現されている。

私たちが暮らす長野県伊那市は、ごくごく普通のまちです。ときには「何もない」と言われてしまうこともあるくらい。だけど私たちは、このまちが好きで、ここに暮らす人たちが好きです。

「なんでもある」都会の暮らしは、仕事も教育も娯楽も選びきれないほどに選択肢が用意されていて、確かに便利。でも、近くの森を歩いたり、満点の星空の下で焚き火をしたり、鳥の鳴き声を聞いて春の訪れを感じたりする日常は、子どもの将来にすてきな種をまいてくれている気がします。誰かが与えてくれるものにあふれた「なんでもある」暮らしではなく、自分自身が感じること、作り出せること、この手のなかにある大切なものごとを、子どもたちに伝えたい。そんな暮らしを探すあなたに、私たちなりの伊那市の暮らしを伝えたくて、このガイドブックを作りました。

こうしてみると、山への移住・定住支援には、生活を維持するうえでの仕事や賃金、生活サービスへのアクセスを拡充しながら、都会の「なんでもある」暮らしとは異なる形での幸福を求める人々にとっての価値を守っていくという、アンビバレントな両立が求められているといえる。困難にも思えるこの両立に挑戦する山村は、これまで都市を前提に形作られてきたライフスタイルや価値観を相対化し続ける、最前線の場所なのかもしれない。

参考文献

鈴木雄太郎・長内　智（２０１９）「総合戦略から探る令和時代の地方創生に必要なことは何か」『大和総研調査年報35』

春原麻子（２０１６）「移住者受け入れ40年の歴史」、小田切徳美・筒井一伸『田園回帰の過去・現在・未来』農文協
総務省地域力創造グループ過疎対策室（２０１８）『「田園回帰」に関する調査研究報告書』
内閣府（２０２１）『農山漁村に関する世論調査報告書（令和3年6月調査）』
長野県県民文化部子ども・家庭課（２０２０）『信州型自然保育（信州やまほいく）認定制度創設後5年間の流れ』

資　料

伊那市移住ガイド編集チーム『伊那市移住ガイド』
長野県ＨＰ「信州やまほいく」https://www.pref.nagano.lg.jp/kodomo-katei/kyoiku/kodomo/shisaku/shizenhoiku-ninteiseido.html
ＰＲＴＩＭＥＳ「三重県、全国の地方移住経験者に対する意識調査を実施」２０２０年3月24日　https://prtimes.jp/main/html/rd/p/000000021.000035322.html

▲コラム　山村における循環型経済の一端——住民有志による「ぐるぐるマーケット」

ごみの増加は、海洋プラスチック汚染など環境への悪影響や、処理費用の観点からも問題になっている。ごみを減らすためには「5R」が必要とされる。5Rとは、「Refuse：リフューズ」（断る。例：レジ袋や過剰な包装を断る）、「Reduce：リデュース」（発生抑制。例：食材は無駄なく使う、まだ使えるものを捨てない）、「Reuse：リユース」（再使用。例：中古車や中古PC、古着）、「Repair：リペア」（修理。例：穴の空いた服を修繕して使う、不調になった機器を買い替えるのではなく部品を交換して使う）、「Recycle」（いわゆるリサイクル、再生利用。資源として再生利用すること）である。ごみのリサイクルには分別や処理に多大な労力がかかり、先進国で回収されたごみは処理費用の安い発展途上国へ輸出されている実態があった。しかし、輸出された大量のプラスチックごみが、現地の環境汚染を招いていることがわかり、生態系への悪影響やSDGsの観点からも、リサイクル以外の「R」を推進することが求められている。また、日本の場合には、ごみの処理費用は自治体の責任で行われ公費が投入されており、財政的観点からもごみの削減が求められている。

不用品をごみとして捨てるのではなく、まだ使えるならば譲り合って再利用することは、5Rのなかでも「リデュース」「リユース」につながる。色川では、不用品の交換の拠点として、「ぐるぐるマーケット」が住民有志で運営されている（**写真a**、**写真b**）。「ぐるぐるマーケット」は集落の中心地である小学校の近くにあり、子ども服や靴を含む衣類や、本・雑誌、食器、家具など、多種多様なものが並べられており、必要な人が自由にもっていくことができる。山村では現金収入が限られたものになりがちだが、金銭を介さずに必要な物を交換しあうしくみがあることは、生活上の安心感や精神的なゆとりにもつながる。こうしたしくみが機能している背景には、小規模集落ならではの互いの顔の見えるコミュニティや、地元住民と移住者とで行われてきた活発な住民活動があるのだろう。

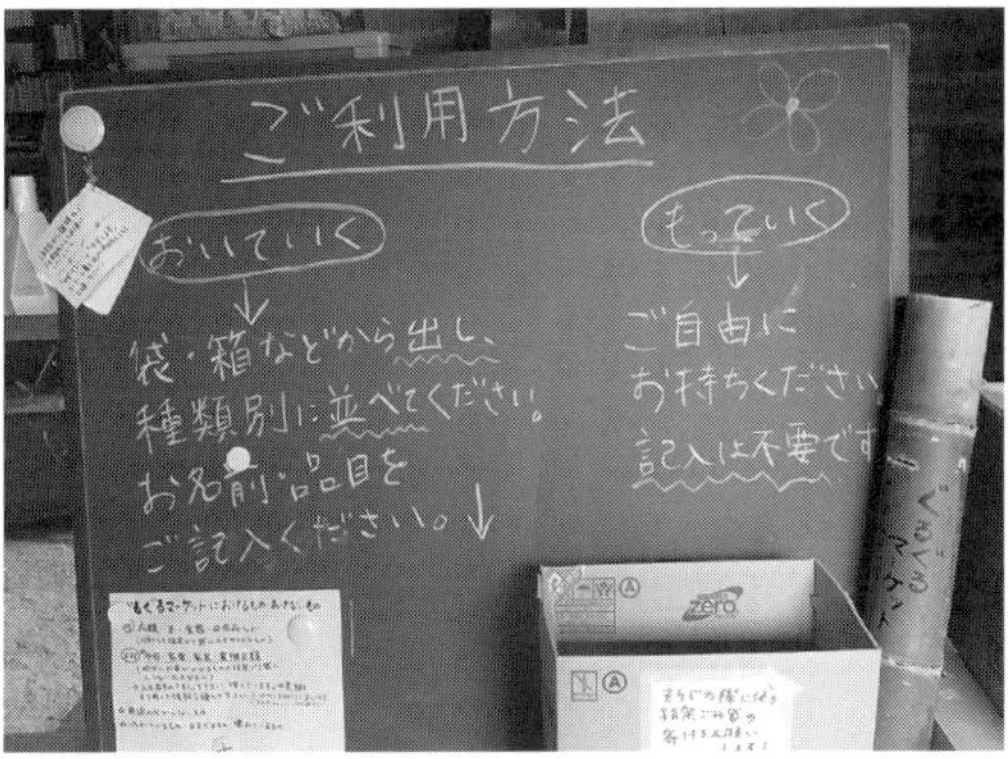

写真a　色川の「ぐるぐるマーケット」の利用方法
不用になったがまだ使える品を並べ、必要な人が自由に持っていくことができる。（外山麻子氏撮影・提供）

写真b 色川の「ぐるぐるマーケット」
衣類や靴、本や雑誌、食器など、多種多様な物がおかれている。（外山麻子氏撮影・提供）

おわりに

筆者の一人である山本が、専修大学文学部環境地理学科に赴任したのは2014年4月のことであった。環境地理学科のスタッフは9名で、地形学、気候学、生態地理学、災害地理学、人口地理学、村落地理学、都市地理学、歴史地理学、地誌学と、地理学におけるサブの分野をほぼカバーしている。諸外国の大学における地理学を学ぶ場では一般的なことではあるが、日本において、地理学を学べるとうたっていても、このように一通りの分野をそろえているところは実は少ない。職を受けるにあたり、こうした国際標準ともいえるスタッフの充実があったことはいうまでもない。

環境地理学科では、地形学者が地形学を教え、都市地理学者が都市地理学を教えるように、各スタッフがそれぞれの専門分野を担当し、全体として地理学の体系的な教育を行っている。こうした中で、自分の専門分野を教えつつ、環境地理学科における地理教育の一翼を担うことができることは、とてもありがたいし、地理学を学びたい学生にとっても得がたい学修環境であろう。ちなみに、環境地理学科では、卒業論文の指導は、各教員が主宰するゼミナールで行うが、2度の卒論中間発表会では、自然地理学分野と人文地理学分野に分かれて、この二つの分野ごとに全教員の前で中間報告をしてもらう。さらに、最終の卒論発表会では、2日間にわたり全教員が全学生の発表を聞き、その上で、全教員で卒論の評価を行っている。学科全体として、あくまでも「地理学」を学んだ学生を育て、社会に送り出そうとしているといえよう。

さて、前任校においては、地理学のスタッフは最後には私一人となり、地理の教育も覚束なくなって、大学でも、日頃「地理学」に関して話をするような機会はほぼなかった。赴任後、9人のスタッフの一人として仕事を始め、同僚と「地理学」に関して日頃より話をする機会をえた。地形について疑問があれば地形学の専門に、人口について知りたければ人口地理学の専門に気楽にたずねることができる。この場に身を置くことで、自らの研究面においても資するところは大きい。

さらに、スタッフの間で、それぞれの分野を活かした共同研究も盛んに行われている。2018年度から2020年度にかけて、スタッフ全員が参加し、専修大学人文科学研究所の研究助成（特別共同研究）『山地と人間――地理学からのアプローチ』を受けた。本書は、その成果の一部でもある。このような研究の機会を与えてくださった人文科学研究所に感謝申し上げる。

山地に関して、学科のメンバーのみで、このような一冊の著をしたためることできるのは、地理学こそではないだろうか。本書を通して、山地に対して理解を深めていただくだけではなく、地理学という分野にも関心を持っていただければ望外の喜びである。そして、今後も、この学科から「多摩丘陵」や「関東平野」といった著作が次々と生まれることを期待したい。

最後に、末筆ながら、本書の企画から編集、出版まで、専修大学出版局の上原伸二氏には大変お世話になった。出版事情の悪い中、本書を世に出せるのも上原氏のおかげである。末筆ながら感謝申し上げる。

2023年3月

筆者を代表して
山本　充

松尾容孝（まつお・やすたか）
【専門】人文地理学（村落、歴史文化、地方生活圏、地理学史）。
【専門】専修大学文学部教授。
【著書・論文】「日本林業の衰退・再編と地域アイデンティティの模索」（松尾編『アクション・グループと地域・場所の形成』専修大学出版局、2019 年）、「村絵図の種類・目的と地域性についての覚え書き」（『専修人文論集 102』、2018 年）、「過疎地におけるニーズと地域特性に即した生活支援のバス交通」（『専修人文論集 94』、2014 年）など。

江崎雄治（えさき・ゆうじ）
【専門】人口地理学、日本国内の人口移動。
【現職】専修大学文学部教授。
【著書・論文】『首都圏人口の将来像――都心と郊外の人口地理学』（専修大学出版局、2006 年）、『地域社会の将来人口――地域人口推計の基礎から応用まで』（共編著、東京大学出版会、2020 年）など。

山本　充（やまもと・みつる）
【専門】地誌学、農村地理学。
【専門】専修大学文学部教授。
【著書・論文】『日本農業の存続・発展 地域農業の戦略』（共編著、農林統計出版、2021 年）、「近世加賀藩における藩士による小鳥猟「鳥構」」（『専修大学人文科学研究所月報 310』、2021 年）など。

久木元美琴（くきもと・みこと）
【専門】都市社会地理学、福祉・公共サービスの地理学。
【専門】専修大学文学部教授。
【著書・論文】『保育・子育て支援の地理学』（明石書店、2016 年）、「福祉サービスの地理学における「多様な経済」と感情への着目の必要性」（『経済地理学年報 65(4)』、2019 年）など。

●執筆者紹介

茢谷愛彦（かりや・よしひこ）
【専門】地形学、第四紀学。
【現職】専修大学文学部教授。
【著書・論文】『地形の辞典』（分担執筆、朝倉書店、2017年）、『図説　日本の山』（分担執筆、朝倉書店、2012年）、『日本の地形　中部』（分担執筆、東京大学出版会、2006年）など。

赤坂郁美（あかさか・いくみ）
【専門】気候学。
【現職】専修大学文学部教授。
【著書・論文】「マニラにおける19世紀後半の台風時の気象変化と強雨降水特性の長期変化」（『災害　その記録と記憶』専修大学出版局、2018年）、『図説　世界の気候辞典』（分担執筆、朝倉書店、2022年）など。

高岡貞夫（たかおか・さだお）
【専門】植生地理学、地生態学。
【現職】専修大学文学部教授。
【著書・論文】『自然地理学』（共著、ミネルヴァ書房、2014年）、『東京地理入門――東京をあるく、みる、楽しむ』（分担執筆、朝倉書店、2020年）など。

熊木洋太（くまき・ようた）
【専門】応用地理学（特に自然災害関係）、地形学、地図学。
【現職】専修大学文学部教授。
【著書・論文】『防災・減災につなげるハザードマップの活かし方』（分担執筆、岩波書店、2015年）、『地図の事典』（分担執筆、朝倉書店、2021年）など。

三河雅弘（みかわ・まさひろ）
【専門】歴史地理学。
【現職】専修大学文学部准教授。
【著書・論文】『古代寺院の土地領有と荘園図』（同成社、2017年）、「大和国における班田図とその整備」（『専修人文論集111』、2022年）など。

山地と人間

2023年3月28日　第1版第1刷

編　者　専修大学文学部環境地理学科

発行者　上原　伸二

発行所　専修大学出版局

〒101-0051　東京都千代田区神田神保町3-10-3

株式会社専大センチュリー内　電話03-3263-4230

印　刷
製　本　モリモト印刷株式会社

ISBN978-4-88125-386-1